하나님 나라가 내 안에

– 신앙의 미로를 벗어나라 –

하나님 나라를 살아가는 영적 성장과 훈련 GPS

(God–People–Salvation System / 하나님–백성–구원의 안내서)

"… 예수께서 대답하여 이르시되

하나님의 나라는 볼 수 있게 임하는 것이 아니요

또 여기 있다 저기 있다고도 못하리니

하나님의 나라는 너희 안에 있느니라"

(누가복음 17:20-21)

당신에게 천국은 어디에 있습니까?

프롤로그

미로에 빠진 인간

하나님

혹시 미로찾기 게임을 해 본 적이 있는가? 입구에서부터 복잡하게 막힌 길을 피해 출구를 찾아가는 게임이다. 마치 하늘에서 땅을 내려다보듯 전체 지도를 한눈에 보고 출구를 향해 무작정 길을 찾아야 한다. 길에는 방향이 있고 출발과 도착, 즉 목적지가 있다. 정처 없이 갈 바를 몰라 걸어가는 걸음도 있겠지만, 대개 목적과 방향을 가지고 걸어간다.

미로에서 있어서 중요한 것은 방향이다. 출구가 있던 곳을 기억하여 대략적으로 방향을 예측하며 걸어가야 한다. 하지만 길을 찾아 가다 보면 어느새 막힌 길을 마주하게 되고 그래서 왔던 길을 다시 돌아가기도 한다. 이런 실패를 자주 반복하다 보면 길도 방향도 잃어버리고 포기하는 경우도 생겨난다. 하지만 포기하지 않고 전체적인 미로의 그림을 생각하며 출구를 향해 끊임없이 도전하다 보면 결국 출구를 찾아 미로에서 빠져나올 수 있게 된다.

인간의 삶 가운데 하나님을 찾아가는 여정은 미로와 같을지도 모른다. 하나님은 시작과 끝을 만드신 분이다. 마치 미로의 길에 존재하는 입구와 출구처럼 말이다. 하지만, 하나님이 태초에 만드신 세상은 미로와 같은 벽이 존재하지 않았다. 입구와 출구가 훤히 보이는 뻥 뚫린 길, 어느 곳에서나 바라볼 수 있는 곳에 하나님이 언제나 함께 계셨던 공간이었다. 그래서 인간은 하나님만 바라보며 직진하면 됐다. 하나님께 나아가는 길에 어떤 저항이나 방해는 없었다. 하나님 창조하신 평화와 영광이 넘치는 공간이었고, 가로막는 장애물이 없는 공간이었다. 벽이 없다는 것은 너와 나 사이의 공간을 공유한다는 의미와 같다. 경계가 없고 '따로'보다 '함께'가 있는 모습, 마치 고린도전서에서 "너희는 그리스도의 몸이요 지체의 각 부분이라" 말씀하는 것처럼 유기적으로 연결된 한 몸과 같은 모습이었다.

이사야 11장에서는 이 장면을 하나님의 나라, 하나님의 완전한 통치가 있는 모습으로 선포했다.

"그 때에 이리가 어린 양과 함께 살며 표범이 어린 염소와 함께 누우며 송아지와 어린 사자와 살진 짐승이 함께 있어 어린 아이에게 끌리며 암소와 곰이 함께 먹으며 그것들의 새끼가 함께 엎드리며 사자가 소처럼 풀을 먹을 것이며 젖 먹는 아이가 독사의 구멍에서 장난하며 젖 뗀 어린 아이가 독사의 굴에 손을 넣을 것이라 내 거룩한 산 모든 곳에서 해 됨도 없고 상함도 없을 것이니 이는 물이 바다를 덮음 같이 여호와를 아는 지식이 세상에 충만할 것임이라" (이사야 11: 6-9)

태초 에덴의 모습은 하나님의 영광과 샬롬(평화)이 모든 피조물을 통하여 나타났고 일상에 공존했다. 하지만 인간은 쉬운 길을 마다하고 복잡함을 선택한다.

'내가 만들어 봐야지, 저 길 말고 더 좋은 길이 있을 거야.'
'하나님이 혹시 다른 길을 숨겨놓지는 않았을까.'
'내가 새로운 길을 만들어 봐야겠어. 하나님처럼 말이야.'
'지금 여기보다 더 좋은 곳으로 데려다 줄 수 있는 길로 말이지.'

사탄의 속삭임이 귓가에 메아리칠수록 인간은 하나님이 아닌 더 좋은 길을 찾으려는 마음을 먹게 된다. 그리고 불행의 시작은 에덴 동산 중앙에 놓인 선악과를 먹는 것에서부터 시작된다. 사탄의 유혹으로 인해 인간은 하나님처럼 될 수 있다는 야심을 품고 하나님 말씀에 의심을 가지게 된다. 하나님과의 관계를 가로막는 의심이라는 벽이 세워진 것이다. 선악과를 먹은 후 눈이 밝아진 인간은 자신이 지은 죄의 부끄러움을 발견하면서 하나님으로부터 숨어 버린다. 죄로 인한 수치심으로 하나님을 피해 나무라는 벽 뒤에 숨은 것이다. 하나님과 함께 있던 샬롬의 공간에 수치심이라는 장벽이 또 하나 새롭게 생겨났다. 이때 하나님은 숨어 버린 인간을 찾아 부르신다.

하나님: "아담아 네가 어디 있느냐"
아담: "내가 벗었으므로 두려워하여 숨었나이다"

그리고 죄로 인해 하나님의 심판이 생겨난다. 땅은 저주를 받아 가시덤불과 엉겅퀴를 내게 되었고 인간은 땅을 경작하며 식량을 얻어야 하는 수고를 해야만 했다. 노동과 생산, 그리고 경쟁이라는 또 다른 벽이 생겨난 것이다. 게다가 인간은 죄악으로 끌어들인 사탄과의 싸움도 해야만 했다.

> "여호와 하나님이 뱀에게 이르시되 … 내가 너로 여자와 원수가 되게 하고 네 후손도 여자의 후손과 원수가 되게 하리니 여자의 후손은 네 머리를 상하게 할 것이요 너는 그의 발꿈치를 상하게 할 것이니라 하시고"
>
> (창 3:15-16)

에덴동산에서 하나님과 함께하던 공간이 점점 미로처럼 복잡해지게 되었다. 죄가 들어오고, 수치심이 생겨났고, 노동과 경쟁이 발생하고, 그리고 싸움이 생겨났다. 그리고 결국 인간은 하나님의 공간인 에덴에서 쫓겨나게 되었다.

성을 쌓은 가인

아담과 하와는 첫 자녀인 가인과 아벨을 낳는다. 그런데 이 둘 사이에서 문제가 발생한다. 살인이 일어난 것이다.

> "가인이 그의 아우 아벨에게 말하고 그들이 들에 있을 때에 가인이 그의 아우 아벨을 쳐죽이니라" (창 4:8)

하나님이 가인에게 말씀하신다. "네 아우 아벨이 어디 있느냐." 그러자 가인은 하나님께 거짓말을 한다. "내가 알지 못하나이다 내가 내 아우를 지키는 자니이까." 살인에 이어서 거짓말까지 하다니…. 하나님은 다 보고 계시고 이미 알고 계셨다.

"네가 무엇을 하였느냐 네 아우의 핏소리가 땅에서부터 내게 호소하느니라." 그리고 하나님은 그 죄에 대해 또 다시 땅의 저주가 있을 것임을 말씀하신다.

> "땅이 그 입을 벌려 네 손에서부터 네 아우의 피를 받았은 즉 네가 땅에서 저주를 받으리니 네가 밭을 갈아도 땅이 다시는 그 효력을 네게 주지 아니할 것이요 너는 땅에서 피하며 유리하는 자가 되리라."

이 사건 이후 가인은 "여호와 앞을 떠나서" 거주지를 '놋'이라는 땅으로 옮겨 그곳에서 자녀를 낳게 된다. '놋'이라는 말은 '유리하다, 방황하다'라는 의미를 가진다. 하나님을 떠나 방황하는 신분이 된 가인은 자신의 안전이 걱정되었고 이제 그의 아들, 에녹의 이름으로 성을 쌓는다.

> "가인이 성을 쌓고 그의 아들의 이름으로 성을 이름하여 에녹이라 하니라"
>
> (창 4:17)

가인이 세운 성 에녹을 NIV 성경에서는 "도시(City)"로 해석한다. 성을 쌓았다는 것은 외부의 위험으로부터 자신을 지키겠다는 뜻도 있지만 중요한 것은 자신을 위한 나라를 세웠다는 의미를 지닌다는 점이다. 하나님은 가인에게 "모든 사람에게서 죽임을 면하게 하시"겠다고 약속을 주셨지만, 가인은 하나님을 믿지 못해 불안했다. 그는 하나님을 신뢰하지 못했다. 그래서 자신과 가족을 지킬 만한 성이 필요했고, 하나님이 아닌 다른 절대적 힘과 안전을 스스로 찾으려 했다.

인간이 쌓은 성은 점차 도시로 발전하게 되고 외부로부터 성을 지키기 위해 대규모적 사람이 필요하게 되었다. 성은 도시화(capitalized)되어 가면서 하나의 거대 조직체로 발전해 나갔다. 스스로 생산, 소비, 고용 등을 창출하는 조직을 만들며 계급도 생겨나게 된다. 그리고 인간이 스스로 만든 계급과 조직에 들어가기 위해서는 그들에게 허락된 자만 도시에서 함께 살 수 있게 되었다. 하나님의 통치를 떠난 인간은 스스로 통치자가 되어 인간지배(human governed)의 사회로 만들어가고 있던 것이었다. 이 모습은 하나님과 인간의 태초의 관계를 완전히 깨뜨린 모습이다. 인간사회는 하나님을 향해 점차 더 큰 벽을 세워가며 자신들을 위한 더 복잡하고 견고한 미로를 계속 만든다.

인간은 하나님을 상대로 얼마나 더 많고 복잡한 벽을 세우려는 것일까? 태초에 창조된 공간은 인간의 죄로 인하여 왜곡되고 변질되었다. 하나님을 언제나 바라보고 만날 수 있던 직선길은 사라지고 미로처럼 계속 복잡해져만 갔다. 마치 인간 뇌의 구조처럼 그 길에는 복잡함만 남게 되었다. 의심, 변덕, 걱정, 두려움, 분노, 문화, 철학 등 인간의 복잡함이 또 다른 복잡함을 만들어 냈다. 그리고 결국 하나님을 찾아가는 길이 더 이상 보이지 않게 되었다.

현대인이 마주한 복잡한 현실

현대 사회를 살아가는 인간은 복잡한 실상을 마주하며 깊은 고뇌에 빠지게 된다.

'이 길의 끝은 어디일까'
'나는 어느 길로 가고 있는 것일까'
'나는 어디에 있는 것일까'

마치 실타래가 꼬여 있듯 삶은 복잡하기만 하다. 과연 우리는 어디서부터 꼬여진 실타래를 풀어갈 수 있는 것인가? 하지만, 실타래에도 시작과 끝은 존재한다. 다시 미로찾기 게임으로 돌아가서 생각해 보자. 미로를 빠져나가는 결정적 방법이 있는데 그것은 '바라보는 관점'이다. 미로를 어디서 어떻게 바라보는가에 따라 길을 찾는 차원이 달라지기 때문이다. 미로의 전체적 그림을 보려면 하늘, 즉 위(수직적)로부터 보아야 한다. 만약 미로를 땅, 즉 아래(수평적), 내 눈의 위치에서 보면 절대 길을 찾아갈 수 없다. 이 말은 하늘의 관점, 즉 하나님의 관점에서 길을 바라보며 걸어갈 때 출구를 찾을 수 있다는 것이고, 땅의 관점, 즉 현실을 마주한 사람의 눈높이 관점에서는 현재의 내 위치와 길을 절대 찾을 수 없다는 것이다. 하늘의 관점, 즉, 하나님의 관점에서 바라보는 시각을 우리는 '영적인 시각(Spiritual Perspective)'이라 말한다. 하나님이 볼 수 있도록, 하나님이 보게 만드는 시각이다.

몽골 사람들의 평균시력은 4.0 정도라고 한다. 몽골에는 평야가 많다. 유목생활을 하며 사냥감을 찾거나 방목하는 가축을 맹수로부터 지키기 위해서는 멀리 볼 수 있는 시력이 필요하기 때문이다. 하나님이 보게 하시는 영적 시각은 우리를 멀리 내다볼 수 있게 한다. 눈 앞의 환경만 바라보는 근시안적 시각(near-sighted eyes)에서 멀리 내다볼 수 있는 원시안적 시각(long-sighted eyes)으로 바꾸어 주는 것이다. 이런 영적 시각은 현실의 벽에 막혀 볼 수 없는 이면의 차원을 볼 수 있도록 투영해 주는 능력을 가진다. 영적 시각으로 세상을 보도록 만드시는 하나님의 모습을 우리는 창세기의 아브람의 이야기에서 찾아볼 수 있다. 창세기를 보면 하나님은 아브람을 부르시고 말씀하신다.

> "여호와께서 아브람에게 이르시되 너는 눈을 들어 너 있는 곳에서 북쪽과 남쪽 그리고 동쪽과 서쪽을 바라보라 보이는 땅을 내가 너와 네 자손에게 주리니 영원히 이르리라 내가 네 자손이 땅의 티끌 같게 하리니 사람이 땅의 티끌을 능히 셀 수 있을진대 네 자손도 세리라 너는 일어나 그 땅을 종과 횡으로 두루 다녀 보라 내가 그것을 네게 주리라"
>
> (창 13:14-17)

아브람은 인간의 시각, 즉, 땅에서 볼 수 없는 것을 하나님을 만난 후 하나님 언약의 말씀을 통해 세상을 볼 수 있게 되었다. 그리고 그는 말씀하신 언약을 따라 믿음의 길을 나서게 된다. 아브람이 현실 너머를 볼 수 있는 것이 그가 시력이 좋아서 그런 것일까? 그렇지 않다. 아브람이 현실 너머를 볼 수 있었던 것은 하나님께서 하나님 관점으로 보게 하셨기 때문이었다. 복잡한 현실 가운데서도 하나님이 이끄시는 길이 있음을 하나님의 시각에서 바라볼 수 있도록 하신 것이다. 아브람은 하나님께서 보게 하시는 언약을 믿었고 자신이 걸어가야 할 하나님이 약속하시고 이끄시는 길이 존재함을 영적 눈으로 바라볼 수 있었다.

현대를 살아가는 우리에게 여전히 많은 벽이 존재한다. 세상이 복잡해질수록 하나님을 찾아가는 길 역시 더 복잡해지고 있다. 우상, 물질, 세상철학, 세속화, 의심, 불안, 전쟁 등 여러 장벽에 가로막혀 신앙의 길을 걸어가는 것이 늘 답답하고 목적지를 잃고 떠도는 인생같이 느껴질 때도 있다. 특별히 많은 현대인이 분노, 불안, 분리 장애를 겪고 있음을 보게 된다. 항상 쫓기고 여유가 없는 삶을 살아가고 있는 것이다. 왜 그런 것일까? 평안하지 못해서 그렇다. 사방이 가로막힌 듯한 고립과 분리를 느끼며 살아가고 있기 때문이다. 이 모습은 마치 성을 쌓은 가인의 모습과도 같다.

악한 영은 인간을 암흑 속에 가두어 둔다. 암흑이 인간 영혼에 권세를 부린다. 하나님의 자녀는 하나님의 빛 가운데로 나와야 하는데 그렇지 못하도록 가두어 두는 것이다. 가인의 성은 하나님으로부터 단절되어 끊어지도록 가두어 두는 장소였다. 하나님을 떠나 유리하는 신분이 된 자신을 보호하기 위해 쌓았던 성은 오히려 하나님께 다가갈 수 없도록 가두어 두는 공간이 되어 버렸다.

현대의 정신병적 증상을 겪고 있는 환자들을 보면 자신을 한 공간에 가두어 두려는 증세를 많이 보이곤 한다. 우울증적 증상들도 살펴보면 자아를 자신의 내면의 어느 공간에 가두어 대인관계를 기피하는 모습을 보이지 않는가! 가인이 쌓은 인간의 성은 하나님으로부터 고립된 인간, 하나님으로부터 자신을 가두어 두는 증상과도 같다. 이런 증상의 치료는 꺼내는 것에서 시작해야 한다. 갇힌 공간에서 열린 공간으로 옮기는 것이다. 영혼의 어두움을 하나님의 밝은 빛으로 꺼내는 것이다. 골로새서 1:13에 어둠에서 건져 내신 하나님의 옮기심에 관한 말씀이 있다.

"그가 우리를 흑암의 권세에서 건져 내사 그의 사랑의 아들의 나라로 옮기셨으니"

흑암의 권세에서 건져낼 더 큰 힘과 능력이 하나님께 있음을 말씀한다. 그리고 그의 아들의 나라, 즉 하나님 나라로 옮겨 주신다고 한다. 하나님 나라는 어둠을 물리친 사랑의 빛이 있는 나라가 된다. 따라서 하나님 나라의 백성은 갇혀진 어둠이 아닌 열려진 사랑의 빛을 바라볼 때 하나님 나라의 다스림 가운데 하나님 나라의 소망을 바라보며 살아갈 기회가 주어지게 된다.

하나님 나라를 바라보는 영적시각

미로게임에서 빠져나가기 위해서는 입체적(수직적 그리고 동시에 수평적)으로 볼 수 있는 시각이 필요하다. 그래서 입체적 시각으로 삶을 바라볼 수 있도록 만드는 훈련이 필요하다. 입체적으로 상황을 바라보는 시각이란 하나님을 통해 현상을 바라보는 시각이다. 하나님은 모든 것을 보고 알고 계신다. 하나님을 통해 입체적으로 바라보는 시각은 마치 우주에서 지구를 촬영한 듯 모든 것을 전체적으로 볼 수 있는 영적 시각으로, 수평적 시각에서 볼 수 없는 길을 수직적 시각으로 보게 되고, 단면적인 것을 입체적 시각을 통해 근원적인 것을 생각하며 보게 만드는 영적 시각이다. 이 눈을 통해서 바라볼 때 현실에서 이해되지 않고 막혔던 길에 방향이 드러나게 되고, 이 눈을 통해 하나님 없이 살았던 과거의 모습이 어떠했는지 보게 된다. 앞으로 내가 어디로 어떻게 가야 하는지 미래의 방향을 내다볼 수 있도록 해 준다. 그리고 하나님은 이 시각을 통해 그의 뜻과 계획을 성도에게 알도록 나타내신다.

"하늘이 하나님의 영광을 선포하고 궁창이 그의 손으로 하신 일을 나타내는도다 날은 날에게 말하고 밤은 밤에게 지식을 전하니 언어도 없고 말씀도 없으며 들리는 소리도 없으나 그의 소리가 온 땅에 통하고 그의 말씀이 세상 끝까지 이르도다" (시 1:4)

"말씀이 육신이 되어 우리 가운데 거하시매 우리가 그의 영광을 보니 아버지의 독생자의 영광이요 은혜와 진리가 충만하더라 … 본래 하나님을 본 사람이 없으되 아버지 품 속에 있는 독생하신 하나님이 나타내셨느니라" (요 1:14-18)

"나의 계명을 가지고 지키는 자라야 나를 사랑하는 자니 나를 사랑하는 자는 내 아버지께 사랑을 받을 것이요 나도 그를 사랑하여 그에게 나를 나타내리라" (요 14:21)

"하나님이 그들로 하여금 이 비밀의 영광이 이방인 가운데 얼마나 풍성한지를 알게 하려 하심이라 이 비밀은 너희 안에 계신 그리스도시니 곧 영광의 소망이니라" (골 1:27)

하나님은 모든 환경과 상황 가운데 존재하신다. 지구가 태양의 열기를 피할 수 없는 것처럼 인간은 하나님의 존재를 피해서 살 수 없다. 인간의 삶에는 반드시 하나님의 다스림이 존재하기 때문이다. 이 다스림을 피하는 것은 태양 없이 살아가는 것과 같다. 어둠 가운데 자신을 내어 던지는 것과 같은 모습이다. 하나님은 모든 상황 가운데 그의 존재하심과 다스리심을 인간에게 나타내고 계신다. 하나님을 나타냄으로써 비밀스럽게 숨겨진 하나님 나라를 영적으로 어두워진 세상이 알도록 하셔야만 했다. 그래서 하나님 나라의 비밀은 어디에서나 드러나고 있다. 인간의 몸, 자연환경, 꿈과 이상, 지혜와 지식(과학, 철학, 의학, 경제 등)과 같은 모든 것에 하나님의 만드신 손길이 나타나고 있기 때문이다.

다만 이 비밀을 알게 하는 영적 시각과 지혜는 오직 하나님을 앎(Knowledge)을 통해서만 볼 수 있게 된다. 즉, 하나님을 아는 영적 자각을 통해 볼 수 있기 때문이다. 이를 위해 하나님은 인간의 모습으로 예수 그리스도를 이 땅에 보내셔야만 했다. 예수가 이 땅에 오심은 하나님의 나타내심을 가장 직접적으로 보여주신 모습이었다. 예수는 이 땅에 하나님 나라를 가르치고 인도하는 가이드와 같았다. 마치 여행 가이드를 따라 갈 때 그 여행이 어떤 여행인지 자세히 알게 되는 것처럼 말이다. 여행지의 가이드만 바라보며 따라가면 보지 못했던 것을 쉽게 볼 수 있고 알지 못했던 것에 대하여 알 수 있게 된다.

스스로 다시 질문을 해 보라.

'어디를 바라보며 걸어갈 것인가?'
'어떻게 당신 앞에 막힌 길을 뚫고 걸어갈 것인가?'

하지만, 답답해 말라. 출구는 반드시 있다. 신앙의 미로의 출구에는 하나님이 서 계신다. 포기하지 않고 길을 찾아 나서라. 하나님께 길을 물으며 걸어가는 훈련을 하는 것이다. 출애굽 이스라엘 백성처럼, 사울의 죽음의 위협을 피해 광야를 살던 다윗의 모습처럼, 많은 왕들의 지배와 우상숭배에 빠져 있던 이스라엘이 선지자의 예언을 두려움 가운데 전해 들었던 모습처럼, 그리고 예수님을 죽기까지 미워하고 박해하던 시대의 위협을 이겨내며 복음을 전하던 사도들의 모습처럼 말이다. 그 길이 때론 낙심과 두려움일지라도, 때론 아픔과 좌절일지라도 결코 실패는 없다. 왜냐하면 인간이 만든 벽을 허물어 버리는 능력이 하나님께 있기 때문이고, 아무리 복잡한 미로일지라도 하나님은 그 길을 모두 알고 계시고, 보고 계시기 때문이다.

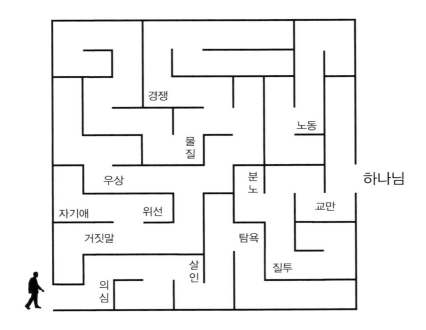

경쟁

노동

물
질

우상

분
노

하나님

자기애 위선

교만

거짓말

탐욕

살
인

질투

의
심

미로에 빠진 인간

죄는 하나님께 다가갈 수 없도록 미로와 같은 벽을 만들어
하나님과의 관계에 단절을 일으킨다.

CONTENTS

06_믿음의 힘

07_학습

08_예배

09_교회

01

하나님 나라

하나님은 사람을 창조하시고 창조된 인간은 하나님을 바라보며 살
도록 하셨다. 하지만 사람은 하나님께 죄를 짓고 하나님의 눈(Eyes)을
피해 숨어 버렸다. 그리고 선악과를 먹고 눈이 밝아진 그들은 하나님
을 바라보는 것이 아닌 자신이 세상의 주인이 되어 보려고 하였다. 성
경은 그들의 "눈이 밝아져 하나님 같이 되어"라고 말씀한다.

"너희가 그것을 먹는 날에는 너희 눈이 밝아져 하나님과 같이 되어 선악
을 알 줄 하나님이 아심이니라" (창 3:5)

하나님은 모든 것을 밝히 보시는 눈을 가지고 계신다.

"지으신 것이 하나도 그 앞에 나타나지 않음이 없고 우리의 결산을 받으
실 이의 눈 앞에 만물이 벌거벗은 것 같이 드러나느니라" (히 4:13)

"주께서 내가 앉고 일어섬을 아시며 멀리서도 나의 생각을 밝히 아시오
며 나의 모든 길과 내가 눕는 것을 살펴 보셨으므로 나의 모든 행위를 익

히 아시오니 여호와여 내 혀의 말을 알지 못하시는 것이 하나도 없으시니이다"(시 139:2-4)

　하지만 하나님처럼 되겠다는 죄의 욕망은 오히려 자신이 지은 죄를 밝히 보게 되는 결과를 가져왔다. 눈이 밝아진 그들은 자신들이 지은 부끄러운 죄와 수치를 밝히 보게 되었다. 그리고 밝아진 눈은 그들로 하여금 하나님으로부터 숨게 만들어 버렸다. 죄는 하나님으로부터 멀어지게 만든다. 하나님처럼 되고자 하는 죄에 밝아진 그들의 욕심은 오히려 하나님을 바라볼 수 없는 어두운 눈이 되어 버린 것이다.

　태양의 반대편 이면에는 깊은 어두움이 존재한다. 하나님의 존재는 빛이다. 무한한 밝음을 가지고 계신 분이시다. 하지만, 인간은 죄로 인해 하나님의 반대편인 어두움을 택하였다. 그리고 하나님으로부터 숨어버린 인간은 이제 하나님이 아닌 어두운 땅을 바라보며 살게 된다. 이로 인해 인간은 어두움을 보는 것에 더욱 익숙해져 버렸다. 깊은 어두움에 익숙해진 눈에는 변화가 필요하다. 하나님을 다시 볼 수 있는 영적 눈을 떠야만 하는 것이다. 그렇다면 어떻게 해야 하나님을 다시 볼 수 있는 것인가? 하나님이 다시 볼 수 있도록 주시는 영적 눈이 열려야 한다.

　기독교를 핍박하던 사울이 눈이 멀었던 이야기가 있다.

　"사울이 주의 제자들에 대하여 여전히 위협과 살기가 등등하여 대제사장에게 가서 다메섹 여러 회당에 가져갈 공문을 청하니 이는 만일 그 도를 따르는 사람을 만나면 남녀를 막론하고 결박하여 예루살렘으로 잡아

오려 함이라 사울이 길을 가다가 다메섹에 가까이 이르더니 홀연히 하늘로부터 빛이 그를 둘러 비추는지라 땅에 엎드려져 들으매 소리가 있어 이르시되 사울아 사울아 네가 어찌하여 나를 박해하느냐 하시거늘 대답하되 주여 누구시나이까 이르시되 나는 네가 박해하는 예수라 너는 일어나 시내로 들어가라 네가 행할 것을 네게 이를 자가 있느니라 하시니 같이 가던 사람들은 소리만 듣고 아무도 보지 못하여 말을 못하고 서 있더라 사울이 땅에서 일어나 눈은 떴으나 아무 것도 보지 못하고 사람의 손에 끌려 다메섹으로 들어가서 사흘 동안 보지 못하고 먹지도 마시지도 아니하니라" (행 9:1-9)

예수님을 만난 사울은 순간 눈이 멀어 버렸다. 예수님은 세상을 바라보던 그의 어두운 눈을 바꾸길 원하셨다. 깊은 어두움 속에 있다가 밝은 빛으로 나아가면 순간 눈이 멀어 버린다. 좁았던 눈의 동공이 순간 확장되어 볼 수 없게 되는 것이다. 인간이 세상을 바라보는 눈은 굉장히 좁다. 멀리 그리고 넓게 볼 수 있는 한계가 있기 때문이다. 하지만 하나님은 그를 볼 수 있도록 인간의 눈을 확장시키신다. 즉, 새로운 눈을 뜨도록 만드시는 것이다. 하나님을 볼 수 있는 눈이다. 결국 사울은 3일 후에 다시 세상을 볼 수 있게 되었다. 하지만 이전에 바라보던 그 눈이 아니었다. 더 이상 세상에 한정된 세상적 눈이 아닌 하나님을 볼 수 있는 하나님 주신 영적 눈을 가지게 되었다는 사실이다. 사람의 육체적 눈은 볼 수 있는 것이 한정적이다. 따라서 하나님이 보여주시지 않으면 사람은 가시적 한계를 넘어선 존재를 볼 수 없게 된다. 하나님을 보기 위해선 하나님 주시는 영적 눈을 떠야만 한다.

사람은 하나님의 존재에 대하여 어떻게 생각하고 있는가? 일반적으로 하나님의 존재를 생각할 때 '하늘에 계신 분'이라는 개념에 사로잡혀 있다. 그래서 하나님과 하늘(sky)을 연결 지어 생각하게 된다. 하늘은 어떤 곳인가? 하늘은 히브리어로 '샤마임(שמים)' 그리고 헬라어로 '우라노스(Ουρανος)'라는 단어를 사용하고 뜻은 천국, 하늘, 공기, 가장 높은 곳과 같은 의미를 지닌다.

일반적으로 하나님이 계시는 공간적 장소로 '하늘나라' 또는 '천국(heaven)'을 이야기한다. 성경의 복음서를 보면 하늘나라에 대한 표현이 나온다. 마태복음에서는 이를 "천국"으로 표현하고, 마가복음과 누가복음에서는 "하나님 나라(Kingdom of God)"로 말한다. 표현은 다르지만 두 단어는 같은 것을 의미한다. 많은 사람들이 하나님 나라는 하늘에 있는 공간적인 개념으로 이해한다. 구름 위에 예수님이 서 계시고 수많은 천사와 사람들이 함께 서 있는 그림처럼 말이다. 구름 위에 황금으로 지어진 집이 세워져 있고, 천국보화가 넘치는 이상적인 장소로 천국을 개념화시킨 것이다. 저 하늘에 있는 낙원, 죽어서 가는 곳이라는 개념이 지배적이다.

그래서 천국이 어떤 곳이냐고 물으면 "가장 이상적인 장소", "죽어서 가는 곳", 하지만 "아직은 갈 수 없는 곳"으로 말하기도 한다. 과연 하나님 나라는 그런 곳일까? 그렇게 이상적이고 환상적인 장소라면 지금이라도 당장에 가고 싶은 곳이어야 하지 않은가? 하지만 이 땅의 현실을 살아가는 사람들은 아직은 그곳에 가고 싶어 하지 않는다. 게다가 천국을 굉장히 미래적이고, 저 멀리 있는 이상적인 장소로 개념화하여 현실과 거리가 있는 머리와 마음 속에 가두어 두었다. 이로 인해 천국은 현실적으로 다가오지 않는 여전히 멀리 있는 이상적인 공간이 되어 버렸다. 혹시라도 기독교 장례식이라도 참석하게 되면 그제야 '저 천국에서 만나겠네' 찬송하며 천국이라는 장소를 다시 한번 상기하고, 천국이 예비된 것에 대해 안심할 뿐이다. 아쉽게도 많은 성도들은 하나님 나라에 대한 소망과 현실 사이에 상당한 괴리감을 느끼며 신앙을 산다.

하나님 나라의 다스림

국가(nation)에는 통치가 있다. 대한민국 역시 대통령이 중심이 되어 통치되고 국민은 이 땅에 살면서 대한민국 법의 테두리 안에 살아간다. 그렇다면 하나님 나라에는 어떤 통치가 있는 것인가? 하나님 나라는 하나님의 통치가 있는 나라를 말한다. 그리고 하나님 나라를 살아간다고 하는 것은 하나님 나라 법의 통치 안에 살아감을 뜻한다. 그렇다면 신앙을 살아가고 있는 나는 과연 하나님 나라의 통치 안에서 살아가고 있는가? 하나님 나라의 법을 얼마나 잘 따르고 있으며, 과연 나는 그 법에 어떤 영향을 받고 살아가고 있는 것인가 생각해 보게 된다.

'당신은 하나님 나라 통치 안에서 살아가는가'라는 질문은 현재 나의 생각과 행동, 가치관 등 '나를 다스리는 분이 하나님 되시는가'라는 질문과 같다. 또한 이 말은 '내 삶의 주인은 누구인가'라는 것으로 해석할 수도 있게 된다. 일반적으로 내 삶은 내가 주인 되어 스스로 주관하며 살아간다. 나의 뜻, 의지, 생각, 가치관 등에 따라 나 자신이 주체가 되어 선택하며 결정하기 때문이다. 그렇다면 이 모습은 현재 "나의 나라(kingdom of myself)" 가운데 살아가는 것이 된다. 나의 나라에서 살아가는 것은 하나님의 통치를 받지 않는 것과 같다. 하나님 나라의 통치를 받지 않는 사람은 결국 하나님 나라에 속하지 않은 모습과 같다.

인간은 '하나님의 통치 아래 살아가는가 그렇지 않은가'로 나뉘게 된다. 그래서 하나님을 알지 못하는 사람은 하나님의 통치를 거부하고 받아들이지 않지만, 하나님을 믿는 성도는 하나님의 다스림을 인정하고 받아들임으로써 하나님 나라 정체성을 가지고 살아가는 것이다. 많은 사람이 하나님 나라에 대한 말씀을 듣고도 삶에 변화가 생기지 않는 것은 삶의 주권을 하나님께 드리지 못하기 때문이기도 하다. 여전히 나 스스로 주도하고 통치하는 나의 나라 가운데 살아가고 있는 것이다. 따라서 하나님 나라의 다스림이 내 안에 있는가를 반드시 되짚어보고 신앙을 살아야만 한다. 그렇다면 하나님의 통치 아래 살아간다는 것은 어떤 다스림을 받아들이는 것일까?

● 1. 말씀으로 다스림

하나님은 말씀으로 세상을 창조하시고 말씀으로 통치하셨다.

> "태초에 하나님이 천지를 창조하시니라 땅이 혼돈하고 공허하며 흑암이 깊음 위에 있고 하나님의 영은 수면 위에 운행하시니라 하나님이 이르시되 빛이 있으라 하시니 빛이 있었고 빛이 하나님이 보시기에 좋았더라…"(창 1:1-4)

하나님은 말씀으로 세상을 창조하시고 말씀으로 우리와 함께 계심을 말한다. 이 모습은 말씀으로 이 땅에 오신 예수 그리스도의 모습에서도 볼 수 있다. 예수님 역시 말씀이 육신이 되어 이 땅 가운데 거하신다고 요한복음에서 말하기 때문이다.

"태초에 말씀이 계시니라 이 말씀이 하나님과 함께 계셨으니 이 말씀은 곧 하나님이시니라" (요 1:1)

"말씀이 육신이 되어 우리 가운데 거하시매 우리가 그의 영광을 보니 아버지의 독생자의 영광이요 은혜와 진리가 충만하더라" (요 1:14)

말씀이 육신이 되어 이 땅에 거하신 예수 그리스도는 말씀의 선포와 삶을 통해 하나님 나라를 이루고 확장시켰다.

'통치한다/다스린다'라는 말 속에는 "명령과 복종/불복종"이라는 인과관계가 들어있다. 통치에도 여러 종류가 있다. 북한의 김정은처럼 포악한 독재정치도 있고, 공산정치, 자유민주주의정치 등 여러 종류가 있는데, 그렇다면 하나님은 어떤 명령으로 통치를 하셨을까? 하나님 말씀의 통치는 "사랑"이 근거가 됨을 요한복음 3:16이 말해준다.

"하나님이 세상을 이처럼 사랑하사 독생자를 주셨으니 이는 저를 믿는 자마다 멸망치 않고 영생을 얻게 하려 하심이라"

에베소서 또한 하나님 말씀의 통치는 사랑에 근거함을 말한다.

"찬송하리로다 하나님 곧 우리 주 예수 그리스도의 아버지께서 그리스
도 안에서 하늘에 속한 모든 신령한 복을 우리에게 주시되 곧 창세 전에
그리스도 안에서 우리를 택하사 우리로 사랑 안에서 그 앞에 거룩하고
흠이 없게 하시려고 그 기쁘신 뜻대로 우리를 예정하사 예수 그리스도로
말미암아 자기의 아들들이 되게 하셨으니" (엡 1:3–5)

복 주시고 사랑 안에서 거룩하고 흠이 없게 하시려고 그의 백성을 택
하여 자녀로서 예정하셨다고 한다. 하나님 나라의 통치/다스림의 종
속관계는 아버지와 자녀, 즉 부모의 사랑의 관계의 다스림에서 비롯되
어 이후 주인과 종, 신랑과 신부, 목자와 양 등 다양한 비유로 하나님
나라에 속한 하나님과 백성의 관계를 설명하고 있게 된다.

● 2. 능력으로 다스림

아담과 하와의 범죄 이후로 인간은 죄의 영향을 받게 되었다. 죄로
인해 인간, 사탄, 땅이 저주를 받아 새로운 싸움이 발생했다. 특별히
인간이 사는 환경인 땅이 저주를 받아 가시와 엉겅퀴를 내게 되고 인
간은 땅을 일구고 살아야 하는 수고와 땀의 노동이 필요하게 되었다.
농경사회에서 가시와 엉겅퀴란 큰 방해를 말한다. 땅에서 자라나는 가
시와 엉겅퀴의 방해를 제거하며 살아가야 하는 투쟁이 존재하게 된 것
이다. 그래서 땅을 거주지로 살아가는 인간의 삶에는 여전히 싸움이
있고, 수고하는 피로가 있게 된다. 사람들은 신앙을 살아가면서 이런
질문들을 하고는 한다.

'왜 하나님을 믿는데 힘든 일도 많고, 고생도 많고, 질병도 있고, 뜻하는 대로 되지 않을 때가 많은가?'

'하나님을 믿고 행복해지고 싶고 복을 받고 싶은데 왜 현실은 그렇지 않은가?'

'네 영혼이 잘됨같이 네가 범사에 잘되고 강건하기를 간구한다 말씀해놓고 잘되기보다는 고통과 아픔이 더 많은 것 같은 이유는 무엇일까?'

하나님은 인간을 창조하시고 하나님의 다스림 아래 살도록 하셨지만 죄로 인해 인간은 하나님과의 관계가 끊어지고 죄의 다스림에 종속되어져 버렸다. 이로 인해 죄의 영향력은 여전히 이 땅, 즉 인간의 삶에 영향을 미치고, 죄의 세력은 하나님 나라의 통치를 따르지 못하도록 사람들을 유혹하고 실족하여 넘어지도록 만들고 있다. 죄의 영향력과 하나님 나라 싸움이 계속되고 있는 것이다.

그래서 하나님 나라를 살아가는 삶에는 죄의 영향력에 맞서 싸울 힘이 필요하다. 열매를 거두기 위해 가시와 엉겅퀴를 땅에서 제거해야만 하는 싸움처럼 말이다. 하지만, 인간의 능력으로는 이것을 다 뽑아버리고 제거할 힘이 없다. 즉, 죄의 다스림을 이길 능력과 힘이 없기에 인간에게는 하나님이 필요한 것이다. 하나님은 능력을 가지고 계신다. 특별히 성경은 하나님의 능력 가운데 복음의 능력을 말하고 있다. 로마서 1:16을 보면 복음의 능력에 대하여 간결하고 자세히 설명한다.

"내가 복음을 부끄러워하지 아니하노니 이 복음은 모든 믿는 자에게 구원을 주시는 하나님의 능력이 됨이라"

이 선포는 마가복음에 나온 예수님의 핵심선포 1:15의 말씀과 맥락을 같이 한다.

"때가 찼고 하나님의 나라가 가까이 왔으니 회개하고 복음을 믿으라"

예수의 하나님 나라 선포는 하나님의 나라가 말씀의 능력으로 임하고, 말씀의 능력으로 통치할 것을 말씀하셨다. 하나님의 말씀이 모든 믿는 자에게 주어져 이 말씀이 능력으로 나타나 하나님 나라의 통치와 확장에 쓰여진다. 하지만 죄 또한 하나님 나라에 맞서 확장하고 있다. 죄의 영향력은 마치 잡초처럼 강한 생명력과 공격성, 그리고 확장성을 가지고 있기 때문이다. 그래서 하나님은 죄의 공격적인 확장을 막으셔야 했다. 죄가 인간을 잠식하여 통치하지 못하도록 말이다. 따라서 하나님 나라는 영적 능력의 싸움터가 되어 버렸다.

예수님 역시 그의 공생애 동안 이 땅에서 많은 능력을 보이셨다. 병든 자를 고치고, 귀신을 내쫓고, 억눌린 자를 자유케 하고, 말씀의 선포로 하나님의 능력을 보여주셨다.

"일어나 걸으라! 네 죄 사함을 받았다! 사탄아 물러가라!"

예수님의 삶은 하나님 나라가 능력으로 이루어지고 펼쳐지고 있음을 직접 보여주었다. 예수님의 삶을 통해 우리는 하나님 나라의 다스림과 그 속에 펼쳐지는 하나님 능력의 발현을 보게 된다. 즉, 하나님 나라에 속해 살아갈 때 하나님의 능력의 나타남이 삶 가운데 있음을 경험하게 되는 것이다.

하나님 나라의 능력의 일하심을 개인적인 간증을 통해 나눈다면 나는 현재 대장암 4기 다발성 간전이를 살아가고 있다. 암을 발견한 후 수많은 어려운 시간을 지나왔다. 하나님의 개입하심이 없이는 살 수 없을 절체절명의 순간이 너무나도 많았다. 가장 힘들었던 것은 암선고를 받은 직후 마음이 죽어 버린 것이었다. 몸도 죽어가고 있었지만 마음은 이미 암선고를 받은 직후 죽음을 맞이했다. 더 이상 살 길이 보이지 않았다. 바라볼 수 없는 상황, 꽉 막힌 수렁에 빠져 있는 내 영혼이었다.

하지만, 하나님은 이런 나를 그대로 버려두지 않으셨다. 그의 권능의 오른팔로 일으켜 세우시고 하나님 나라를 내 영혼에 다시 세우셨다. 어둠이 내 영혼을 잠식하지 않도록 하나님이 마음을 지키시고 다스리셨다. 놀라운 것은 하나님의 다스림에 나를 내어 맡기었더니 죽었던 마음이 하나님을 통해 다시 살아나게 되었다. 그리고 현재의 아픔과 고난, 절망을 하나님 나라의 소망의 눈으로 바꾸셨다. 사도 바울의 고백처럼 "고난이 내게 유익" 되는 삶을 살도록 이끌어 주심을 경험하며 질병의 아픔이라는 시간을 지금도 지나가고 있는 것이다. 잠언 3:5-6에 이렇게 말한다.

"너는 마음을 다하여 여호와를 신뢰하고 네 명철을 의지하지 말라 너는 범사에 그를 인정하라 그리하면 네 길을 지도하시리라"

절체절명의 순간에도 하나님을 신뢰하고 하나님의 하나님 되심을 인정하는 백성에게 하나님은 그의 능력의 다스림을 보여주신다. 잠언에서 말씀한 것처럼 "범사에(in all circumstances)", 즉, 어떤 상황에서도 하나님을 개입하여 해석할 때, 하나님 나라의 일하심을 받아들이고 순종하며 나아갈 때 하나님의 지도하심이 있다고 한다. 여기 "지도하심"은 NIV 성경에서는 "He will make your paths straight"라 번역을 하고 있다. 우리의 길이 "곧은 길" 되도록 하신다는 뜻이다. 미로처럼 복잡하고 막힌 길이 아닌 하나님 나라 능력의 길은 하나님을 향해 나아갈 수 있는 길로 만드신다는 약속이다.

하나님 나라가 내 안에 있을 때 우리는 죄를 인식하고 그에 맞서는 싸움을 만나게 된다. 하나님 나라를 전복시키려는 마귀의 공격, 하나님과의 관계를 끊어지도록 만드는 마귀의 유혹, 하나님을 대적하는 죄의 투쟁 등으로부터 성도는 맞서 싸워야만 한다. 하지만 사람에게는 이를 대적하여 다스릴 만한 능력이 없기에 결국 인간은 하나님의 권능에 의지하여 싸울 수밖에 없다. 이를 위해 하나님은 성령을 보내시고, 성령이 우리와 함께하심으로 보혜사 성령님(보혜사의 뜻은 위로자, 중보자, 탄원자, 돕는 자, 상담자라는 의미를 가지고 있고, 해석하여 풀이하면 보살피며 은혜를 베푸시는 분으로 이해할 수 있다)의 도우심을 통해 하나님 나라를 지켜나갈 수 있게 하신다.

● 3. 성령으로 다스림

요한복음을 살펴보면 예수님은 죽으시고 부활하신 후 이 땅에 "성령"을 보내겠다 말씀하셨다.

> "… 내가 떠나가는 것이 너희에게 유익이라 내가 떠나가지 아니하면 보혜사가 너희에게로 오시지 아니할 것이요 가면 내가 그를 너희에게 보내리니" (요 16:7)

하나님 나라는 영적으로 임하는 나라이다. 그래서 하나님 나라가 내 안에 영적으로 임한 상태를 성령을 통해 느끼게 된다. '성령이 내 안에 계신다'는 말은 '하나님이 내 안에 계신다'는 말과 동일하다. 왜냐하면 성령이 곧 하나님이시고, 또한 예수님이기 때문이다. 성령이 우리와 함께 있다는 말은 우리가 곧 하나님 나라에 속해 있다는 것과 같다. 따라서 하나님 나라는 내 안에 성령의 일하심, 성령이 나와 함께 함을 인식하고 느낄 때 하나님 나라를 영적으로 보게 된다는 말이 되기도 한다.

교회는 하나님의 부름을 받은 백성들의 모임이고 하나님의 임재가 있는 예배 드리는 성전 된 몸으로 구성되어 있는 곳이다. 그런데 '왜 하나님을 믿고 교회를 다니는 성도들이 하나님 나라를 인식하지 못하고 살아가는 이유는 무엇일까' 생각해 보게 된다. 하나님을 믿으면서도 하나님 나라를 살아가는 것 같지 않은 교회와 성도의 모습이 존재하기 때문이다.

대한민국에 태어난 사람은 대한민국 국민으로서 살아가게 된다. 하지만, 한 국가의 국민으로 살아가면서 다들 똑같은 모습으로 살지는 않는다. 법을 잘 지키며 살아가는 사람도 있고, 범죄자도 있게 된다.

모두가 다양한 모습으로 시민의 성숙도에 따라 다른 삶을 살아가고 있기 때문이다. 국가의 법과 질서, 의무를 충실히 살아가는 국민에게는 국가가 부여하는 혜택도 최대한 누리며 안전하게 살아갈 수 있게 된다. 반면 국가의 법과 질서, 국민의 의무를 실행하지 않는 책무 불이행에 따르는 불이익과 책임이 또한 있게 되기도 한다. 하나님 나라 백성의 모습도 이와 같다. 하나님의 다스림에 열심히 순종하고 따르며 살기 위한 하나님 나라 백성이 있는 반면, 하나님의 다스림에 불순종으로 살아가는 모습도 있게 되는 것이다. 하나님의 다스림에 열심히 따르고 순종하며 살아 가려는 모습에 따라 하나님 나라를 삶 가운데 누리는 가치의 정도 또한 달라지게 된다.

일반 국가의 질서는 세워진 헌법과 법치질서에 따라 살아가게 되지만, 하나님 나라는 생명의 성령의 법에 따라 살아간다.

"그러므로 이제 그리스도 예수 안에 있는 자에게는 결코 정죄함이 없나니 이는 그리스도 예수 안에 있는 생명의 성령의 법이 죄와 사망의 법에서 너를 해방하였음이라" (롬 8:1-2)

세상을 다스리는 법은 죄와 징벌이라는 연대적 관계의 법칙 하에 이루어지고 있다. 하지만, 하나님 나라가 다스리는 법은 생명을 부여하는 성령의 연대적 법칙 아래 존재한다. 요한복음 3:3을 보면 예수님께서 바리새인 중 니고데모라는 사람을 만나는 장면이 나온다. 니고데모가 밤중에 예수께 나아와 질문을 한다. "사람이 늙으면 어떻게 날 수 있사옵나이까 두 번째 모태에 들어갔다가 날 수 있사옵나이까?" 이에 예수께서 대답을 한다.

"진실로 진실로 네게 이르노니 사람이 물과 성령으로 나지 아니하면 하나님의 나라에 들어갈 수 없느니라" (요 3:5)

하나님 나라의 생명은 성령과 연결됨을 말씀한 것이다. 죄로 인해 죽었던 인간은 성령이 임할 때 다시 태어남(이것을 성경은 "거듭남"으로 말씀하기도 한다)을 경험한다.

"… 진실로 진실로 네게 이르노니 사람이 거듭나지 아니하면 하나님의 나라를 볼 수 없느니라" (요 3:3)

하나님의 호흡을 통해 인간이 살아 숨쉬게 된 것처럼 성령은 하나님 나라의 생명 에너지와 같다. 그래서 신앙에 있어 성령의 임재와 성령의 충만한 삶을 통해 하나님 나라를 살아가야만 한다. 성령의 내재함은 이제 새로운 생명이 주어진 것과 같다. 그리고 성령의 충만함은 생명력이 넘침을 말씀하게 된다. 따라서 하나님 나라를 성령의 충만함으로 살아간다는 것은 하나님 주신 생명의 에너지로 살아가는 모습이다. 이 모습을 통해 세상 역시 살아 움직이는 생명력 있는 하나님의 나라와 교회를 보게 되는 것이다.

하나님 형상의 회복

'어떻게 해야 하나님 나라를 더욱 깊이 경험할 수 있는가' 질문한다면 그것은 하나님의 형상을 회복하는 것에서 시작된다 말할 수 있다. 인간은 하나님의 형상으로 창조되었다.

> "하나님이 자기 형상 곧 하나님의 형상대로 사람을 창조하시되 남자와 여자를 창조하시고" (창 1:27)

그리고 하나님은 하나님의 형상대로 창조한 인간에게 그의 숨, "생기(breath)"를 불어 넣어 살아있는 "생령"으로 만드셨다.

> "여호와 하나님이 땅의 흙으로 사람을 지으시고 생기를 그 코에 불어 넣으시니 사람이 생령이 되니라" (창 2:7)

인간이 다른 창조물과 다른 점이 있다면 그것은 하나님이 불어 넣으신 "생기"에서 비롯된다. 생기가 있다는 것은 영(spirit)이 살아있는 존재가 되었음을 의미한다. 하나님 불어 넣으신 호흡으로 인해 인간은 영적 존재가 된 것이다. 영적인 존재는 영적으로 채워져야 하는 존재이다. 육체적 존재는 육체적 만족과 채움이 있어야 하는 것과 마찬가지로 영적 존재는 영적 만족으로 채우며 살아가야 한다. 이런 영적 채움에 관해 마태복음은 다음과 같이 말씀한다.

"사람이 떡으로만 살 것이 아니요 하나님의 입으로부터 나오는 모든 말씀으로 살 것이라" (마 4:4)

마귀가 사십 일을 금식하여 굶주린 예수님께 다가와 시험을 한다. "네가 만일 하나님의 아들이어든 명하여 이 돌들로 떡덩이가 되게 하라." 마귀는 인간이 가장 넘어지기 쉬운 육체적인 시험으로 도전을 준다. 하지만 예수님은 영적인 명령으로 꾸짖어 마귀를 내쫓는다. 육체의 유혹을 이길 수 있는 것은 영적 능력임을 보여주셨고, 영적인 존재인 인간에게 있어서 육체적인 "떡"보다 더 본질적인 것이 있음을 알도록 하신 것이다. 인간은 영적인 충족감이 있어야만 살 수 있는 존재이기 때문이다.

영적 충족은 어떻게 채워질 수 있는가? 영적 충족은 오직 하나님과의 교제를 통해서만 이루어진다. 왜냐하면 하나님이 불어 넣으신 "생기"가 "생령"이 될 수 있는 에너지 공급원이기 때문이다. 생기는 영어로 "숨(breath)"으로 해석된다. 인간이 살아가는 데 있어서 가장 기본적 공급은 공기(air)를 들이마시고 내쉬는 "숨"에 있다. 숨을 쉬지 않고는 살 수 없다. 산소 없이 살아갈 수 있는 인간이 어디 있는가? 하나님은 인간에게 있어서 없어서는 안 될 "숨(호흡)"의 존재 되신다. 하나님의 호흡이 인간을 영적으로 살아 숨쉬도록 하기 때문이다. 그래서 하나님과의 관계가 끊어진, 즉, 하나님의 호흡을 받지 않는 영혼은 죽은 것과 같다. 호흡의 공급이 끊어졌기 때문이다.

영적 갈급함은 호흡의 부족에서 비롯된다. 숨이 차오를 때의 호흡부족이 가져오는 압박을 경험해 보았는가? 그 괴로움을 말로 다 표현할 수 없다. 영적 갈급함이 영혼에 차오를 때 인간은 영적 압박과 괴로움을 느끼게 된다. 그리고 더 이상 살 수 없을 정도의 고통을 느끼게 된다. 이 부족 현상은 오직 하나님만이 채울 수 있다. 오직 하나님과의 관계를 통해 인간의 채워지지 않는 영혼의 게이지(gauge)를 채울 수 있는 것이다. 그런데, 인간은 하나님의 숨이 아닌 다른 것으로 채우려고 한다. 하나님의 숨 없이 살아갈 수 있는 존재가 되길 원했고, 그 결과는 "숨"이 끊어진 "사망"의 결과로 나타나게 되었다. 숨이 없다는 것은 결국 죽음을 의미한다. 하나님으로부터 공급되는 호흡이 끊어진 영혼은 죽은 영혼과도 같기 때문이다. 그래서 인간은 반드시 하나님과 연결되어야만 한다. 그래야 살아 숨쉬는 생명을 공급받는 산 영혼이 될 수 있기 때문이다.

하나님 나라는 '이미'와 '아직' 사이에

예수님 공생애 사역은 하나님 나라의 선포와 함께 시작되었다.

"회개하라 천국이 가까이 왔느니라" (마 4:17)

"때가 찼고 하나님의 나라가 가까이 왔으니 회개하고 복음을 믿으라" (막 1:15)

예수님께서는 '천국이 가까이 왔다'는 선포와 함께 하나님 나라가 시작됨을 알게 하셨다. 그리고 이를 위해 두루 다니시며 말씀으로 가르치셨다. 또한 예수님의 능력과 기적을 통해 하나님 나라의 실제를 보여주시고, 삶으로 체험하도록 하셨다. 특별히 씨뿌리는 땅의 비유로 천국을 말씀하셨는데, 예수님께서 땅의 비유로 하나님 나라를 말씀하신 이유는 '이미(already)' 하나님 나라가 말씀의 씨앗 되어 심어졌음을 가르치기 위함이었다. 예수님은 이 땅에 오셔서 스스로 말씀의 씨앗이 되어 주셨다. 육신을 입고 말씀으로 오신 예수님께서 스스로 씨앗이 되어 하나님 나라가 나무처럼 자라나 쉴 만한 그늘을 만들고 열매 맺는 삶을 직접 보여주신 것이다.

하지만, 하나님 나라는 이미 임함과 동시에 아직 완전한 모습으로 오지 않았다. 따라서 성도는 완전한 모습으로 임할 하나님 나라의 성취를 기다려야 한다. 예수님께서는 이 날이 "도적같이" 올 것을 말씀하셨다. 이에 성도는 말씀을 믿고 영적으로 깨어 기다리는 신앙이 필요하게 된다. 그렇다면 성도는 어떤 다짐으로 이 날을 준비하며 기다려야 하는가? 하나님 나라에는 성도에게 찾아오는 저항(resistance)이 있다. 이 저항은 영적 싸움과 시련이다. 죄의 유혹에 맞서 싸우는 것과 동시에 세상의 지배 원리를 따라 살지 않는 것에 대해 발생하는 저항이다. 하나님 나라를 살아가는 원리는 세상의 원리와 충돌되는 것이 많기 때문이다. 그래서 로마서 5장에서는 하나님 나라에 속한 백성이 이 땅을 살아가며 만나는 저항에 대해 소망을 가지고 인내하며 살아갈 것을 말씀한다.

"그러므로 우리가 믿음으로 의롭다 하심을 받았으니 우리 주 예수 그리스도로 말미암아 하나님과 화평을 누리자 또한 그로 말미암아 우리가 믿음으로 서 있는 이 은혜에 들어감을 얻었으며 하나님의 영광을 바라고 즐거워하느니라. 다만 이뿐 아니라 우리가 환난 중에도 즐거워하나니 이는 환난은 인내를, 인내는 연단을, 연단은 소망을 이루는 줄 앎이로다. 소망이 우리를 부끄럽게 하지 아니함은 우리에게 주신 성령으로 말미암아 하나님의 사랑이 우리 마음에 부은바 됨이니"(롬 5:1–5)

장차 완성될 하나님 나라를 믿음의 소망을 가지고 부끄럽지 않은 모습으로 기다릴 수 있다고 한다. 그리고 이 기다림은 하나님의 사랑을 받은 사람들이 견뎌낼 수 있다고 한다. 사랑하면 참고 기다릴 수 있다. 사랑하면 고통 중에도 즐거워할 수 있는 힘이 생긴다. 그래서 성경은 하나님 나라를 살아가는 믿음에 더하여 사랑을 말씀한다. 특별히 고린도전서 13장은 하나님께 받은 성령의 은사를 사용함에 있어서 가장 중요한 조건을 제시하는데 그것은 바로 사랑의 모습이다. "사랑이 없으면" 다 소용이 없다고 말하면서 "사랑이 없으면" 모든 것이 아무 유익이 되지 않음을 말하고 있다. 그러면서, 결국 모든 은사 가운데 제일 됨은 "사랑"으로 결론을 짓는다.

"그런즉 믿음, 소망, 사랑, 이 세 가지는 항상 있을 것인데 그 중의 제일은 사랑이라"(고전 13:13)

고난 가운데서도 부끄럽지 않고 인내할 수 있는 힘은 하나님 나라를 향한 소망과 더불어 하나님에 대한 사랑이라고 한다.

그렇다면 하나님이 인간에게 베푸신 사랑은 어떤 사랑인가? 하나님이 베푸신 사랑은 우리를 자녀 삼는 아버지의 사랑이며 이것을 "상속자"의 특권이라 말씀한다.

"성령이 친히 우리의 영과 더불어 우리가 하나님의 자녀인 것을 증언하시나니 자녀이면 또한 상속자 곧 하나님의 상속자요 그리스도와 함께 한 상속자니 우리가 그와 함께 영광을 받기 위하여 고난도 함께 받아야 할 것이니라" (롬 8:16-17)

"자기를 사랑하는 자들에게 약속하신 나라를 상속으로 받게 하지 아니하셨느냐" (약 2:5)

하나님은 그의 백성을 사랑으로 자녀 삼으시고 그 사랑으로 인해 "상속자"의 특권까지 주셨다. 사랑하면 무엇이든지 줄 수 있다. 아깝지 않기 때문이다. 사랑하는 자녀를 위해 부모는 굶주려도 아이는 배불리 먹이려 한다. 그만큼 사랑하기 때문이다. 아버지의 사랑이 이와 같다. 아낌없이 베푸는 은혜의 사랑이다. 그래서 독생자 예수까지 이 땅에 보내셨고 희생시키셨다. 그만큼 인간을 사랑하는 아버지의 마음이었기 때문이다.

하나님 나라는 말씀, 능력, 그리고 성령의 은혜로 임하는 나라이다. 하나님의 말씀이 삶이 되고, 성령의 능력을 통해 죄의 유혹을 물리치고, 은혜 가운데 하나님 나라를 실제 삶에서 누리는 것이 상속자에게 주어지는 하나님 나라의 유업이 된다. 그리고 이 땅을 살아감과 동시에 장차 임할 하나님 나라를 소망 가지고 기다림을 완성하는 것이 상속자로서 가져야 할 삶의 자세가 된다. 이 삶의 원리와 자세를 위해 예수님께서는 산상수훈의 팔복을 통해 하나님 나라 백성의 삶의 원리를 말씀하시고 마태복음 24-25장에서는 하나님 나라를 기다리는 모습으로서 신실한 종의 비유, 등잔에 기름을 채운 슬기로운 처녀들처럼 깨어 준비하는 모습으로, 그리고 주어진 달란트를 잘 사용하여 주님이 오실 때를 대비하는 모습으로 말씀하고 계신 것이다.

기다림에는 기다릴 수 있는 기대와 확신이 필요하다. 막연한 기다림은 사람을 지치게 만들고 소망과 의지를 잃게 만들기 때문이다. 그래서 하나님께서는 기다림의 백성들에게 은혜의 에너지를 주신다고 말씀을 한다.

> "우리에게 큰 대제사장이 계시니 승천하신 이 곧 하나님의 아들 예수시라 우리가 믿는 도리를 굳게 잡을지어다 우리에게 있는 대제사장은 우리의 연약함을 동정하지 못하실 이가 아니요 모든 일에 우리와 똑같이 시험을 받으신 이로되 죄는 없으시니라 그러므로 우리는 긍휼하심을 받고 때를 따라 돕는 은혜를 얻기 위하여 은혜의 보좌 앞에 담대히 나아갈 것이니라" (히 4:14-16)

우리의 연약함을 동정하시는 이가 그의 긍휼하심을 따라 때를 따라 돕는 은혜를 주신다고 한다. 인간 의지의 연약함을 하나님은 알고 계신다. 믿음을 붙잡고 그리스도께 나아갈 때 그의 긍휼하심을 통해 때를 따라 돕는 은혜를 얻을 수 있게 된다. 하나님 나라의 구원받은 백성으로 살아가는 운동에너지는 바로 은혜이다. 하나님 나라는 긍휼하신 예수 그리스도를 통해 은혜로 살아가는 법을 배워가는 나라이다. 하나님 나라의 상속자로 살아간다는 것 역시 하나님의 다스림 가운데 거할 때 은혜로 주어지는 열매를 누리며 살아가는 것이다. 따라서 '아직' 이루어지지 않은 완전한 하나님의 통치가 있는 하나님 나라를 기다리는 백성은 하나님 은혜의 도우심을 통해 구원을 이루며 살아가는 삶을 살아가야 한다. 빌립보서 2:13에서 역시 구원을 이루며 하나님 나라를 기다리라는 말씀을 주고 계신다.

> "그러므로 나의 사랑하는 자들아 너희가 나 있을 때뿐 아니라 더욱 지금 나 없을 때에도 항상 복종하여 두렵고 떨림으로 너희 구원을 이루라 너희 안에서 행하시는 이는 하나님이시니 자기의 기쁘신 뜻을 위하여 너희에게 소원을 두고 행하게 하시나니"

"구원을 이루라"고 한다. NIV 성경에서는 continue to work out your salvation, 즉 구원은 계속되어지는 과정을 포함하고 있음을 말하고 있다. 이 모습은 현실에서 구원을 받았다고 확정 짓고 끝난 것이 아닌 구원을 이루어가기 위한 계속적인 노력을 말한다. 구원이란 예수 그리스도를 믿음으로 단번에 주어진 것뿐만 아니라 장차 완성될 하나님 나라에 이르기까지의 과정을 포함하고 있기 때문이다. 이 과정은 마치 존 번연의 『천로역정(the pilgrim's progress)』처럼 복음 인도자의 안내를 받아 천국의 소망을 가지고 이 땅 가운데 살아가며 완성된 구원에 이르는 "곧은 길 또는 좁은 길"을 따라 걸어가는 신앙의 여행길과도 같다.

그 길에 하나님이 동행하시고, 성령님이 여전히 길 안내자가 되어 "감당하지 못할 시험 당함을 허락하지 아니하시고 시험 당할 즈음에 또한 피할 길을 내사 너희로 능히 감당하게 하시느니라"는 고린도전서 10:13의 말씀처럼 장차 다가올 하나님 나라의 완성된 구원을 온전히 이루기까지 하나님께서 함께 하심을 약속하고 계신 것이다.

결국 신앙을 살아가고, 영적인 눈이 열린다는 것은 이 땅 가운데서 구원의 확신을 가지고 하나님 나라를 바라보며 살아가는 것을 말해 준다. 죽어서 가는 천국의 개념을 가지고서는 현실 속에서 하나님 나라를 결코 경험할 수 없다. 천국을 소망하는 성도들이 즐겨 부르는 찬양이 있다.

> 내 영혼이 은총입어 중한 죄짐 벗고 보니
> 슬픔 많은 이 세상도 천국으로 화하도다
> 할렐루야 찬양하세 내 모든 죄 사함 받고
> 주 예수와 동행하니 그 어디나 하늘나라

천국 소망의 찬양은 그렇게 자주 부르면서도 왜 하나님 나라가 현재 삶에서는 이루어지지 않는 것일까? 구원을 받았다 말하면서 정작 현실에서는 실제로 하나님 나라 구원의 기쁨을 누리지 못한다면 앞뒤가 맞지 않게 된다. 따라서 천국의 개념에 대한 생각의 전환이 반드시 필요하다. 하나님 나라인 천국을 현실의 삶에서 바라보도록 해야 하는 것이다. 그러기 위해서는 내 시야를 가로막는 장벽을 넘어 하나님 나라를 바라볼 수 있는 영적 시야를 훈련해야만 한다. 하나님 말씀으로, 성령의 조명하심으로, 그리고 예수 그리스도의 삶을 통해서 말이다.

결국 신앙을 살아가는 것, 영적인 눈이 열리는 것은 이 땅에서 하나님 나라를 바라보며 살아가는 것이다. 예수를 품은 영혼, 하나님 말씀이 있는 영혼은 이미 하나님 나라의 시간을 살아가고 있게 된다. 예수님 부활하시고 이 땅 가운데 성령을 보내시고 함께 하신다 약속을 주셨다. 성령이 함께 하시는 그곳이 하나님, 즉 예수님이 함께 머무르는 곳이며 그 장소가 하나님 나라, 천국의 소망이 있는 곳이다. 성령이 내 안에 계실 때 우리는 현재의 천국을 살아가게 되고, 하나님 말씀이 나를 통치할 때 우리는 하나님 나라 가운데 살아가고 있음을 깨닫게 된다. 내 삶이 예수를 닮아가기에 힘쓰고 하나님 상속자의 확신으로 살아간다면 하나님 나라의 유업을 현재에서 누리는 영적 삶을 살아가게 된다. 동시에 장차 완성될 하나님 나라를 소망 가지고 인내하며 기다리고 살아갈 때 결국 하나님 나라의 출구를 만나게 될 것이다.

미로탈출 1

Q. 이전에 당신이 생각한 천국, 하나님 나라에 대해 적어 보세요.

Q. 1과를 읽고 난 후 천국과 하나님 나라를 어떻게 받아들이고 살아가야 하는지 적어 보세요.

Q. 하나님 나라 통치를 따르기 위해 내게 필요한 것은 무엇일까요?

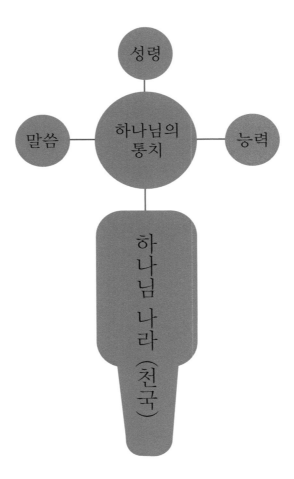

02

영성이란 무엇인가

　사람에게는 태어날 때부터 가지는 기질이 있다고 한다. 이것은 부모로부터 주어진 생물학적 특성이다. 다양한 사람이 존재하는 것처럼 다양한 성격적 기질도 존재한다. 따뜻한 성향, 차가운 성향, 적극적인 성향, 소극적인 성향 등 다양한 성향이 인간마다 다르게 나타난다. 사람들이 때로는 이처럼 질문을 한다.

　'인간이 가지고 태어나는 기질은 변하지 않는가?'

　이 질문에 대다수의 심리학자들은 '변하지 않는다'라고 대답을 한다. 그런데 사실 기질은 변할 수 있다고 생각한다. 사람은 타고난 기질이 있는 반면 학습되는 성향도 존재하기 때문이다.
　어린 아기 때는 부모와의 애착관계 형성이 굉장히 중요하다. 애착관계의 형성의 유무에 따라 아기의 행동 또한 달라지기 때문이다. 아기는 자라나면서 다양한 교육을 받는다. 식습관, 말투, 행동 등 일상을 통해 다양한 경험을 학습하게 된다. 다양한 경험의 학습을 통해 타고난 기질에 학습된 성향이 복합되어 한 사람의 성품으로 비추어지게 된다. 예를 들어 소극적 기질의 사람인데 사회 속에서 관계적 능력을 학습하고 향상시킴으로 인해 적극적인 대인관계지향의 모습으로 나타날 수 있고, 따뜻한 기질을 가졌지만 성장 가운데 소홀, 외면, 차별 등 부정적 경험으로 인해 정반대의 모습으로도 나타날 수 있기도 하다.

인간은 하나님의 형상으로 창조되었다. 하나님의 형상이란 하나님으로부터 주어진 인간의 타고난 기질, 즉 '하나님의 형상적 기질(the characteristics of God's image)'인 것이다. 창세기 1:1-2을 보면 "하나님이 천지를 창조하시고 … 하나님의 영이 수면 위에 운행"하셨다고 말씀한다. 하나님의 "영" 이것을 히브리어는 "루아흐(ruach, Hebrew: רַוּחַ)"라는 단어를 사용하는데, 루아흐는 "영, 의지, 정신, 호흡, 심령"을 뜻한다. 세상은 '하나님의 영(Spirit of God)'이 다스리는 공간으로 시작되었음을 의미하는 것이다. 하지만 인간의 죄로 인해 하나님의 형상적 기질에 새로운 성향인 죄가 학습되어지기 시작한다. 바로 죄의 성향이다. 죄의 성향으로 인해 인간은 하나님의 형상적 모습이 아닌 죄의 성향적 모습으로 바뀌어 살게 된다. 이 모습은 점차 확장되고, 결국 인간은 하나님의 형상을 잃어버린 모습으로 변질되어 버린다.

> "여호와께서 사람의 죄악이 세상에 가득함과 그의 마음으로 생각하는 모든 계획이 항상 악할 뿐임을 보시고 땅 위에 사람 지으셨음을 한탄하사 마음에 근심하시고"(창 6:5-6)

죄의 다스림 가운데 살아가는 사람은 하나님 형상의 모습을 잃어버린 모습이다. 하나님으로부터 받은 영이 죄로 인해 죽음을 맞이한 것이다. 선악과를 먹음으로 인해 하나님과의 영적인 단절이 생겨났고 결국 하나님 형상의 죽음을 맞이하였다. 이로 인해 하나님은 끊어진 관계, 인간의 영적 죽음을 다시 살리기 위한 영혼의 구원하심이 필요했다. 다시 태어나도록 해야 하는 것이었다. 그래서 새로운 영으로 인간에게 다시 불어 넣어 주셔야만 했다.

하나님 나라 영성이란 하나님을 믿고 새사람(the new being)이 됨으로 주어지는 기질이다. 즉, 하나님을 믿고 거듭난(born again) 자녀에게 주어지는 영적인 성품이다. 그렇다면, 하나님을 믿고 주어진 새로운 기질은 어떤 모습인가? 신명기에서는 이 모습을 "마음과 뜻과 힘을 다하여 여호와 하나님을 사랑하는 성품"이라고 말한다.

"네가 거기서 네 하나님 여호와를 찾게 되리니 만일 마음을 다하고 뜻을 다하여 그를 찾으면 만나리라" (신 4:29)

"이스라엘아 들으라 우리 하나님 여호와는 오직 유일한 여호와이시니 너는 마음을 다하고 뜻을 다하고 힘을 다하여 네 하나님 여호와를 사랑하라" (신 6:4-5)

고린도후서 5:17에서 역시 새롭게 주어진 하나님 나라 영적 기질에 대해 또한 말씀한다.

"그런즉 누구든지 그리스도 안에 있으면 새로운 피조물이라 이전 것은 지나갔으니 보라 새것이 되었도다"

하나님 나라 영성은 하나님을 믿기 전, 죄악의 다스림 가운데 죽었던 영의 모습에서 벗어나 전존재적(全存在的)인 변화(기독교는 이것을 '거듭남'이라고 표현한다)를 통해 주어진 하나님적 성품이다. 죄로 인한 인간의 영적 죽음이 비록 하나님의 형상을 잃어버리게 만들었지만, 하나님은 새 아담되신 예수 그리스도를 통해 인간에게 새로운 본성을 주셨다. 바울은 이 모습에 대하여 "신성한 성품에 참예하는" 것이라고 표현한다.

> "이로써 그 보배롭고 지극히 큰 약속을 우리에게 주사 이 약속으로 말미암아 너희가 정욕 때문에 세상에서 썩어질 것을 피하여 신성한 성품(the divine nature)에 참예하는 자가 되게 하려 하셨느니라"(벧후 1:4)

신성한 성품을 헬라어 "푸시스(physis, Greek: φύσις)"라는 단어를 사용한다. 뜻은 본성(nature), 타고난 성품을 의미하고, 베드로는 세상에 속한 욕망을 "썩어질 것"으로 표현함으로써 하나님의 본성, 즉 신성한 성품과 대조시켜 설명한다. 하나님 나라의 영성은 세상에 속한 인간의 욕망과 대립되는 성향을 가지고 있음을 말하는 것이다.

그렇다면 신성한 성품을 가지고 하나님 앞에 어떤 모습으로 나아가야 하는가? 아담과 하와는 죄의 영향으로 하나님 앞에 진실한 모습으로 나아갈 수 없었다. 죄로 인한 자신의 부끄러움을 발견하고 하나님을 피해 숨어버렸기 때문이다. 하나님 나라의 새롭게 주어진 영성은 "하나님 앞의 진실한 삶"이라 말할 수 있다. 이것을 라틴어로 "코람데오(coram Deo)", 즉 '하나님 앞에서'라는 의미적인 모습으로 표현하게 된다. 하나님 앞에 나는 어떤 진실한 모습으로 나아갈 것인지 고민하는 영성이다. '당신의 거듭난 영적 모습은 어떠한가?'라고 질문을 한다면 이 뜻은 '당신은 하나님 앞에 어떤 모습으로 서 있는가?'라는 것과 같다. 따라서 하나님 나라 영성이란,

> 예수 그리스도를 믿음으로써 새롭게 주어진 거룩한 성품을 가지고 하나님 앞에 바로 서려는 영혼의 모습

이라 정의할 수 있고, 신명기 6:5에서는 "너는 마음을 다하고 뜻을 다하고 힘을 다하여 네 하나님 여호와를 사랑하라"고 말씀하며 이 성품을 잊지 말고 전하고 가르치라 말씀하고 있다.

> "오늘 내가 네게 명하는 이 말씀을 너는 마음에 새기고 네 자녀에게 부지 런히 가르치며 집에 앉았을 때에든지 길을 갈 때에든지 누워 있을 때에 든지 일어날 때에든지 이 말씀을 강론할 것이며 너는 또 그것을 네 손목 에 매어 기호를 삼으며 네 미간에 붙여 표로 삼고 또 네 집 문설주와 바 깥 문에 기록할지니라" (신 6:6-9)

영적 침체는 언제 오는가?

하나님 나라 영성은 하나님께 받은 성품을 가지고 하나님 앞에 바 로 서려는 영적인 모습이다. 하지만, 여전히 하나님 나라를 살아가는

데 있어서 이러한 영성에 대한 많은 공격과 싸움이 존재한다. 죄로 인해 타락한 인간의 성품이 하나님의 신성한 성품을 대적하고 있는 것이다. 따라서 신성한 성품에 온전히 참예[1]하지 못하는 사람은 영적 공격으로 인해 상처를 입게 된다. 마틴 로이드 존스 목사는 『영적 침체 (Spiritual Depressions)』에서 영적 침체는 "싱크홀(sinkhole)"과 같다고 표현하였다. 싱크홀은 땅을 지탱하는 지하수가 고갈되면서 지반이 차츰 무너져 거대한 구멍이 생기는 현상이다. 이런 현상은 언제 어디서 발생할지 예측할 수 없다. 영적 침체는 이처럼 어느 순간 영혼에 구멍이 생기듯 영혼에 채워지지 않는 부족현상이 생길 때 점차적으로 발생하는 것이다. 그렇다면 하나님 나라 영성에 채워지지 않는 부족함은 어떤 원인에서 발생하는 것인가?

첫째, 하나님 앞에 진실하게 서지 못할 때 발생하게 된다. 아담과 하와가 동산 중앙의 나무 열매를 먹고 난 후 자신의 부끄러움을 발견하게 되고 하나님을 피해 숨어 버리게 되었다. 하나님 앞에 진실하지 못한 모습은 어두움을 찾아가도록 한다. 왜냐하면 진실하지 못한 모습은 자신을 숨기려고 하는 속성을 지니고 있기 때문이다. 아담과 하와는 하나님께 자신을 숨기려 하였지만 하나님은 빛 되시는 존재이기에 그들의 숨겨놓은 부끄러움이 그의 앞에 낱낱이 드러나게 되었다. 하나님의 빛 되심을 요한1서 5절은 아래와 같이 말씀한다.

"… 곧 하나님은 빛이시라 그에게는 어둠이 조금도 없으시다는 것이니라"

---

1) 여기 "참예하다"를 헬라어로 번역하면 "동반자(partner) 또는 "나누는 자"가 되는 것으로 해석된다.

빛 되신 하나님 앞에 숨기고 드러나지 않을 것은 아무것도 없다. 성경 역시 하나님 앞에 만물이 벌거벗은 것같이 드러난다고 말씀한다.

"지으신 것이 하나도 그 앞에 나타나지 않음이 없고 우리의 결산을 받으실 이의 눈 앞에 만물이 벌거벗은 것 같이 드러나느니라" (히 4:13)

죄가 들어오면 인간은 영적 어둠을 느끼게 된다. 어둠이 짙어지면 더 이상 죄를 볼 수 없고 또한 느낄 수 없을 정도의 적막한 영적 죽음에 이르기도 한다. 하나님은 빛으로 어두운 인간의 내면을 들여다보신다. 그래서 하나님의 빛이 영혼에 비추어질 때 인간은 자신 내면의 어두움을 보게 되고, 진실하지 못한 거짓되고 죄악 된 인간의 실체를 발견함으로 인해 영적 침체의 심각성이 드러나게 된다.

성경을 보면 다윗이 하나님 앞에 중대한 범죄를 일으키는 사건에 관하여 나온다. 사무엘하 11장에 기록된바, 다윗이 자신의 부하 우리야의 아내 밧세바를 범하고 결국 자신의 범죄를 숨기기 위해 우리야까지 죽인 사건이다. 부하들은 전쟁터에 나갔지만 다윗은 예루살렘에 머물러 유유히 왕궁 옥상을 거닐고 있었다. 그곳에서 한 여인이 목욕하는 것을 발견했는데 그 모습이 "심히 아름다워" 보였다고 한다. 마치 하와가 선악과 나무를 보고 "먹음직도 하고 보암직도 하고 지혜롭게 할 만큼 탐스럽기도 한 나무인지라" 말하는 유혹에 마음을 빼앗겨 버린 모습이다.

죄가 들어온다는 것은 죄에 마음을 빼앗겨 버리는 것과 같다. 하나님으로 채워졌던 마음을 죄로 인해 순간 죄에게 빼앗겨 버린 것이다.

다윗은 하나님께 '마음에 합한 자'라는 칭찬을 들었던 사람이었다. 하지만, 다윗 역시 찰나의 순간 영적으로 분별하지 못하는 죄의 어두움에 사로잡힌 것처럼 영적 침체는 하나님 나라의 영성을 수시로 공격하고 있다. 그래서 베드로 역시 이에 대하여 늘 근신하고 깨어 있을 것을 말하는 것이다.

> "근신하라 깨어라 너희 대적 마귀가 우는 사자 같이 두루 다니며 삼킬 자를 찾나니 너희는 믿음을 굳건하게 하여 그를 대적하라"(벧전 5:8-9)

진실함은 자신의 속을 드러내는 것이며 내 안에 가짜가 존재하지 않음을 보여 주는 것이다. 하나님 앞에 진실되지 못한 것은 내 안에 하나님을 향한 가짜가 여전히 존재하고 있다는 것일지도 모른다. 따라서 내 안의 어둠이 자리잡지 못하도록 언제나 하나님 앞에 진실한 모습으로 나아가도록 힘쓰고 훈련하는 노력이 성도에게는 필요하다.

둘째, 영적 침체는 하나님과 끊어진 관계에서 비롯된다. 성경에서는 하나님 나라의 관계를 포도나무와 가지로 말씀한다.

> "내 안에 거하라 나도 너희 안에 거하리라 가지가 포도나무에 붙어 있지 아니하면 스스로 열매를 맺을 수 없음 같이 너희도 내 안에 있지 아니하면 그러하리라 나는 포도나무요 너희는 가지라 그가 내 안에, 내가 그 안에 거하면 사람이 열매를 많이 맺나니 나를 떠나서는 너희가 아무 것도 할 수 없음이라 사람이 내 안에 거하지 아니하면 가지처럼 밖에 버려져 마르나니 사람들이 그것을 모아다가 불에 던져 사르느니라"(요 15:4-6)

가지가 나무에 붙어 있지 않으면 스스로 열매를 맺을 수 없고 메말라 버린다. 생명체가 살아가는 것은 영양 공급원이 있을 때 가능하다. 인간의 존재 역시 마찬가지다. 하나님께서 인간을 자신의 형상으로 지으시고 그에게 "숨"을 불어 넣으시니 "생령(living creature)"이 된 것처럼 하나님은 인간에게 생명의 공급원 되신다. 가지가 나무에 붙어 있지 않으면 영양 공급을 받을 수 없다. 즉 생명이 끊어지게 되는 것이다. 마찬가지로, 인간이 하나님을 떠난다는 것은 생명의 공급원을 끊어 버리는 것과도 같다. 영양 공급을 받지 못한 생명체는 메말라 버리고 급기야 죽어 썩을 수밖에 없다.

하나님과의 단절로 인해 인간은 죄의 다스림으로 인한 죽음의 영향 아래 갇혀 있게 되었다. 죄의 속박이 인간을 죽음으로 내몰았기 때문이다. 죽음은 어둠을 상징한다. 구약성경에서는 죽음의 장소로 "스올(sheol)"을 이야기하고 있다.

> "누가 살아서 죽음을 보지 아니하고 자기의 영혼을 스올의 권세에서 건지리이까" (시 89:48)

히브리어 "스올"이란 "죽음의 장소, 무저갱, 음부" 등으로 어둠의 땅(underworld)을 의미한다. 욥기는 스올에 관해 한 번 가면 돌아올 수 없는 장소로 말씀한다.

> "구름이 사라져 없어짐 같이 스올로 내려가는 자는 다시 올라오지 못할 것이오니" (욥 7:9)

영적 침체에 빠진 영혼은 빛이 아닌 어둠을 바라보게 된다. 깊은 어둠으로 내려가도록 끌어들이는 영적 침체를 스스로 빠져나올 수 있는 힘이 인간에게는 없다. 스올의 구덩이에 한 번 빠지게 되면 그곳에는 죽음이 기다린다.

성경의 요나(Jonah)를 읽어 보면 스올의 구덩이로 들어가는 영적 침체에 빠진 모습을 볼 수 있다. 니느웨(Nineveh)로 가서 '여호와의 말씀을 외치라'는 하나님의 명령에 요나는 불순종하였다. 그리고 여호와의 얼굴을 피하여 다시스(Tarshish)로 가는 배에 올라탄다. 요나는 배에 올라타 배의 맨 아래층으로 내려가 깊은 잠에 빠진다. 다시스로 가던 배는 순간 풍랑을 만나게 되고 풍랑을 만난 문제의 근원이 바로 요나로 인한 것임을 발견하고 선원들은 그를 깊은 바다에 던져 버린다. 바다에 빠진 요나를 이제 큰 물고기가 삼키고 더 깊은 바다의 물고기 배 속에 있게 된다. 결국 물고기는 요나를 니느웨로 데려가게 되고 그곳에서 요나는 하나님의 선포하신 말씀을 전하게 되는 내용이다.

하나님께 대한 불순종은 하나님과의 관계를 끊어 버리도록 만든다. 그리고 하나님께 불순종한 요나는 순간 영적 침체에 빠져들었다. 영적 침체는 영혼을 어둠의 깊은 곳으로 내려가도록 만든다. 마치 요나가 배의 맨 아래층으로 내려가 잠이 들고 이후 바다에 던져져 물고기 배 속에 갇혀 더 깊은 바닷속까지 내려갔던 것처럼 말이다. 혹시 내 영혼이 깊은 침체 가운데 머물러 있다면 스스로 생각해 봐야 한다. 하나님께 불순종한 내 모습은 아닌지, 하나님으로부터 관계가 자꾸 멀어지고 있는 것은 아닌지 살펴볼 때이다.

셋째, 영적 침체는 자아의 기질이 하나님의 성품을 넘어설 때 발생한다. 아담과 하와가 하나님께 범죄하게 된 것은 '눈이 밝아져 하나님처럼 될 것'이라는 유혹의 말에 넘어가면서 시작되었다. 인간이 하나님처럼 되길 원할 때, 하나님의 영광을 자신의 것으로 만들려는 욕심과 교만은 하나님 나라를 바라볼 수 없도록 눈을 가리운다. 그래서 성경에서도 항상 경고한 말씀은 하나님을 넘어서려는 인간의 교만에 대한 것이었다.

"교만은 패망의 선봉이요 거만한 마음은 넘어짐의 앞잡이니라" (잠 16:18)

인간이 하나님을 넘어서려고 할 때 영적인 눈은 어두움을 바라보게된다. 왜냐하면 빛을 대적하는 것은 어두움이기 때문이다. 아담과 하와가 죄의 유혹으로 넘어진 것도 어두움을 대표하는 사탄의 꾀임으로인한 교만에서 비롯되었다. 사탄이 가져다준 교만함이 하나님의 성품을 넘어설 때 발생한 것이고, 이스라엘 백성의 범죄함도, 사울이 하나님 앞에 무너져 버린 것도, 이스라엘 왕들의 죄악 역시 하나님을 넘어선 교만함이라는 인간의 성질 때문이었다.

그렇다면 인간은 어떤 기질을 가지고 있기에 하나님을 뛰어넘으려고 하는 것일까? 로마서는 하나님을 대적하여 넘어서려는 인간의 모습에 관해 말한다.

"하나님을 알되 하나님을 영화롭게도 아니하며 감사하지도 아니하고 오히려 그 생각이 허망하여지며 미련한 마음이 어두워졌나니 스스로 지혜있다 하나 어리석게 되어 썩어지지 아니하는 하나님의 영광을 썩어질 사람과 새와 짐승과 기어다니는 동물 모양의 우상으로 바꾸었느니라 그러므로 하나님께서 그들을 마음의 정욕대로 더러움에 내버려 두사 그들의 몸을 서로 욕되게 하게 하셨으니 이는 그들이 하나님의 진리를 거짓 것으로 바꾸어 피조물을 조물주보다 더 경배하고 섬김이라 주는 곧 영원히 찬송할 이시로다 아멘. 이 때문에 하나님께서 그들을 부끄러운 욕심에 내버려 두셨으니 곧 그들의 여자들도 순리대로 쓸 것을 바꾸어 역리로 쓰며 그와 같이 남자들도 순리대로 여자 쓰기를 버리고 서로 향하여 음욕이 불 일 듯 하매 남자가 남자와 더불어 부끄러운 일을 행하여 그들의 그릇됨에 상당한 보응을 그들 자신이 받았느니라. 또한 그들이 마음에 하나님 두기를 싫어하매 하나님께서 그들을 그 상실한 마음대로 내버려 두사 합당하지 못한 일을 하게 하셨으니 곧 모든 불의, 추악, 탐욕, 악의가 가득한 자요 시기, 살인, 분쟁, 사기, 악독이 가득한 자요 수군수군하는 자요 비방하는 자요 하나님께서 미워하시는 자요 능욕하는 자요 교만한 자요 자랑하는 자요 악을 도모하는 자요 부모를 거역하는 자요 우매한 자요 배약하는 자요 무정한 자요 무자비한 자라 그들이 이같은 일을 행하는 자는 사형에 해당한다고 하나님께서 정하심을 알고도 자기들만 행할 뿐 아니라 또한 그런 일을 행하는 자들을 옳다 하느니라" (롬 1:21-32)

죄의 영향 아래 인간은 하나님을 대적하는 기질적 성향이 더욱 악한 방향으로 확대되어졌다. 이로 인해 하나님의 형상을 잃어버리고 죄의 영향을 받은 인간의 모습은 참담하기만 하다.

인간에게는 주어진 기질이 있다고 하였다. 그리고 기질은 실제 살아가는 삶의 현장에 아주 많은 영향을 끼치게 된다. 요즘 젊은 세대들이 사람을 파악하는 기질 테스트가 있다. 바로 "마이어브릭스" 성격 유형

지표인 MBTI이다. 사람들은 자신의 성향을 MBTI라는 지표에 따라 스스로 측정해보고 개념화시킨다. 필자의 경우는 MBTI 테스트를 해보니 ENTJ 또는 ENFJ의 성향이라고 나왔다. 계획적이기도 하고 감상적이기도 하고, 직관적이기도 하고 판단적이기도 한 성향이라고 한다. 과연 이것이 맞는 것일까? 의구심이 들기도 한다.

사람들이 자신의 기질 조사를 하는 것처럼 하나님 나라 백성 역시 영적인 기질 또는 성향에 대해 알아볼 필요가 있다. 자신이 하나님 나라 백성으로서 어떤 기질과 성향으로 현재를 살아가고 있는가에 대한 분석이다. 어떤 이는 적극성을 가지고 신앙을 살아가는 사람이 있는 반면, 어떤 이는 부끄러워 자신을 숨기고 신앙을 살아가고 있기도 한다. 개인적인 감정에 치우치거나 때론 너무 차가울 정도로 객관적으로 신앙을 살아가는 모습도 있다.

성경에 나오는 인물들도 그들의 기질에 따라 하나님 나라 삶을 살아가는데 많은 영향을 끼치게 된 것을 보게 된다. 예를 들어 야곱을 살펴보라. 야곱은 욕심이 많고 기회주의적 성향을 가졌었다. 형 에서의 장자 신분을 빼앗았고, 또 위기가 닥쳐왔을 때 다른 사람보다 자신만 빠져나오기에 급급했던 사람이었다. 모세는 어떠했는가? 모세는 정의감에 불타는 다혈질적이고 폭력적인 성향을 보였던 인물이다. 화가 나서 하나님께 받은 십계명이 쓰여진 돌판도 부숴 버렸던 사람이었다. 그렇다면 바울의 모습은 어떠했을까? 회심 이전 바울의 모습은 아주 독선적이고 냉혹한 사람이었다. 친구인 스데반을 죽음에 몰아 놓고도 아무렇지 않게 행동했고 예수를 따르는 사람들을 잡아가고 박해하는데 앞장섰던 사람이기도 했다. 하지만 이들의 인간적인 성향은 하나님을 인격적으로 만났을 때 극적으로 변화되었다는 사실이다. 아담의 죄로 인해 타락한 인간적 성품이 신성한 하나님의 성품으로 변화되어 하나님 나라의 다스림에 순종하며 살아갈 수 있게 된 것이었다. 어떻게 이것이 가능할 수 있었을까? 그것은 모두 인간적 기질과 성향이 하나님의 성품에 압도되었을 때 가능한 일이었다. 하나님 나라의 영성은 인간의 기질과 성향을 변화시키고 새롭게 하는 힘과 능력을 가지고 있기 때문이다.

영적 침체에서 빠져나오기

● 1. 하나님의 샬롬을 구하라

영적 침체는 하나님 나라와 그의 영광을 위해 반드시 해결해야 할 문제이다. 영적으로 침체한 그리스도인은 하나님 나라 복음을 대변할 수 없을 뿐만 아니라 영적 침체는 영혼이 움직일 수 없도록 속박하기 때문이다. 그래서 영적 침체에서 어떻게 해야 빠져나올 수 있을 것인가 살펴보아야만 한다.

첫째, 하나님의 샬롬(평화)을 발견하는 것이 영적 침체로부터 벗어나도록 해준다. 히브리어로 샬롬은 완전함(completeness), 온전함(wholeness), 균형과 질서가 있는 상태(well balanced)를 의미한다. 즉, 하나님의 완전함, 온전함, 그리고 하나님이 다스리는 균형과 질서 속에 있는 상태를 말한다. 하나님 창조하신 태초의 에덴동산은 하나님의 샬롬이 있는 곳이었다. "보시기에 좋았더라"는 말씀처럼 완전하신 하나님 보시기에 좋은 것이 있는 상태가 샬롬이었기 때문이다. 그래서 모든 동식물, 인간, 자연환경이 하나님의 샬롬 안에 공존할 수 있었다. 하나님은 이 세상을 그의 보시기에 좋은 완벽한 균형과 질서를 통해 창조하셨기 때문이었다. 하지만 하나님의 창조하신 샬롬은 인간의 죄로 인해 파괴되고, 죄와 연결된 많은 혼란이 하나님의 질서를 어지럽히게 되었다.

그럼에도 불구하고 하나님은 여전히 그의 백성이 하나님 나라의 평화를 누리기 원하셨고, 하나님께서 택한 사람들을 통해 구원의 역사를 이루어 가셨다. 하지만, 인간은 깊은 죄의 연대 가운데 있었다. 죄와의 깊은 연대는 하나님과의 끊어진 관계를 다시 연결할 수 없도록 죄의 속박에 머무르게 만들었다. 그래서 결국 하나님은 예수 그리스도를 이 땅에 보내셔서 사슬처럼 묶인 죄의 속박을 끊으시고 하나님의 평화를 이루셔야만 했다.

"그가 찔림은 우리의 허물을 인함이요 그가 상함은 우리의 죄악을 인함이라 그가 징계를 받음으로 우리가 평화를 누리고 그가 채찍에 맞음으로 우리가 나음을 입었도다" (사 53:5)

예수의 십자가 대속의 죽음은 끊어진 하나님과 인간 사이를 연결시키는 중보적(interceded) 죽음이었다. 이 모습을 에베소서 2장에서는 "하나님과 화목하게 하려 하셨다"라고 표현을 한다.

"그 때에 너희는 그리스도 밖에 있었고 이스라엘 나라 밖의 사람이라 약속의 언약들에 대하여는 외인이요 세상에서 소망이 없고 하나님도 없는

자이더니 이제는 전에 멀리 있던 너희가 그리스도 예수 안에서 그리스
도의 피로 가까워졌느니라 그는 우리의 화평이신지라 둘로 하나를 만드
사 원수 된 것 곧 중간에 막힌 담을 자기 육체로 허시고 법조문으로 된
계명의 율법을 폐하셨으니 이는 이 둘로 자기 안에서 한 새 사람을 지
어 화평하게 하시고 또 십자가로 이 둘을 한 몸으로 하나님과 화목하게
하려 하심이라 원수 된 것을 십자가로 소멸하시고 또 오셔서 먼 데 있는
너희에게 평안을 전하시고 가까운데 있는 자들에게 평안을 전하셨으니"

(엡 2:12-17)

하나님으로부터 멀어진 모습은 하나님을 거부하는 모습이다. 즉 하
나님의 다스림을 거부하는 것이고 하나님을 향해 벽을 세우는 모습이
다. 하나님으로부터 멀어진 모습은 또한 소망이 없는 모습이라고 한
다. 소망이 없는 삶은 죽은 모습과도 같다. 소망 없는 것은 바라볼 곳
없는 현실적 상황에 좌지우지될 수밖에 없는 인생이 된다. 영적 침체
에 빠진 모습도 이와 같다. 소망이 없는 모습, 현실적 상황에 따라 감
정적으로 요동칠 수밖에 없는 모습이다. 이런 모습은 예수님의 죽음
을 보았던 그의 제자들의 모습에서도 볼 수 있었다. 예수님의 십자가
죽음을 보았던 제자들은 깊은 영적 침체와 두려움에 빠져 사람들을 피
해 숨어 버렸다.

"예수를 뵈옵고 경배하나 아직도 의심하는 사람들이 있더라" (마 28:17)

"그 후에 열한 제자가 음식 먹을 때에 예수께서 그들에게 나타나사 그들
의 믿음 없는 것과 마음이 완악한 것을 꾸짖으시니 이는 자기가 살아난

것을 본 자들의 말을 믿지 아니함일러라" (막 16:14)

"그들이 놀라고 무서워하여 그 보는 것을 영으로 생각하는지라 예수께
서 이르시되 어찌하여 두려워하며 어찌하여 마음에 의심이 일어나느냐"
(눅 24:37-38)

"이 날 곧 안식 후 첫날 저녁 때에 제자들이 유대인들을 두려워하여 모
인 곳의 문들을 닫았더니 예수께서 오사 가운데 서서 이르시되 너희에
게 평강이 있을지어다" (요 20:19)

제자들 역시 예수의 죽음을 본 이후 순간 영적 침체에 빠져 버렸다.
예수를 따르던 믿음이 사라지고, 의심과 두려움에 그들의 영혼이 잠식
되었다. 영적 침체는 이처럼 순간 인간 내면의 평화를 깨뜨린다. 하지
만 예수님은 소망을 잃고 두려움과 의심에 빠진 제자들에게 말씀하신
다. "평강이 있을지어다", "성령을 받으라", "믿음 없는 자가 되지 말고
믿는 자가 되라." 예수님은 여전히 평화를 주시는 분이시기 때문이다.
　예수의 제자들이 보였던 영적 침체의 모습은 구약성경의 엘리야의
모습을 연상하게 한다. 열왕기상 18장 이하를 보면 엘리야가 바알과
아세라 선지자 850명과 영적 대결을 하는 장면이 나온다. 엘리야는 하
나님의 능력으로 그들을 물리치는 대승을 거둔다. 이에 분노한 아합의
아내 이세벨은 사신을 엘리야에게 보내어 "반드시 네 생명을 저 사람
들 중 한 사람의 생명과 같게 하리라" 위협을 한다. 이에 엘리야는 순
간 두려움에 빠져 광야로 숨어 들어갔다. 죽음의 위협에 엘리야는 영

적 침체에 빠져 버린 것이다. 하룻길을 도망쳐 광야의 로뎀 나무 아래 앉은 엘리야는 죽고 싶은 마음까지 들었다고 한다.

"··· 한 로뎀 나무 아래에 앉아서 자기가 죽기를 원하여 이르되 여호와여 넉넉하오니 지금 내 생명을 거두시옵소서 나는 내 조상들보다 낫지 못하 니이다 하고"(왕상 19:4)

하나님의 능력으로 850 대 1이라는 역사적 대승리를 거두었음에도 불구하고 순간의 두려움은 엘리야를 스스로 죽고 싶은 죽음에까지 몰 아갔다. 영적 침체는 앞서 말했듯이 마치 싱크홀 같다. 언제 어떻게 올지 모르는 영혼을 침몰시키는 공격이기 때문이다. 하지만, 하나님 은 영적 침체에 빠진 엘리야를 위해 천사를 보내 그의 영을 어루만져 주신다.

"로뎀 나무 아래에 누워 자더니 천사가 그를 어루만지며 그에게 이르되 일어나서 먹으라 하는지라 본 즉 머리맡에 숯불에 구운 떡과 한 병 물이 있더라 이에 먹고 마시고 다시 누웠더니 여호와의 천사가 또 다시 와서 어루만지며 이르되 일어나 먹으라 네가 갈 길을 다 가지 못할까 하노라 하는지라 이에 일어나 먹고 마시고 그 음식물의 힘을 의지하여 사십 주 사십 야를 가서 하나님의 산 호렙에 이르니라"(왕상 19: 5-8)

어루만지고, 먹이시고, 재우시는 하나님 평안의 위로를 볼 수 있다. 영적 침체에서 벗어나는 길이 있다면 그것은 하나님의 샬롬이 내 안에 회복되는 것임을 다시 알게 된다. 혹시라도 영적 침체 가운데 있다면 속히 하나님의 샬롬을 구하라. 당장 샬롬이라는 회복제가 영혼에 필요하기 때문이다.

● 2. 불신앙, 즉 의심을 버리라

영적 침체는 불신앙으로 인한 의심에서 비롯되는 경우가 많다. 아담과 하와는 사탄의 꾀임에 빠져 하나님의 말씀을 의심하게 되었다. 사탄의 말로 인해 하나님을 신뢰하지 못하게 되었던 것이다. 영적으로 침체되어 있다는 것은 나에게 불신앙적 모습이 많다는 것과 같다. 성경을 보면 많은 경우 하나님을 신뢰하지 못하는 불신앙으로 인해 영적 침체에 빠진 모습을 보게 된다. 대표적인 예로 이스라엘 백성이 하나님께 왕을 세워줄 것을 요구하는 모습에서 찾아보도록 하자. 이스라엘 백성은 하나님께 자신들을 다스릴 왕을 세워줄 것을 요청한다. 이에 하나님은 그들의 요구를 허락하신다.

"그에게 이르되 보소서 당신은 늙고 당신의 아들들은 당신의 행위를 따르지 아니하니 모든 나라와 같이 우리에게 왕을 세워 우리를 다스리게 하소서 한지라 우리에게 왕을 주어 우리를 다스리게 하라 했을 때에 사무엘이 그것을 기뻐하지 아니하여 여호와께 기도하매 여호와께서 사무엘에게 이르시되 백성이 네게 한 말을 다 들으라 이는 그들이 너를 버림이 아니요 나를 버려 자기들의 왕이 되지 못하게 함이니라 내가 그들을 애굽에서 인도하여 낸 날부터 오늘까지 그들이 모든 행사로 나를 버리고 다른 신들을 섬김 같이 네게도 그리하는도다" (삼상 8:5-8)

이스라엘 백성은 하나님의 다스림보다 인간의 통치를 원했다. 하나님이 아닌 새로운 인간의 왕을 요구한 백성들은 이미 하나님의 왕되신 주권적 통치를 받아들이길 거부했다. 세상의 다른 나라들처럼 되고 싶었고 하나님이 아닌 다른 신들을 따르길 원했던 것이다.

"우리도 다른 나라들 같이 되어 우리의 왕이 우리를 다스리며 우리 앞에 나가서 우리의 싸움을 싸워야 할 것이니이다 하는지라"(삼상 8:20)

이에 이스라엘의 처음 왕으로 베냐민 지파의 사울이 선택된다. 이제 이스라엘은 하나님이 아닌 인간이 세운 왕 사울의 통치를 따르게 되었다. 그리고 이스라엘의 백성들은 하나님이 아닌 인간의 왕을 의지함으로 인해 하나님을 향해 영적으로 더욱 눈먼 자들이 되어 버리고 만다. 결국 하나님께 불순종함으로 인간의 왕을 세운 이스라엘의 모습은 어떠했는가? 하나님 나라의 통치를 떠난 이스라엘은 죄와 우상으로 인한 고통에서 벗어날 수가 없었다.

의심이 들어오면 믿음은 흔들리게 된다. 그리고 믿음이 흔들림과 동시에 불안이 영혼을 엄습한다. 마태복음 14장에 나오는 물위를 걸었던 베드로의 모습을 생각해보라. 밤에 예수께서 바다 위를 걸어서 제자들에게 걸어오자 제자들은 그 모습을 보고 "유령이다" 하며 놀라게 된다. 그러자 예수는 "안심하라 나니 두려워말라" 말씀해 주신다. 하지만 베드로는 여전히 그 사실을 믿지 못하였다.

"만일 주님이시거든 나를 명하사 물위로 오라 하소서"

베드로는 예수의 말씀을 의심하며 시험했다. 이에 예수께서 "오라" 하시니 베드로는 예수를 바라보며 물 위를 걸어가게 되었다. 하지만 순간 바람이 불어오자 베드로는 이에 놀라 무서워 물에 빠져 버린다. 예수님은 이 모습을 보고 말씀하신다. "믿음이 작은 자여 왜 의심하였느냐!" 의심은 순간 인간의 마음을 무너뜨리고 만다. 의심이 쌓여간다는 것은 점차 믿음이 무너지고 있다는 증거이며 이로 인해 영적 침체가 오고 있다는 것과 같다. 그래서 내 안에 의심 쌓일 때 나를 무너뜨리는 영적 침체가 다가오고 있다는 사실을 분별해야만 한다.

● 3. 죄의 연대성을 끊으라

러시아 작가 레오 톨스토이는 『인생이란 무엇인가』라는 책에서 "인생은 고난의 연속이다"라고 말한다. 인생을 살아가면서 만나는 수많은 고난의 순간이 있는데 그때마다 이겨낼 수 있는 것은 순간 찾아낸 짧은 행복을 맛봄으로 고난을 잊고 견디며 살아가는 것이다. 그래서 인생은 고난의 연속 가운데서도 살아가게 되는 것이라 정의한다. 고난이 없는 삶은 없다. 물질이 많아도, 물질이 없어도, 지금 순간 행복한 것 같아도 인간은 삶의 고난에 대해 여전히 걱정하며 살기 때문이다.

그렇다면 인간의 삶에는 왜 고난이 뒤따르는 것인가? 인간의 고난은 하나님과 분리된 관계에서 시작되었음을 성경은 말한다. 죄로 인해 하나님과의 관계가 단절되고 죄와 가까워지게 되었다. 죄와 가까워진 인간은 죄의 다스림에 영향을 받으며 살게 되었다. 즉, 죄와 연대가 생겨난 것이다. 신약학자 김세윤 교수는 "연대성"이 가져오는 삶에 관해서 설명하는데, 인간의 삶 가운데 발생하는 모든 결과물들은 "연대성" 때문이라고 말한다. '왜 착하게 사는데 고난이 많고, 또 왜 악한 사람이 더 잘되는가'에 대한 질문에 대해 그것은 인간의 연대성에서 비롯되기 때문이라고 말한다.

인간은 연대성 속에서 서로 영향을 주며 살아가고 있기 때문에 내가 잘못하지 않았어도 상대방으로 인해 내가 고통과 손해를 보기도 하고, 내가 잘못함으로 인해 남이 큰 고통을 입을 수도 있다는 것이다. 아담과 하와가 죄를 범한 것도 이런 원인에서 시작되었다. 하나님처럼 될수 있다는 사탄의 유혹이 그들이 죄를 범하도록 연대성을 가져왔고, 하나님보다 더 높아지려는 인간의 욕심은 죄와 연대하여 하나님께 불순종의 결과를 가져왔던 것이다. 죄와 연대되어 살아가는 모습의 대표적 표본은 사사 시대(the period of Judges)의 모습일 것이다. 하나님과 끊어진 관계는 죄의 연대 아래 들어가고, 죄의 다스림 속에 사는 그들은 하나님 백성의 모습이 아닌 타락과 불순종의 모습으로 살아가게 되었다. 이로 인해 고통을 겪게 되고 영적으로 죽은 모습과 같은 삶을 살아갈 수밖에 없었고, 결국 다시 하나님의 구원을 바라볼 수밖에 없던 모습이었던 것이다.

그렇다면 죄와 연대되어 살아가는 것에 어떻게 대처해야만 하는 것일까? 심리치료 가운데 '연결짓기'와 '구별짓기'라는 치료법이 있다. 어떤 대상과 좋은 연결이 되어 있고 어떤 대상과 적절한 구별이 되어 있는가, 즉, 내가 어디에 어떻게 연결되고 구별되어져 있는가에 따라 결과물이 달라진다는 것이다. 예를 들어 알코올 중독을 치료하기 위해 술과 관련될 수 있는 것으로부터 구별을 지어 줌으로 인해 술이 가져다주는 유혹에서 멀어지도록 만드는 것이고, 술을 대신하여 건강한 삶으로 유도할 수 있는 것에 가까워지도록 연결을 지어주는 방법이다. 이와 비슷하게 죄와 연대를 끊기 위해 필요한 것 역시 죄의 유혹으로부터 멀어질 수 있는 구별이 필요한 것이고, 죄를 이겨내기 위해 하나님께로 가까이 맺어지는 연결을 만들어 가는 것이다.

성경 역시 연결짓기와 구별짓기에 관해 말해준다. 요한복음 15장을 살펴보면 예수는 포도나무이고 그의 백성은 가지라 비유하여 말씀한다. 가지가 나무에 붙어 있지 않으면 영양분을 공급받지 못해 열매를 맺을 수 없고 말라 버리는 것처럼 죄의 연대성을 이기는 방법은 하나님과는 밀접한 연결을 맺고 죄로부터는 구별짓는 것임을 알게 된다.

사탄은 하나님과 인간의 관계를 멀어지도록 만든다. 죄의 유혹이 하나님으로부터 멀어지도록 구별을 만들기 때문이다. 그래서 이에서 벗어나기 위해 사도 바울은 의와 진리의 거룩한 "새사람을 입으라"고 말한다.

"너희는 유혹의 욕심을 따라 썩어져 가는 구습을 따르는 옛사람을 벗어버리고 오직 너희의 심령이 새롭게 되어 하나님을 따라 의와 진리의 거룩함으로 지으심을 받은 새사람을 입으라" (엡 4:22-24)

옛사람은 하나님의 가치가 아닌 세상의 다스림, 죄와 연대되어 살아가는 모습을 말한다. 죄와 깊이 연대되어 있는 옛 존재를 벗어 버리는 것은 쉽지 않다. 그래서 믿음의 선한 싸움이 필요하게 된다. 하나님과 단절된 관계로 살아간 옛사람은 죄와 너무 깊은 연대 관계 속에 있기 때문이다. 예를 들어 도박에 중독된 사람이 도박의 유혹을 끊고 살아가는 것은 굉장히 어려운 일이다. 끊고 돌아서기엔 너무나도 깊은 연대 관계 속에 들어가 있기 때문이다. 극단적인 경우 자신의 손가락을 자르기까지 하면서 도박을 끊으려는 사람도 있었다. 하지만 손가락을 잘라 냈어도 남아 있는 다른 손가락으로 다시 도박판으로 달려가는 것이 끊을 수 없는 죄의 연대성이다.

결국 죄의 연대성을 끊기 위한 처절한 싸움이 필요한데 이것을 바울은 "믿음의 선한 싸움"이라 말하며 옛사람을 십자가에 못박는 것으로 말씀한다.

> "그리스도 예수의 사람들은 육체와 함께 그 정욕과 탐심을 십자가에 못 박았느니라" (갈 5:24)

여전히 세상은 인간의 삶을 죄와 연결시키고, 사탄은 죄로 인한 고통을 통해 인간의 삶을 공격하고 있다. 그래서 하나님은 결국 이것을 끊어야만 했다. 예수 그리스도의 십자가를 통해 죄의 연대적 사슬을 끊어 고통받는 인간을 죄로부터 해방시키는 것이다. 그것이 십자가를 통한 예수 그리스도의 구원이고, 죄의 해방이며, 고통의 치유이기 때문이었다.

예수의 십자가를 바라볼 때 우리는 예수와 함께 못 박힌, 죄와 연대되었던, 그리고 죄의 다스림에 몸부림쳤던 인간 옛 자아의 부끄러움을 볼 수 있어야 한다. 십자가를 통해 죄와의 연대로부터 돌이키는 것과 동시에 하나님 나라와 새롭게 연결되어야 한다. 하나님 나라와 연결됨으로 새사람을 입은 성도의 모습으로 살아가는 것이다. 이로 인해 하나님 나라에 연결되어 살아가는 성도는 영적 해방감을 누릴 수 있다. 하나님께 연결됨으로 인해 끊을 수 없던 죄악의 사슬을 끊고 하나님 주시는 은혜의 자유가 주어지기 때문이다.

> "주의 성령이 내게 임하셨으니 이는 가난한 자에게 복음을 전하게 하시려고 내게 기름을 부으시고 나를 보내사 포로 된 자에게 자유를, 눈먼 자에게 다시 보게 함을 전파하며 눌린 자를 자유롭게 하고 주의 은혜의 해를 전파하게 하려 하심이라" (눅 4: 18-19)

영적 훈련의 필요와 유익

리차드 포스터는 영적 훈련에 대하여 "영적 훈련은 하나님의 은혜를 통해 누리는 복을 위한 것"이라고 말한다. 하나님 은혜의 복은 영적 훈련과 함께 영성이 성장함을 통해 누리게 된다. 영적 훈련을 받은 사람과 받지 않은 사람의 차이가 있다. 훈련받은 사람은 현실의 문제에 대하여 영적인 해결 방법에 연관하여 생각하는 반면, 훈련받지 않은 사람은 영적 방법이 아닌 현실적 방안을 모색하는 데 주안점을 두게 된다. 영적 훈련은 닥친 문제에 대해 바라보는 영적 해석력을 가져다줌으로 인해 내 지식과 한계를 뛰어넘는 생각을 할 수 있도록 도움을 준다.

"이는 내 생각이 너희의 생각과 다르며 내 길은 너희의 길과 다름이니라 여호와의 말씀이니라 이는 하늘이 땅보다 높음 같이 내 길은 너희의 길보다 높으며 내 생각은 너희의 생각보다 높음이니라" (사 55:8-9)

영적 훈련을 통한 문제 해석의 능력은 내 지식과 한계를 뛰어넘어 내가 생각할 수 없는 하나님의 계획과 방법, 즉 하나님의 일하심을 경험할 수 있도록 이끈다. 영적 훈련이 가져오는 유익에 대해 노아의 모습을 예로 살펴보자. 노아가 살던 시대를 한마디로 정의한다면 "부패의 시대"라고 말할 수 있다.

"그 때에 온 땅이 하나님 앞에 부패하여 포악함이 땅에 가득한지라 하나님이 보신 즉 땅이 부패하였으니 이는 땅에서 모든 혈육 있는 자의 행위가 부패함이었더라" (창 6:11-12)

온 땅이 하나님 앞에 부패했다고 한다. 그리고 하나님 앞에 부패한 모습은 "포악함"으로 연결된다. "포악함"이란 "full of violence" 즉, '위법이 가득한' 세상의 모습을 말한다. 이 모습은 마치 하나님 창조 이전의 모습과 비슷하다. 질서가 없는 혼돈과 공허의 상태인 것이다. 즉, 하나님이 존재하지 않는 모습과 같았다는 것이다. 이런 혼란한 시대에 노아는 어떻게 하나님께 "의인"이라 불릴 수 있었던 것일까? 히브리서 11장을 보면 노아에 대하여 이렇게 말한다.

"믿음으로 노아는 아직 보이지 않는 일에 경고하심을 받아 경외함으로 방주를 준비하여 그 집을 구원하였으니 이로 말미암아 세상을 정죄하고 믿음을 따르는 의의 상속자가 되었느니라" (히 11:7)

노아는 하나님 경고의 말씀을 마음에 두고 살았음을 보게 된다. 믿음을 통해 하나님의 말씀을 가슴에 품고 하나님 경외함으로 살아가며 다가올 진노에 대비하며 살았던 것이다. 그리고 그 결과는 결국 하나님의 진노의 때에 하나님의 "의의 상속자"로 남겨질 수가 있었다.

노아의 영적 훈련은 오랜 시간에 걸쳐 이루어졌다. 노아가 하나님 말씀에 순종하여 방주를 지었던 시간은 대략 100-120년이 걸렸다. 노아에게 있어서 이 시간은 세상의 방향과는 다른 방향으로 걸어가고 있던 시간이었다. 외롭고 힘들고, 세상 이치에 맞지 않는 모습이었지만 하나님 약속을 붙잡고 묵묵히 걸어갔다. 그토록 오랜 시간 동안 하나님 약속의 말씀을 붙잡을 수 있던 것은 믿음을 붙잡고 하나님을 신뢰하는 훈련이 있었기 때문이다. 믿음이 없이는 아직 일어나지 않은 일에 대한 확신과 소망을 가질 수 없다. 하지만 노아는 하나님 주신 믿음을 통해 그를 훈련할 수 있었고 아직 일어나지 않은 일에 대해서도 하나님 말씀을 경외함으로 묵묵히 맡은 사명을 감당할 수 있는 힘을 길러낼 수 있던 것이다.

믿음과 영적 훈련은 동반하여 움직인다. 모세의 경우를 한번 살펴보자. 히브리서 11:24-26을 보면,

"믿음으로 모세는 장성하여 바로의 공주의 아들이라 칭함 받기를 거절하고 도리어 하나님의 백성과 함께 고난 받기를 잠시 죄악의 낙을 누리

는 것보다 더 좋아하고 그리스도를 위하여 받는 수모를 애굽의 모든 보화보다 더 큰 재물로 여겼으니 이는 상 주심을 바라봄이라"(히 11:24-26)

모세 역시 믿음을 통해 영적 훈련을 받았다. 모세는 애굽의 왕 바로와 같은 권한을 가질 수 있던 인물이었다. 하지만, 그는 왕족의 삶 대신 하나님 나라 백성의 정체성을 믿음으로 선택하게 된다. 그리고 그는 하나님 나라 광야의 인도자로서 맡은 사역을 감당하게 된다. 그에게 있어 영적 훈련은 광야를 통과하는 것이었다. 그래서 40년이라는 긴 세월을 이스라엘 백성과 함께 광야를 통과하며 하나님 나라의 시간을 보냈다.

모세에게 주어진 영적 훈련은 공동체적 훈련이었고 이를 통해 하나님은 하나님 나라의 영적 질서를 이스라엘 공동체에 세우셨다. 의식주를 비롯하여 교육과 정치, 그리고 하나님 나라를 살아가는 백성들의 기초적 질서를 세우며 살도록 하셨던 것이다. 공동체적 훈련 가운데 많은 고난과 어려움이 있었지만 그가 경험한 영적 훈련은 노아처럼 하나님의 상속자로서 누릴 유익함이었다. 그것을 히브리서는 "상 주심을 바라봄"이라고 표현하였다.

영적 훈련은 훈련받는 자가 무엇을 바라볼 수 있는지에 관하여 보게 해 준다. 훈련이란 것은 훈련을 통해 목표에 이르는 과정을 포함하고 있다. 훈련의 과정을 통해 훈련받는 이는 훈련의 목적에 다다르는 성장됨을 또한 경험하게 된다. 예를 들어 일반인이 군사훈련을 통해 군인으로 성장하고 국가의 안보라는 목표를 이루는 것처럼 영적 훈련 역시 훈련과정을 통해 진정한 하나님 나라 백성으로 성장시키고 이를 통해 하나님 나라를 이 땅 가운데 이루어가는 거룩한 하나님의 계획을 이루어 가도록 만들어 주는 역할을 하게 된다. 이에 히브리서는 영적 훈련을 통해 하나님이 "상 주시는 이" 되심을 볼 수 있게 된다고 말씀한다.

> "믿음이 없이는 하나님을 기쁘시게 하지 못하나니 하나님께 나아가는 자는 반드시 그가 계신 것과 또한 그가 자기를 찾는 자들에게 상 주시는 이심을 믿어야 할지니라" (히 11:6)

영적 훈련은 믿음을 통해 하나님께 나아가도록 만들어주는 훈련이다. 이 훈련을 통해 믿음으로 하나님이 주시는 "상(reward)"을 바라볼 수 있는 눈이 열리고 소망을 품고 신앙을 살아가게 된다. 영적 훈련을 통해 믿음의 목표를 세우라. 그리고 그 목표를 향해 믿음의 순종함으로 신앙의 길을 걸어갈 때 하나님 나라의 "상"이 주어질 것이다.

영적 훈련의 9가지 훈련방법

그렇다면 하나님 나라의 "상"을 향해 걸어가는 성도는 어떤 영적 훈련을 받아야 하는 것일까?

● 1. 생각 훈련(개념과 이미지의 탈바꿈)

성장한다는 것은 변화가 있음을 의미한다. 성장하지 않는 것은 고착되어 있는 상태이고 변화가 없는 것이다. 변화가 없다는 것은 생명력이 없다는 말과도 같다. 나비가 고치를 벗어 버리고 나오기 전의 모습을 보면 마치 생명이 없는 상태, 고착화된 모습처럼 보이지만, 사실 고치 안에서는 나비로 거듭나기 위한 생명의 성장이 꿈틀대고 있다. 성장하고 있는 것이다. 하지만 고치 속의 성장을 어떻게 확인할 수 있을까?

많은 현대인들이 마치 고치 속에 갇힌 듯, 두꺼운 껍질을 입고 살아가는 것 같다. 겉으로만 봐서는 어떤 생명력이 있는지, 성장하고 있는지 아니면 죽어 있는지 알 수 없는 것이다. 그래서 영적 상태를 정확히 진단해서 자아의 영혼의 상태를 확인해야만 한다. 내 자아의 영혼상태를 확인하는 것 중 하나는 "생각하는 것"이다. 생각은 마음의 자세에서 비롯되어진다. 하지만 생각이 자라지 못하도록 막는 많은 방해요소들이 많다. 그래서 오랜 신앙을 살면서도 생각이 성숙하지 못한 어린아이에 머무른 신앙도 많다. 따라서 영적 훈련은 생각이 자라나지 못하도록 방해하는 것들로부터 생각을 지키는 훈련이 필요하다. 이에 성경 역시 마음의 생각을 지킬 것에 관하여 말씀한다.

"모든 지킬 만한 것 중에 더욱 네 마음을 지키라 생명의 근원이 이에서 남이니라" (잠 4:23)

"아무것도 염려하지 말고 오직 모든 일에 기도와 간구로, 너희 구할 것

을 감사함으로 하나님께 아뢰라 그리하면 모든 지각에 뛰어난 하나님의
평강이 그리스도 예수 안에서 너희 마음과 생각을 지키시리라"(빌 4:6)

인간의 마음과 생각을 공격하는 많은 싸움들이 존재한다. 아담과 하
와 역시 하나님께 죄를 범하게 된 시작도 사탄으로 인해 비롯된 마음
과 생각의 공격이 있었기 때문이다. 이런 공격은 예수를 팔아 넘긴 가
룟 유다의 모습에서도 보인다.

"마귀가 벌써 시몬의 아들 가룟 유다의 마음에 예수를 팔려는 생각을 넣
었더라"(요 13:2)

마귀가 생각을 지배함으로 인해 유다는 마귀의 도구로 쓰임을 받게
되었고 가룟 유다는 이로 인해 예수를 은 삼십냥에 팔아 넘기는 선택
을 해버렸다.

영적 훈련은 어떤 생각을 선택할 것인가에 대하여 훈련하는 것이다.
영적 훈련을 통해 믿음의 생각이 자아를 관리하고 다스리도록 만드는
것이다. 생각을 지배하는 것 중 많은 영향을 주는 것은 개념과 이미지
에 관한 것이다. 개념이란 생각이 세워질 수 있는 지식의 형식이다. 인
간은 배움과 경험을 통해 개념이 생각에 정립되고 이 틀에 기준하여
의식적이고 또한 무의식적인 생각이 작동하게 된다. 예를 들어 수학문
제를 풀기 전에 공식(formula)에 대하여 배우게 된다. 학생들에게 개념
을 정립시켜 놓은 후 생각에 적용시켜 문제를 풀어나가도록 만든다.
어떤 이론에 대하여 적용시키는 것도 마찬가지다. 개념에 대한 정립을

먼저 만든 후 부가적인 설명과 논리를 펼쳐 나가는 것이다. 모든 이론은 개념 정립부터 시작한다. 기독교 역시 마찬가지다. 하나님에 대한 지식의 개념을 말씀과 훈련으로 성도들의 생각에 세움으로써 하나님에 관하여 전하고 가르치게 된다.

개념이 세워지고 나면 이제 개념에 대하여 이미지화시킬 수 있게 된다. 하나님 나라의 개념이 세워진 성도 역시 이를 토대로 영적으로 그림을 그릴 수 있게 된다. 만약 당신에게 '나무 한 그루를 그려보라'고 한다면 당신은 주저없이 그릴 수 있을 것이다. 왜냐하면 나무에 대해 보고 배운 대로 개념이 정립되어 있기 때문이다. 나무라는 개념이 생각에 세워져 있는 것이다. 반면 겨울에 내리는 눈(snow)을 전혀 보지 못하고 자란 아프리카의 아이에게 겨울의 눈을 그려보라 하면 그 아이는 그림을 그려 낼 수 없을 것이다. 왜냐하면 겨울에 내리는 눈을 보지 못하고 경험하지 못해 아이의 생각에 개념이 세워져 있지 않기 때문이다. 즉, 눈이라는 개념이 이미지화 되어 있지 않은 것이다.

개념은 곧 "앎(Knowledge)"이 된다. 개념이 세워졌다는 것은 그 대상에 대해 알게 되었다는 것과 같다. 알지 못했던 것을 알게 되었을 때 대상에 대한 이해가 생겨나게 되고 이미지가 그려지게 된다. 난 미국에서 생활하는 동안 TV에서 미식축구(American football) 경기를 가끔 보았다. 하지만, 아무리 봐도 흥미가 생기지 않았다. 왜냐하면 미식축구의 게임방식(rules)을 알지 못했기 때문이다. 미식축구에 대한 개념이 정립되지 않아 게임을 이해하지 못하니 재미가 없던 것이다. 하지만, 나중에 게임의 룰을 이해하고 나니 점차 재미있어지고 선수들에 관하여 더욱 흥미도 생기면서 즐겨 시청을 할 수 있었던 기억이 난다.

하나님 나라를 살아가는 것도 이와 같다. 하나님 나라에 관련된 개념의 정립이 세워지지 않은 성도의 영적생활은 지루하기 그지없다. 신앙생활이 그저 종교생활에 머물게 된다. 교회를 다녀도 하나님에 대하여 제대로 알지 못한다. 신앙의 성장이 없고, 종교적 의무감만 가질뿐이다. 신앙생활이 재미없고 힘들다고 말하는 사람들이 있다. 개념과 이미지에 적용하여 생각해 보면 하나님의 개념, 신앙과 교회생활, 천국과 지옥, 복과 악 등에 관한 구체적 그림이 그려지지 않기 때문이다. 알지 못하니 재미가 없다. 하나님 나라의 실제가 보이지 않으니 믿음이 도저히 생기지 않는다.

"믿음은 바라는 것들의 실상이요 보이지 않는 것들의 증거니 선진들이 이로써 증거를 얻었느니라 믿음으로 모든 세계가 하나님의 말씀으로 지어진 줄을 우리가 아나니 보이는 것은 나타난 것으로 말미암아 된 것이 아니니라"

(히 11:1-3)

영적 훈련을 통해 보지 못했던 것을 바라볼 수 있는 믿음을 길러내야 한다. 영적 훈련은 보지 못했던 하나님 나라를 믿음으로 바라보며 실체화시키는 삶을 살도록 만든다. 하나님 말씀하신 약속을 볼 수 있도록 만드는 것이며, 이 땅에서 천국을 실제로 경험하며 살도록 훈련시키는 것이다. 동시에 하나님 나라가 성도의 마음에 구체화되어 그려지도록 만든다. 따라서 영적 훈련은 하나님과 신앙에 대하여 제대로 알고 배우도록 가르쳐야만 한다.

● 2. 바라봄의 훈련

영적 훈련은 바라보는 방향을 가르치는 훈련이다. 사람의 인생은 무엇을 바라보는 것에 따라 인생의 방향이 달라진다. 영적 훈련은 하나님 관점을 통해 영적으로 좋은 것을 볼 수 있는 눈을 기르는 훈련이라 할 수 있다. 성경을 보면 가나안 땅을 정탐하기 위해 각 지파에서 한 명씩 정하여 12명의 정탐꾼을 보내는 장면이 나온다. 사십 일 동안 가나안 땅을 정탐하고 돌아온 사람들은 회중에게 정탐 결과를 보고한다. 그중 10명의 정탐꾼의 보고는 참담하고 허망한 소식뿐이었다.

> "거기서 네피림 후손인 아낙 자손의 거인들을 보았나니 우리는 스스로 보기에도 메뚜기 같으니 그들이 보기에도 그와 같았을 것이니라"
>
> (민 13:33)

부정한 정탐 보고를 들은 이스라엘 회중들은 소리를 높여 부르짖으며 밤새도록 통곡했다고 한다. 그리고 백성들은 하나님과 모세와 아론을 원망하기 시작한다. 하나님을 원망하던 백성들은 하나님으로부터 마음이 떠나 버렸다. 그리고 이제 지난 날 애굽에서 종살이했던 과거의 삶을 그리워하기 시작했다.

그렇다면 다른 10명과 함께 정탐을 다녀왔던 갈렙과 여호수아는 어떠했는가? 10명의 정탐꾼이 바라보았던 것과는 정반대되는 보고를 한다.

> "그 땅을 정탐한 자 중 눈의 아들 여호수아와 여분네의 아들 갈렙이 자

기들의 옷을 찢고 이스라엘 자손의 온 회중에게 말하여 이르되 우리가 두루 다니며 정탐한 땅은 심히 아름다운 땅이라 여호와께서 우리를 기뻐하시면 우리를 그 땅으로 인도하여 들이시고 그 땅을 우리에게 주시리라 이는 과연 젖과 꿀이 흐르는 땅이니라 다만 여호와를 거역하지는 말라 또 그 땅 백성을 두려워하지 말라 그들은 우리의 먹이라 그들의 보호자는 그들에게서 떠났고 여호와는 우리와 함께 하시느니라 그들을 두려워하지 말라"(민 14:7-10)

여호수아와 갈렙은 다른 10명의 정탐꾼이 보지 못했던 것을 볼 수 있었다. 10명의 정탐꾼과 이스라엘 온 회중은 패배와 죽음을 바라봄으로 인해 가나안 땅은 더 이상 축복의 땅이 아니었고 죽음이 가득 찬 땅으로 변해 버렸다. 하지만 여호수아와 갈렙은 하나님 말씀하신 약속을 믿고 가나안 땅을 바라보았을 때 전혀 다른 그림을 그려 낼 수 있었다. 바로 하나님의 약속이 이루어지는 풍성한 축복의 땅을 볼 수 있었던 것이다. 여호수아와 갈렙은 어떻게 그럴 수 있었을까?

먼저 여호수아는 모세와 언제나 함께 하며 믿음의 훈련을 받았던 사람이다. 그로 인해 모세의 다음 후계자로서 이스라엘 회중을 가나안으로 이끌 리더로 세움 받게 된다. 특별히 여호수아에 대하여 "그 안에 영이 머무는 자"(민수기 27:18)라고 말씀한다. 여기서 말한 "영(spirit)"은 히브리어 "루아흐(ruach)"로 '하나님의 영' 또는 '하나님의 호흡(breath)'을 의미한다. 즉, 여호수아는 하나님의 영을 가지고 살았던 하나님의 호흡, 즉 생명력이 있던 사람이었다. 하나님과의 호흡을 통해 믿음을 살던 사람이었다. 그리고 갈렙은 어떤 사람이었는가? 갈렙은 믿음과 용기, 그리고 충성심과 끈기가 있던 사람이었다. 하나님을 온전히 신뢰하며 기다리는 믿음을 가지고 있었다. 이 믿음을 가지고 40년 광야의 생활을 지나올 수 있었던 것이다.

여호수아와 갈렙의 모습을 통해 신앙에 있어서 어떤 것을 바라보는 것이 중요한가를 배우게 된다. 부정적이고 나쁜 것을 바라보며 신앙생활을 하는 사람들은 영적으로 성장하지 못한다. 불편한 상황을 만났을 때 하나님을 원망하는 신앙이 될 수도 있다. 때론 가시덤불과 같이 메마른 신앙이 되기도 한다. 반면 좋은 것 바라보며 소망을 가지고 신앙생활 하는 사람들은 의의 열매, 영적 열매를 맺는 삶을 살아갈 수 있다. 하나님을 향한 믿음이 좋은 것을 볼 수 있게 해준다. 왜냐하면 하나님은 우리에게 좋은 것을 주기 원하시는 분이기 때문이다. 따라서 건강한 영성을 지니기 위해서는 하나님의 약속에 있어 좋은 것들을 찾는 영적 바라봄을 가져야 한다. 이사야 40:31에 이런 말씀이 있다.

"오직 여호와를 앙망하는 자는 새 힘을 얻으리니 독수리가 날개치며 올라감 같을 것이요 달음박질하여도 곤비하지 아니하겠고 걸어가도 피곤하지 아니하리로다"

여기 "앙망하다"라는 말을 NIV 영어성경은 "those who hope in the Lord" 하나님께 소망을 둔 사람이라고 번역을 한다. 바라봄의 영적 훈련은 영적으로 침체된 나를 하늘에 연결시켜주고 하나님께 소망을 두도록 만든다. 즉, 침체된 영혼이 하나님의 뜻과 계획에 소망을 둘 수 있는 영적 눈을 길러주는 것이다. 따라서, 하나님 나라를 살아가는 성도는 영적 훈련을 통해 하나님을 바라보는 데 힘써야 한다. 왜냐하면 그 바라봄을 통해 하나님 나라 소망을 가질 수 있기 때문이다.

● 3. 감각회복의 훈련

행복하다는 것은 어떤 느낌인가? 행복이란 기쁨과 감사가 살아나는 감각적 느낌이라 할 수 있다. 이와 반대로 영적으로 침체되며 불행을 느낀다는 것은 영적으로 느끼는 좋은 감각이 점차 무뎌지는 것이라 할 수 있다. 감사가 사라지고, 기쁨이 없고, 사랑을 느끼지 못하는, 즉, 좋은 감각들이 상실되고 있는 모습인 것이다. 감각이 상실되었다는 것은 느낄 수 없다는 것과 같다. 내가 느끼지 못할 때는 다른 사람과도 느낌을 나눌 수 없게 된다. 즉, 공감의 능력이 떨어진 것이다. 내가 감각을 못 느끼고, 통증을 못 느끼는데 어찌 남의 아픔과 상황에 공감할 수 있는 공감력을 가질 수 있을까? 전혀 그럴 수 없다. 예수님께서는 이 땅에 우리와 같은 아픔을 "체휼" 즉, 공감하기 위해 오셨다고 말씀한다. 한마디로 기독교는 공감하는 종교라고 말하는 것이다.

> "우리에게 있는 대제사장은 우리의 연약함을 동정하지 못하실 이가 아니요 모든 일에 우리와 똑같이 시험을 받으신 이로되 죄는 없으시니라"
>
> (히 4:15)

모든 일에 우리와 똑같이 시험을 받으신 분이 예수 그리스도라고 말한다. 이 모습은 하나님은 우리와 동떨어진 분이 아닌 언제나 함께하는 공감력을 가지신 분 되심을 의미한다. 병원에 가면 피검사(Blood test)를 할 때가 있다. 아픔을 공감하지 못하는 간호사는 주사도 굉장히 아프게 찌른다. 하지만 그 아픔을 아는 사람은 주사 놓기 전에 마음부터 달래준다. "살짝 아파요." 환자의 아픔을 그 순간 공감해 주는 것이다. 이 말만 듣고 주사를 맞아도 아픔이 50%는 덜한 것 같다.

영적 훈련이란 예수님 공감의 능력을 향상시키는 훈련이다. 굳은 마음의 굳은 살을 제거하는 것이고, 호세아 10:12의 말씀처럼 영혼의 "묵은 땅을 기경"하는 것이다.

> "너희가 자기를 위하여 공의를 심고 인애를 거두라 너희 묵은 땅을 기경하라 지금이 곧 여호와를 찾을 때니 마침내 여호와께서 오사 공의를 비처럼 너희에게 내리시리라"

공감하지 못하는 것은 죽은 감각과 같다. 이 시대 기독교가 잃어버린 것이 있다면 공감의 능력이 아닌가 싶다. 기독교는 예수의 사랑을 나누는 종교다. 하지만 예수께서 베푸신 사랑이 교회 안에서만 머무는 모습이 있다. 예수의 사랑이 교회 밖으로 흘러가지 못하는 것이다. 그래서 열매 맺지 못하는 기독교의 모습이 많다. 타인의 아픔이 내 아픔 같지 않고, 타인의 영혼에 대한 관심이 내 영혼의 잘됨같이 잘되기를 바라는 감각을 잃어버린 모습이기도 하다.

예수님의 공감력을 잃어버린 무감각의 영성은 생명을 살릴 수 없다. 그래서 교회는 상실된 감각을 되살리기 위해서 영성훈련이 필요하다. 영성훈련을 통해 죽었던 감각을 깨우는 운동을 해야 한다. 바라보지 못했던 것을 바라볼 수 있도록 하고, 느끼지 못했던 예수 그리스도의 마음을 느낄 수 있도록 영적 감각을 깨우는 것이다. 영적 감각이 살아나면 예수 그리스도의 마음을 느낄 수 있고, 예수께서 공감하신 사랑을 배우게 된다. 그리고 이 마음을 통해 세상 가운데 아파하고 힘들어하는 영혼들의 고통과 갈급함을 또한 알아차릴 수 있게 된다. 당장 당신의 감각을 살피라. 감각을 잃어버리고 마비되어 죽어 버린 것은 아닌지 말이다.

● 4. 군사훈련

믿음의 길을 가는 데에는 반드시 영적 싸움이 있게 된다. 그것을 바울은 선한 싸움이라고 말한다.

"내가 선한 싸움을 싸우고 나의 달려갈 길을 마치고 믿음을 지켰으니"

(딤후 4:7)

예수 믿는 성도에게는 영적 싸움이 찾아온다. 하지만 많은 성도들이 싸움보다 위로 받는 것에 집중하며 신앙을 살아가려 한다. 싸움을 좋아하는 사람이 어디 있겠는가! 그렇다. 하나님 나라는 위로가 있는 모습이 맞다. 왜냐하면 마태복음 11:28에서도 위로를 말씀하기 때문이다.

"수고하고 무거운 짐진 자들아 다 내게로 오라 내가 너희를 쉬게 하리라"

하나님께서 다가오라고 말씀하신다. 쉼이라는 위로를 주겠다 하신다. 그런데 성경은 이런 위로만 말씀하는 것이 아니라 믿음에는 싸움이 있다는 것을 분명히 동시에 말씀하고 있다.

현대인은 세상에 길들여져 있다. 세상에 길들여졌다는 것은 세상의 다스림에 익숙하다는 말과 같다. 태국에는 코끼리가 많다. 그런데 코끼리를 길들이는 법에 대해서 아는가? 어린 코끼리를 데려와 큰 말뚝을 땅에 박아 놓고 그곳에 코끼리를 묶어 놓고 기르기 시작한다. 어린 코끼리는 말뚝을 벗어나기 위해 힘을 써보지만 결국 포기한 채 그 모습으로 점차 자라나기 시작한다. 다 자라난 어른 코끼리가 되어 충분히 말뚝을 뽑고 벗어날 힘이 생겨도 코끼리는 더 이상 말뚝에서 벗어날 시도를 하지 않는다고 한다. 빠져나갈 힘이 있음에도 불구하고 현실의 상황에 길들여져 힘을 쓰려고 하지 않는 것이다. 결국 길들여진 코끼리는 맹수의 힘을 잃어버리게 된다.

위로와 편안함에 익숙해진 신앙생활은 사탄의 공격과 위협에 충분히 맞서 싸울 능력이 있음에도 불구하고 싸우려 하지 않는다. 하나님 나라의 강력한 능력을 사용하는 방법을 잊어버렸거나, 싸우지 않는 것에 익숙해졌기 때문이다. 편안함에 길들여진 신앙은 시련이 닥쳐왔을 때 무엇을, 어떻게 싸워야 하는지 모른다. 싸움도 해본 사람이 잘 할 수 있는 것 아닌가. 그래서 성경 역시 이런 맹수의 야수성과 같은 하나님 나라의 호전적 기질을 잃지 않도록 늘 경계하며 살 것을 말씀한다.

예수 믿는 성도에게는 다가올 싸움이 있다. 성도는 영적 싸움이 있기 때문에 편안함에 안주할 수가 없다. 다가올 싸움에 맞설 준비가 되어 하나님 나라의 영적 군사로 대비하고 있어야 하는 것이다. 그래서 시편의 다윗 역시 이런 영적 공격에 대비하기 위해 "파수꾼"을 세워달라고 간구한다.

"여호와여 내 입에 파수꾼을 세우시고 내 입술의 문을 지키소서 내 마음이 악한 일에 기울어 죄악을 행하는 자들과 함께 악을 행하지 말게 하시며 그들의 진수성찬을 먹지 말게 하소서" (시 141: 3-4)

닥쳐올 싸움이 있다고 해서 두려워할 필요는 없다. 하나님 나라의 영성으로 무장한 성도는 하나님의 군사로 나아가 맞서 싸울 수 있는 능력을 하나님께 얻기 때문이다. 편안한 신앙에 안주하여 성도에게 주어진 믿음의 능력을 잃어버리지 마라. 언제든 영적 싸움에서 능히 싸울 수 있도록 믿음으로 정신무장을 하고 있어야 한다. 하나님 나라의 군사적 영성으로 무장하여 맞서 싸워라. 하나님이 반드시 이기게 하신다.

● 5. 들음의 훈련

영적 훈련은 들음의 훈련이다. 세상에는 정말 많은 소리가 있다는 것을 느끼게 된다. 뉴스를 보다 보면 세상의 많은 시끄러운 소식들을 접한다. 사건, 사고의 소식을 듣다 보면 가슴이 철렁하고, 머리가 복잡하기까지 한다. 이 시대는 내가 듣기 싫어도 들어야 하는 것들이 많고, 시끄러운 소리도 넘쳐난다. 그런데 사람들은 그런 소리들에 익숙해져서 당연한 듯 살아가고 있다는 것이다. 우리는 과연 시끄러운 세상 가운데서 어떤 소리들을 들으며 살아가야 할 것인가?

요한복음 10:27에서 하나님은 "들음"에 관해서 말씀한다.

"내 양은 내 음성을 들으며 나는 그들을 알며 그들은 나를 따르느니라"

하나님 나라의 백성은 하나님의 음성을 듣는 것에 익숙한 사람들이다. 하나님의 음성을 듣고 그 음성에 순종하여 따라가는 사람들이기 때문이다. 그러나 이 음성을 듣지 못하도록, 아니면 잘못 듣도록 하는 공격이 찾아오기도 한다. 모두 사탄이 하는 짓이다. 아담과 하와 역시 하나님의 음성이 아닌 사탄의 속삭임에 귀 기울였을 때 하나님이 아닌 사탄의 음성을 따라갔다. 그래서 하나님 나라를 살아가는 성도에게 있어서 어떤 소리를 듣는가 하는 것이 너무나도 중요하다.

영적 훈련은 들어야 할 것과 듣지 말아야 할 것에 대하여 가르친다. '귀가 얇다'는 속어가 있다. 듣는 대로 생각의 방향이 수시로 바뀐다는 뜻이다. 무엇을 들어야 하는가에 대한 옳고 그름의 분별없이 그저 듣는 대로 따라가는 것이다. 주변에 귀가 얇은 사람들을 자주 보게 된다. 그런데 문제는 하나님 음성에 귀가 얇으면 그나마 다행이겠지만, 하나님의 음성이 아닌 사람의 음성에 귀가 얇다는 것이 문제다. 반면에 아이러니하게도 하나님의 음성에는 귀가 두껍다. 하나님이 말씀하셔도 그 쪽 방향으로 돌아서지 않고 자기가 듣고 싶은 방향으로만 움직이는 모습이다. 이 모습은 마치 사사 시대 백성의 모습과도 같다.

사사기의 시대는 어떠했는가? 사사기 시대를 한마디로 요약하자면 "자기 소견에 옳은 대로 행하였던" 즉, 내 생각대로 살았던 시대였다.

하나님은 이스라엘 백성을 죄악의 굴레에서 벗어나도록 하기 위해 그토록 많은 선지자들을 보내셨다. 그리고 하나님의 음성을 듣게 하심으로 그들을 깨우셨다. 하지만, 그들은 하나님의 음성을 듣지 않았고 하나님을 바라보지 않았다. 이로 인해 여전히 세상의 음성에 귀 기울인 백성들은 죄의 굴레(the cycle of sin)에서 벗어날 수가 없었다.

"믿음은 들음에서 나며 들음은 그리스도의 말씀으로 말미암았느니라"
(롬 10:17)

믿음은 하나님의 말씀에서 시작된다 말씀한다. 말씀을 듣지 않으면 믿음이 생기지 않는다. 믿음을 위한 영적 훈련은 하나님의 음성에 귀 기울일 수 있도록 하는 훈련이다. 내 마음을 흔드는 세상과 죄악의 시끄러운 소리를 차단하고 모든 감각을 동원하여 온전히 하나님께 귀를 기울이는 것이다.

사무엘상을 보면 어린 사무엘이 하나님의 음성을 듣는 장면이 나온다. 하나님은 하나님의 궤가 있는 여호와의 전에 누워 있는 사무엘을 여러 번 부르신다. "사무엘아 사무엘아!" 결국 세 번째에 사무엘은 하나님께서 부르시는 음성인 줄 알아차리고 부르심에 귀를 기울여 응답한다. 어린 사무엘이 하나님의 음성을 듣던 시대적 환경은 한마디로 "어둠"의 시대였다. 어떤 어둠인가? 하나님이 보이지 않던 어둠이다. 이것을 사무엘상 3:1에서는 이렇게 표현한다.

"아이 사무엘이 엘리 앞에서 여호와를 섬길 때에는 여호와의 말씀이 희귀하여 이상이 흔히 보이지 않았더라"

하나님의 음성에 귀 기울이지 않던 백성들에게 더 이상 하나님의 말씀과 이상(vision)이 나타나지 않던 영적 암흑의 시대였던 것이다. 이런 시대 가운데서도 하나님께 영적 촉수를 맞추며 살았던 사무엘은 하나님 부르심의 음성을 들을 수 있었다. 하나님은 어린 사무엘을 부르신 후 말씀하신다.

"… 보라 내가 이스라엘 중에 한 일을 행하리니 그것을 듣는 자마다 두 귀가 울리리라"(삼상 3:11)

잠자는 상태를 깨울 수 있는 것은 "일어나"라고 외치는 큰 소리이다. 하나님은 잠자고 있는 영적 수면상태에 있는 자들을 그의 음성으로 깨우신다. 예수님의 공생애의 첫 외침 역시 죄의 다스림 가운데 영적 수면자들을 깨우는 외침이었다.

"때가 찼고 하나님의 나라가 가까이 왔으니 회개하고 복음을 믿으라"

(막 1:15)

영적으로 깨어 있는 사람은 작은 소리에도 민감하게 반응한다. 반면 영적으로 잠들어 있는 사람들은 외치는 큰 소리에도 둔감하다. 그래서 하나님은 영적으로 잠들어 있는 자들에게 두 귀가 울릴 정도로 큰 소리로 외쳐 깨어나도록 하셨다. 하나님의 큰 소리를 성경은 "나팔소리"

에 비유하기도 하였다. 혹시 나팔소리를 가까이서 들어보았는가? 귀
가 찢어질 정도로 큰 소리가 울려 퍼진다. 이런 큰 울림의 소리를 하
나님은 자주 사용했다는 사실이다. 성경을 살펴보면 나팔의 다양한 쓰
임이 있다. 사람들을 불러 모을 때, 함께 행진할 때, 기도의 때, 축제
의 때 그리고 전쟁에 나갈 때 등이었다. 예를 들어 민수기 10장을 살펴
보면 광야의 백성들이 은나팔 소리를 듣고 회막 문 앞에 모였음을 보
게 된다. 나팔소리를 들은 백성들은 다른 일을 하다가도 즉각 멈추어
각 지파에 주어진 순서대로 회막을 중심으로 모였다. 또한 모인 회중
들은 나팔소리와 함께 광야를 이동하며 전진했다. 특별히 전쟁에 나갈
때 부는 나팔소리는 더욱 크게 불렀고 그 소리를 들으며 행진을 하였
다. 나팔소리를 들은 백성들의 반응은 즉각적인 "순종"의 모습이었다.
하나님 나라의 백성은 하나님의 음성에 즉각적인 순종의 모습이 있어
야 한다. 음성을 듣고도 반응하지 않거나 불순종의 모습으로 시종일관
한 사람에게는 더 이상 하나님의 음성과 비전이 나타나지 않게 된다.
　영적 훈련을 통해 하나님의 음성에 귀 기울여 듣는 훈련이 이루어져
야 한다. 그리고 그 음성에 즉각적으로 순종하고 반응하는 믿음의 훈
련을 해야 한다. 소란스럽고 시끄러운 곳에서는 어느 한 소리에 집중
할 수 없다. 그만큼 집중력을 빼앗기기 때문이다. 듣는 영적 훈련은 세
상의 다른 소리들을 차단하고 하나님께 집중하도록 한다. 이를 통해
하나님의 세미한 음성까지도 살필 수 있는 영적 민감함이 발생하게 된
다. 하나님의 음성에 귀 기울이는 신앙을 살아라. 하나님의 음성을 듣
는 이가 복된 인생을 살 수 있다. 그 음성을 통해 내가 보지 못했던 것
을 보게 되고, 알지 못했던 것을 깨닫게 되는 영적 울림이 하나님 나라

영성에 있게 될 것이기 때문이다.

● 6. 유연성의 훈련

사람은 나이가 들어가면서 점차 몸이 굳어지고 유연성을 잃어버리게 된다. 그만큼 혈액순환도 느려지고 몸의 사용이 둔해지기 때문이다. 아이들은 몸이 유연하다. 나의 어린 딸 역시 자랑이라도 하듯 때론 몸을 접어 일자로 만들어 보이기도 한다. 어린 아이들이 이처럼 할 수 있는 것은 몸이 유연하고 부드럽기 때문이다.

성경은 어린 아이와 같지 않으면 천국에 들어갈 수 없다고 한다. 먼저 제자들이 예수께 "천국에서는 누가 크니이까" 질문을 던진다. 제자들의 질문은 여전히 세상적 개념에 사로잡힌 질문이었다. 세상처럼 천국 또한 지위의 높고 낮음이 있는 것으로 생각했기 때문이다. 하지만 예수님은 천국은 낮은 자의 영역이라고 대답을 주셨다. 어린 아이는 낮아질 수 있는 유연성을 가지고 있다. 하지만 많은 사람들의 경우 높아지기 위해 경쟁에 뛰어들고 목표를 성취하기 위해 자신의 최대한의 능력을 끌어 올리기에 힘쓴다. 아담과 하와가 선악과를 먹게 된 이유도 이와 같다. 하나님처럼 되기 위해 스스로 높아지기 위한 인간적 성취욕에 의한 것이었다. 성경은 이에 말씀한다. 목이 곧은 자, 즉 교만이라는 높은 자리에 앉으려는 백성의 모습을 하나님은 원하지 않으신다고 하신다.

"여호와께서 또 모세에게 이르시되 내가 이 백성을 보니 목이 뻣뻣한 백성이로다 그런즉 내가 하는 대로 두라 내가 그들에게 진노하여 그들을 진멸하고 너를 큰 나라가 되게 하리라" (출 32:9)

"그러므로 네가 알 것은 네 하나님 여호와께서 네게 이 아름다운 땅을 기업으로 주신 것이 네 공의로 말미암음이 아니니라 너는 목이 곧은 백성이니라 너는 광야에서 네 하나님 여호와를 격노하게 하던 일을 잊지 말고 기억하라 네가 애굽 땅에서 나오던 날부터 이 곳에 이르기까지 늘 여호와를 거역하였으되" (신 9:6-7)

이스라엘 백성의 모습은 어떠했는가? 목이 곧은 자, 즉, 하나님 앞에 인간적인 교만의 모습으로 살던 모습이었다. '목이 곧다'는 것은 유연함이 없다는 것이다. 하나님 앞에 엎드러지는 마음의 유연함이 없는 영적으로 마비된 상태였던 것이다.

봄이 되면 땅에서는 새싹이 자라난다. 새싹의 특성이 있다면 줄기가 굉장히 부드럽다는 것이다. 새싹이 부드러운 이유는 잘 자라나기 위함이다. 마찬가지로 유연성이 있는 아이들은 잘 성장한다. 우리의 영성도 마찬가지이다. 영이 굳은 사람들은 경직된 모습으로 살아가게 된다. 영이 굳은 사람은 성장할 수 없다. 곧은 백성의 모습, 영적으로 마비된 모습으로 살게 되는 것이다. 신앙생활에 유연함이 없다는 것은 굳어진 모습과 감각을 상실한 무감각한 마음으로 신앙을 살아가는 것과 같다. 그래서 점차 시간이 지날수록 유연함은 사라지고, 성경에 나타난 바리새인과 같은 신앙이 변질된 모습이 될 위험을 지니고 있게 된다.

"회칠한 무덤 같은 자"라 예수께 책망받은 바리새인의 특징이 무엇이었는가? 자신들의 교만한 생각에 기초하여 인간적 기준을 세우고 하나님과 인간을 판단하며 살던 목이 곧은 사람들이었다. 한마디로 죽은 영성을 가지고 있던 사람들이었다. 죽음이란 의미는 딱딱함을 포함하게 된다. 사람이 죽으면 몸의 진액이 빠지면서 곧 몸이 굳어 딱딱해진다. 죽은 영성이 이와 같다. 유연함과 생명력을 잃어버린 딱딱한 마음인 것이다.

하나님 나라를 살아가는 우리는 어떤 모습으로 살아가야 할 것인가? 영적으로 마비되고 굳은 영의 모습으로 살아갈 것인가? 어린 아이와 같은 유연성을 가진 하나님 나라 백성의 모습으로 살아갈 것인가? 여전히 선택의 기로에 있다면 유연함을 택하는 살아있는 하나님 나라 영성을 가져야 할 것이다.

● 7. 반복의 훈련

훈련이라는 것은 일회적으로 끝나지 않고 대부분 시간을 가지고 연속적으로 진행되어진다. 어미 독수리가 새끼 독수리를 훈련하는 방법이 있다. 새끼 독수리가 어느 정도 성장하면 어미 독수리는 새끼 독수리를 둥지 밖으로 밀어서 떨어뜨린다. 새끼 독수리가 땅바닥에 곤두박질 치기 전 어미는 새끼를 낚아채 다시 둥지로 데리고 간다. 동일한 과정을 수차례 반복한 후 새끼는 결국 스스로 날갯짓 하는 것을 배우게 된다. 영적 훈련은 하나님 나라를 살아가는 영성을 반복적 배움을 통해 삶에 익히고 적용할 수 있도록 도움을 주는 것이다.

하나님 역시 반복적으로 하나님 나라 영적 훈련을 시키셨다. 대표적인 예가 출애굽 광야의 이스라엘 백성의 모습이다. 광야(wilderness)의 히브리어 단어는 '미드바르(מִדְבָּר)'이고 원어는 '다바르' 즉 '말하다'라는 뜻에서 유래한다. 광야는 적막한 장소다. 황무지처럼 아무 것도 없이 바라볼 것 없는 곳이었다. 그래서 광야의 백성은 하나님만 바라볼 수밖에 없었다. 아무 소리도 없는 고요하고 적막한 장소였다. 그렇기에 하나님의 음성을 발견할 수 있는 장소가 바로 광야였다.

광야는 하나님을 느끼고 만나는 장소였다. 하나님의 보호하심을 발견하고 하나님의 빛나는 얼굴이 우리를 향하고 있음을 바라보는 장소였다. 하나님은 광야에서 이스라엘 백성과 낮이나 밤이나 함께 동행하시며 그들을 눈동자처럼 살피셨다. 춥지 않도록 불을 지펴 주시고, 덥지 않도록 그늘로 덮으시고, 배고프지 않도록 먹이시고, 몸을 보호하도록 입히시던 하나님의 은혜가 광야에 있었다. 하지만 안타깝게도 광야의 이스라엘 백성은 이런 하나님만으로 만족할 수 없었다.

어린 아이를 키우다 보면 아이의 시선을 가져오기 위해 부단히 노력하는 부모의 모습을 보게 된다. "여기 봐봐, 우르르르 까꿍." 그러면 아기는 다른 곳에 시선과 마음을 빼앗겼더라도 순간 부모에게 눈을 향한다. 하지만 아기는 곧 또 다른 것에 시선을 빼앗겨 버리고 만다. 이스라엘 백성의 영적 수준은 아기의 수준과도 같았다. 순간적으로 마음을 빼앗기고 현혹되는 것이 너무나도 많았다. 하나님만 바라보며 모든 시선을 주기에 그들의 영성은 너무나도 어린 아이와 같았다. 그래서 늘 불평하고 투덜거렸다. 출애굽 광야의 백성들에 관하여 성경을 읽다 보면 특별히 "원망", "불평" 등의 단어가 많이 나옴을 알 수 있다.

"백성이 모세와 다투어 말하여 이르되"

"백성이 하나님과 모세를 향하여 원망하되"

"백성이 악한 말로 원망하매"

"우리를 내버려 두라 우리가 애굽 사람을 섬길 것이라 하지 아니하더냐"

　광야의 백성들은 참 많이도 원망했다. 순간 닥쳐오는 조금의 불편함도 참지 못했다. 목말라 불평하고, 배고파 원망하고, 두려워서 통곡하는 등 불평과 원망하는 것이 그들 삶의 한 부분이었다. 그럼에도 불구하고 하나님은 그들의 원망조차도 귀 기울여 해결해 주시며 약속하신 가나안 땅으로 그들을 이끌며 함께 동행해 주셨다는 것이다.

　광야의 이스라엘 백성에게는 오랜 시간 영적 훈련이 필요했다. 왜냐하면 오랫동안 애굽의 종살이했던 삶이 그들 뼛속 깊숙이 배어 있었기 때문이다. 이스라엘 백성은 하나님보다 종살이하던 애굽이 더 익숙했다. 그래서 광야에서 어려움을 만날 때마다 하나님보다 애굽을 그리워하기도 했다. 이로 인해 하나님은 백성을 가르치고 훈련시킬 더 많은 시간이 필요했다. 백성들이 온전히 하나님을 볼 수 있도록 하나님을 지속적이고 반복적으로 나타내셔야만 했던 것이다.

　영적 훈련은 반복적으로 하나님을 바라보는 훈련이다. 하나님이 아닌 다른 세상적인 것들을 몸에서 벗어 버리고 다시 하나님의 것으로 옷 입는 시간이 필요하기 때문이다. 광야의 백성들은 반복적으로 하나님을 원망했지만 하나님의 광야의 훈련을 묵묵히 순종함으로 따라간 사람은 결국 약속의 땅으로 들어갈 수 있었다. 일상의 반복적인 신앙 훈련을 지겹다 하지 마라. 영적 훈련의 반복은 하나님 나라를 뼛속 깊이 새겨 넣어 삶으로 살아낼 수 있도록 만드는 훈련되기 때문이다.

● 8. 거듭남의 훈련: 새로운 출발

영성훈련은 거듭남의 훈련이다. 거듭남을 영어로는 "Born again"이라 표현한다. 다시 태어나는 것이다. 성경은 이스라엘 백성이 애굽으로부터 빠져나오는 역사에 관하여 보여준다. 10가지 재앙이 있은 후 바로의 손에서 이스라엘 백성은 자유로울 수 있었는데 10가지 재앙 중 마지막 재앙이 장자의 죽음 재앙이었다. 마지막 재앙을 피하기 위해 이스라엘 백성은 문지방에 어린 양의 피를 발라야 했고, 하나님의 손길은 어린 양의 피가 묻은 집은 재앙을 피하도록 넘어가 주셨다. 여기에서부터 유월절이라는 절기가 시작이 된다.

유월절이란 "넘어가다(Pass over)"라는 의미를 가진다. 하나님께서 우리의 죄를 묻지 않고 은혜로 넘어가 주신 날을 기념하는 것이다. 유월절은 이스라엘에게 있어서 기념비적이고 출발점과 같은 날이다. 왜냐하면 이스라엘은 유월절을 계기로 그들의 달력의 시작이 바뀌어졌기 때문이다.

"이 달을 너희에게 달의 시작 곧 해의 첫 달이 되게 하고…내가 애굽 땅을 칠 때에 그 피가 너희가 사는 집에 있어서 너희를 위하여 표적이 될지라 내가 피를 볼 때에 너희를 넘어가리니 재앙이 너희에게 내려 멸하지 아니하리라 너희는 이 날을 기념하여 여호와의 절기를 삼아 영원한 규례로 대대로 지킬지니라" (출 12: 2-14)

유월절 이후 이스라엘의 달력은 유월절이 일년의 첫 시작이 되어졌다. 시작이 바뀌었다는 것은 가치의 기준이 바뀐 것을 의미하기도 한다. 대한민국의 달력도 신정과 구정을 보낸다. 시작점이 다른 것이다. 이스라엘 역사가 유월절을 통해 시작점이 바뀌었다는 것은 하나님의 구원하심이 하나님 나라의 출발점됨을 의미하기도 한다.

성경의 역사 역시 예수 그리스도가 오신 이전과 이후의 표기가 달라진다. 예수 오기 전 시대를 B.C(Before Christ)로 표기하고 오신 이후를 A.D(Anno Domini)로 표기한다. 예수를 만난 이전과 이후가 다르다는 것이다. 성도의 삶 역시 예수 만난 전후가 달라야 한다. 예수 만나기 전이나 후나 삶에 아무런 변화가 없다면 그것은 한번 심각하게 고민해봐야 할 문제가 될 것이다. 예수 만난 이후 무엇이 달라졌는가? 영적 가치관이 달라지게 된다. 영적으로 바라보는 것이 달라지는 영적 회심(spiritual conversion), 즉 거듭남이 일어날 때 그 영혼은 하나님 나라의 가치관에서 새롭게 출발할 수 있게 된다.

영적 훈련은 거듭남을 통한 새로운 출발을 하는 훈련이다. 하나님 나라 영적 출발선상에서 앞으로 걸어갈 수 있도록 이끌어 주는 훈련이다. 출발선을 떠나 하나님 나라 구원을 이루며 살아가는 것이고, 복음 인도자의 음성을 따라 트랙(track)에서 벗어나지 않도록 영적 민감함 속에서 하나님 나라의 길을 걸어가는 것이다. 여전히 출발하지 못하고, 혹시 뒷걸음질 치고 있는 것은 아닌가? 예수께로 나아가라. 그리고 예수를 믿는 믿음을 출발선으로 삼아 시작하라. 그 때부터 당신의 하나님 나라를 위한 여정이 시작되기 때문이다.

● 9. 평생의 훈련

교육은 "백년지대계"라는 말이 있다. 교육은 '백년을 앞서 내다보는 큰 계획'이라는 말이다. 영적 훈련 역시 '이미' 임한 하나님 나라를 살아가며 '아직' 완성되지 않은 하나님 나라를 소망 가지고 살아가도록 만드는 큰 계획을 위한 훈련이다. 사도 바울은 빌립보서에서 말씀한다.

> "그러므로 나의 사랑하는 자들아 너희가 나 있을 때뿐 아니라 더욱 지금 나 없을 때에도 항상 복종하여 두렵고 떨림으로 너희 구원을 이루라"
> (빌 2:12)

"구원을 이루어 가라" 한다. 구원은 평생의 과정이다. 예수님의 십자가로 우리는 구원을 얻었지만, 또한 장차 다가올 하나님 나라를 바라보며 받은 구원을 지키며 상속자의 유업을 위해 이루어 가야 한다. 아버지가 아들에게 상속의 권한을 부여하지만 상속받은 유업을 지키고 확장해 가는 것은 상속자의 몫이고 책임이기 때문이다. 어린 아이에게는 아무리 상속의 유업을 주고 싶어도 그것을 다스리고 관리할 능력이 없기 때문에 아버지는 아이가 성장할 때까지 기다려 준다.

> "오직 우리 주 곧 구주 예수 그리스도의 은혜와 지식에서 자라 가라 영광이 이제와 영원한 날까지 그에게 있을지어다" (벧후 3:18)

베드로는 종말을 살아가는 성도의 자세를 말하면서 "그리스도의 은혜와 지식에서 자라가라"고 권면을 한다. 어린 아이와 같은 신앙은 하나님 나라의 상속자의 신분을 끝까지 지키고 살아가기에 연약한 모습이다. 그래서 은혜와 지식에서 자라남과 동시에 어떤 사람이 되어야 할지를 말씀한다.

> "너희가 어떠한 사람이 되어야 마땅하냐 거룩한 행실과 경건함으로 하나님의 날이 임하기를 바라보고 간절히 사모하라 그 날에 하늘이 불에 타서 풀어지고 물질이 뜨거운 불에 녹아지려니와 우리는 그의 약속대로 의가 있는 곳인 새 하늘과 새 땅을 바라보도다"(벤후 3:11-13)

하나님 나라의 약속을 바라보며 거룩한 행실과 경건함으로 살아가라고 말씀한다. 약속을 바라볼 수 있다는 것은 약속 성취에 대한 확신이 있어야 가능하다. 영적 훈련은 하나님 약속에 대한 신뢰와 확신을 세워주는 훈련이다. 남녀가 만나 부부의 관계를 가지고 살아가면서 기본 바탕이 되는 것은 부부로서 지켜야 할 책임과 의무, 그리고 부부라는 신뢰이다. 결혼에서 한번 서약했다고 부부의 신뢰가 평생 가지 않는다. 살아가면서 서로의 신뢰를 더욱 두텁게 쌓아가는 것이고, 부부간의 사랑을 통하여 신뢰를 계속 확신함으로 함께 살아가는 것이다. 하지만, 한 순간의 실수로 이런 확신조차도 유리가 깨지듯 와장창 깨져 버릴 수 있는 것이 인간의 관계이다.

영적 훈련은 하나님을 온전히 신뢰할 수 있도록 평생을 통해 훈련하는 과정이다. 일상에서 하나님을 묵상하고, 하나님의 일용할 양식으로 삶을 채우는 훈련이다. 일상을 통해 하나님을 바라볼 수 있도록 하고, 하나님과의 깊은 교제를 통해 하나님 나라를 살아갈 믿음의 확신을 내 안에 쌓아가는 평생과정인 것이다.

> "내 평생에 선하심과 인자하심이 반드시 나를 따르리니 내가 여호와의 집에 영원히 살리로다" (시 23:6)

시편 23편의 다윗은 목자 되신 여호와 하나님을 찬양하는데, 하나님의 선하심과 인자하심이 나를 뒤따른다 고백한다. 영적 훈련이 날마다의 삶 가운데 있을 때 발견할 수 있는 것은 하나님의 선하심과 인자하심이 함께 한다는 것이다. 다윗은 하나님 "마음에 합한 자"라는 삶을 살았다. 죽음의 위협과 비참한 상황 가운데서도 그의 삶은 하나님 나라의 다스림 안에 머물렀다. 많은 도전과 위협이 있었을지라도 그의 평생에 붙잡았던 것은 하나님을 경외하고 따르는 것이었다. 삶의 전부를 하나님 나라 영성으로 채워가는 성도는 결국 하나님의 집에 영원히 머무는 복을 누릴 수 있다. 당신의 삶 전부를 통해 하나님의 구원을 이루어 여호와의 집에 영원히 거주하라. 하나님의 선하심과 인자하심이 내 삶에 함께 뒤따르고 동행함을 경험할 수 있게 될 것이다.

Q. 하나님 나라를 살아가는 당신의 현재 영적 상태는 어떤가요?

Q. 지난 날 하나님을 알지 못했던 모습과 거듭남을 경험한 이후의 모습을 비교하여 설명해 보세요.

Q. 영적 침체를 만났을 때 당신의 상태는 어떠했고 침체에서 벗어나기 위해 무엇을 할 수 있었습니까?

Q. 현재 당신의 건강한 영성훈련을 위해 무엇을 어떻게 하고 있는지 나누어 보세요.

영적 훈련을 통해 침체된 영적 상태에서 벗어날 수 있다!

03

정체성의 발견

　당신의 인생을 한 문장으로 표현한다면 무엇이라고 쓰겠는가? 나는 이렇게 표현했다. "엉망진창 질그릇이지만 하나님이 다듬어 사용해 줘서 감사해요." 이 말의 표현은 '내 멋대로 살아왔고 깨진 질그릇 같은 모습에도 불구하고 하나님이 만들어 사용하신다'는 나의 믿음에서 비롯된 것이다.

　사람은 자신의 정체성에 대해서 생각한다. '나는 무엇인가?', '나는 누구일까?'. 정체성이란 어떤 곳에서도 한결 같은 나의 참 모습이라 할 수 있다. 정체성은 나를 지배하고 있는 실제인 것이다. 그렇다면 어떤 지배를 받으며 사람들은 살아가고 있는 것일까? 사실 많은 이들이 세상의 영향을 받고 살아가고 있다. 스스로가 삶의 주체가 되어 살아가는 듯하지만 세상의 영향 아래 때로는 자신의 실제 정체가 무엇인지 알지 못하거나 잃어버린 채 살 때도 많다.

　그런데 정체성을 아는 것이 왜 필요한 것일까? 그 이유는 정체성이란 자신의 존재 자체이고, 사람은 자신의 존재가치에 대해 발견하기를 원하기 때문이다. 존재 자체를 통해 삶의 의미와 목적, 인생 방향의 설정이 가능하게 된다. 그래서 사랑하는 연인 사이에서도 자꾸 물어보게 된다. "자기야 나 사랑해?" 아이들에게도 자주 물어보게 된다. "엄마가 좋아 아빠가 좋아?" 모두 존재의 가치를 확인하기 위한 것이다. 존재의 가치를 발견한 후 삶의 목적 또한 그 가치를 따라 세워지고, 세워진 인생의 목적을 따라 삶을 살아가게 되기 때문이다. 따라서 인간은 스스로 어떤 존재인가에 대해 스스로 질문을 하고 답을 찾기 위해 힘을 쓰게 된다.

사람 존재의 모습은 영혼의 모습과도 같다. 영혼이 곧 나의 실제 모습이기 때문이다. 사람들은 사람의 얼굴을 보고 누구인지 식별한다. 그래서 요즘은 지문 스캐너뿐만 아니라 얼굴 스캐너까지 있지 않은가! 얼굴을 통해 내가 누구인지 식별하는 것이다. 얼굴의 어원은 "얼꼴"이다. "얼꼴"을 풀이하면 영혼의 모습이 된다. 속어로 "생긴 값을 한다" 또는 "생긴 대로 행동한다"라는 표현도 있다. 이 말들은 곧 '영혼의 모습이 어떠한가'를 평가하는 말과도 같다. 왜냐하면 내 모습이 곧 영혼이기 때문이다. 그렇다면, 현재 내 영혼은 어떤 모습을 하고 있을까? 신경을 써서 얼굴을 가꾸는 만큼 영혼을 위해서도 가꾸며 살아가고 있는 것일까? 진실된 내 영혼의 모습은 과연 무엇일까?

일본말에 "다테마에(建前)"와 "혼네(本音)"라는 단어가 있다. 다테마에란 다른 사람에게 보여주기 위한 '겉으로 드러낸 마음'을 의미하고 반면에, 혼네란 내면 깊숙이 숨겨져 있는 '본래의 진실한 마음'을 뜻한다. 일본 사람과 관계를 잘 성립하기 위해서는 그 사람의 다테마에와 혼네가 무엇인지 알아야 한다. 왜냐하면 겉으로 보이는 모습과 속내가 다른 것이 많기 때문이다. 사실 일본 사람 스스로 다테마에와 혼네가 있다고 말하는 것은 굉장히 솔직한 표현이라고 생각한다. 왜냐하면 사실 우리는 이중마음을 품고 있어도 그것이 들킬까 봐 오히려 더 숨기며 살아가고 있기 때문이다.

그렇다면 하나님 앞에서 우리의 모습은 어떠한가? 혹시 일본 사람들처럼 다테마에와 혼네의 이중적 모습으로 신앙을 살아가고 있는 것은 아닌지 살펴볼 필요가 있게 된다. 표면적으로 드러난 겉모습만이 아닌 하나님 앞에 내 영혼의 모습이 어떠한 모습인가를 잘 살핌으로 인하여 하나님 나라 안에서의 존재적 가치를 발견하는 것이 반드시 필요하기 때문이다.

하나님은 누구신가?

하나님 나라를 살아가는 성도의 정체성은 무엇일까? 성도의 정체성의 뿌리는 하나님의 형상에서 비롯된다. 하나님께서 인간을 그의 형상(Imago Dei)으로 창조하셨기 때문이다. 하나님의 형상으로 창조되었다는 것은 인간의 모습에 하나님의 모습이 있다는 것과 같다. 즉, 인간은 하나님을 닮았다는 것이다. 인간의 존재 가치는 하나님에 의해 만들어졌다. 그리고 인간 존재의 목적과 방향의 기준 역시 하나님의 뜻과 계획을 따르게 되어 있다. 따라서 나의 참 모습의 뿌리를 찾기 위해서는 먼저 하나님에 대하여 아는 것이 반드시 우선된다.

하나님은 과연 누구신가? 이름(name)은 대표성을 가진다. 누군가의 이름을 들으면 어떠한가? 그 이름에 대하여 들어보고 아는 사람이라면 대략적으로 그 사람이 어떤 사람인지 떠올리고 그려 볼 수 있게 된다. 성경에도 하나님을 대표하는 여러 이름이 있다. 아래는 하나님을 지칭한 대표적인 하나님의 이름과 성품이다.

- 야웨(יהוה): 하나님의 명칭 (출 3:14)
- 여호와: 스스로 있는 자 (대하 18:31)
- 아도나이: 주님
- 여호와 이레: 공급하시고 예비하시는 하나님 (창 22:14)
- 여호와 라파: 치료하시는 하나님 (출 15:26)
- 여호와 닛시: 하나님은 우리의 깃발 (출 17:15)
- 여호와 메카데쉬: 거룩하신 하나님 (레 20:8)
- 여호와 샬롬: 하나님은 우리의 평강 (삿 6:24)
- 여호와 로이: 하나님은 나의 목자 (시 23:1)
- 여호와 체바오트: 만군의 하나님 (시 46:7)
- 여호와 치드케누: 공의의 하나님 (렘 23:6)
- 여호와 삼마: 거기에 계신 하나님 (겔 48:35)
- 엘 샤다이: 공급하시는 하나님 (창 17:1; 28:3; 출 6:3)
- 엘 엘리온: 지극히 높으신 하나님 (창 14:18–20)
- 엘 올람: 영원하신 하나님 (창 21:33; 시 90:2; 사 40:28; 계 22:13)
- 엘 로이: 감찰하시는 하나님 (창 16:13)
- 임마누엘: 함께 계시는 하나님 (사 7:14; 8:8; 마 1:23)

위에 대표적으로 나열한 하나님의 속성적 이름이 하나님이 누구신지 말할 수 있는 전부는 아니다. 하나님은 우리가 생각할 수 있는 것 이상으로 광대하시기 때문이다. 하지만 이를 통해 하나님이 어떤 분이

신지 대략적으로 개념화시키고 이미지화 하도록 도움을 줄 수 있다.

하나님을 안다는 것은 우리의 지성, 의지, 감성 그리고 감정과 매우 깊은 연관이 있게 된다. 모든 감각을 동원해서 하나님을 경험하며 알아가야 하기 때문이다. 그래서 시편에서도 말씀한다.

"너희는 여호와의 선하심을 맛보아 알지어다" (시 34:8)

"그러므로 우리가 여호와를 알자 힘써 여호와를 알자 그의 나타나심은 새벽 빛 같이 어김없나니 비와 같이, 땅을 적시는 늦은 비와 같이 우리에게 임하시리라 하니라" (호 6:3)

시편 34편은 하나님을 감각적으로 알아가는 것에 관해 말씀한다. 남녀간의 교제에 있어서도 서로를 알아가기 위해 자신의 모든 능력을 끌어들인다. 상대방이 선호하는 것을 알기 위해 모든 지성을 동원하고, 상대방의 호흡과 감정을 느끼기 위해 자신의 모든 감각이 필요하게 된다. 왜냐하면 교제한다는 것은 상대방을 내 몸의 능력을 총동원해 느끼는 것이기 때문이다.

성경의 호세아 선지자는 "힘써 여호와를 알자" 말씀한다. 하나님 나라의 정체성은 하나님을 알기 위해 모든 힘을 동원하는 영성이다. 호세아 시대 북이스라엘은 주변 국가의 위협 가운데 있었다. 하지만 진짜 위기는 북이스라엘이 하나님을 떠난 것임을 경고하며 하나님을 알기에 힘쓸 것을 말하고 있다. 하나님을 알 수 있는 것은 호세아가 말씀한 것처럼 "새벽의 빛같이" 그리고 "늦은 비와 같이" 하나님께서 스스로 나타내심이 계셨기 때문이다. 예를 들어 성경을 살펴보면 스스로 나타내시는 하나님에 관하여 우린 알 수 있게 된다. 하나님께서 모세에게 나타나 말씀하신다.

"나는 스스로 있는 자이니라" (출 3:14)

'스스로 있다'는 것은 절대적 존재됨을 말한다. 하나님께서 직접 계시하지 않으시면 인간은 하나님을 알 수가 없다. 그래서 하나님은 창조세계를 통해 그가 누구인지 세상에 나타내셔야만 했다. 따라서 창조된 세상 모든 것을 살펴보면 하나님의 나타나심과 일하심을 발견할 수 있게 된다. 하나님은 여전히 자신을 스스로 드러내고 계시며 인간은 하나님 창조하신 모든 것들을 통하여 하나님의 존재와 속성을 알아갈 수 있게 되는 것이다.

예수님은 누구신가?

하나님을 알기 위해서 우리는 예수님을 또한 알아야만 한다. 예수님은 곧 하나님이시고, 하나님의 형상 자체이기 때문이다.

"··· 그리스도는 하나님의 형상이니라" (고후 4:4)

"나를 믿는 자는 나를 믿는 것이 아니요 나를 보내신 이를 믿는 것이며

나를 보는 자는 나를 보내신 이를 보는 것이니라" (요 12:44-45)

그리스도가 곧 하나님이시라고 성경은 말씀한다. 그렇다면 예수님을 통해 보여지는 하나님의 모습은 어떤 모습인가? 이에 관하여 요한복음은 구약의 "스스로 있는 자(I am who I am)"에 관하여 상세한 설명을 해준다. 즉, 예수님은 "스스로 있는 자"가 어떤 모습인지에 관하여 "나는 …이다"로 설명해 주셨기 때문이다. 요한복음에는 예수님께서 자신을 알리시는 "나는 …이다"라는 구절이 7번에 걸쳐 나온다. 7번에 걸쳐 예수께서 말씀하신 하나님의 모습은 무엇인지 살펴보자.

● 1. 나는 생명의 떡이라(요 6:35)

요한복음에 나타난 '예수님이 누구신가'에 대한 첫 번째는 예수님은 "생명의 떡"이라 말씀한다.

"나는 생명의 떡이니 내게 오는 자는 결코 주리지 아니할 터이요 나를 믿는 자는 영원히 목마르지 아니하리라" (요 6:35)

이 말씀은 예수님께서 보리떡 다섯 개와 물고기 두 마리로 수천 명을 먹이신 기적 이후에 하신 말씀이다. 예수님의 말씀을 듣던 많은 군중이 먹을 것이 없어 고민을 하고 있었다. 하지만 예수님은 어린 아이가 가져온 작은 양의 음식으로 수많은 사람들을 먹이는 기적을 행하셨다. 그러면서 "썩을 양식을 위해 일하지 말고 영생하도록 있는 양식을 위하여 일하라"고 말씀하신다.

사람에게는 먹는 것이 참으로 중요하다. 무엇을 먹는가에 따라 건강 또한 달라진다. 나는 암(cancer)투병을 수 년째 하고 있다. 암과 싸우는 데 있어 중요한 것은 식습관이다. 무엇을 먹는가에 따라 암의 성장을 막기도 하고 촉진하기도 하기 때문이다. 암은 성장력이 엄청나게 강하다. 조금이라도 암이 좋아하는 성분을 먹게 되면 암은 급속도로 빨리 자라난다. 그래서 음식의 재료, 성분 및 요리방법 등 먹는 것에 관련된 전반적인 것에 주의를 기울여야만 한다. 암이 성장하는 데 좋은 것들은 피해야 하기 때문이다. 그래서 나는 살기 위해서 먹어야 할 것과 먹지 말아야 할 것을 분명히 구별해야 한다. 그런데 사람의 입맛은 이상하게도 먹지 말아야 할 것에 구미가 더욱 당긴다. 먹지 말아야 할 것이 더 달콤하고 내 입맛을 충족시켜 주기 때문이다. 하지만, 암환자는 먹고 싶다고 무작정 다 먹을 수 없다. 그것을 먹으면 환자는 더욱 위험해지기 때문이다. 당장 힘들고 먹기 싫어도 나를 살릴 음식을 먹어야만 하는 것이다.

세상에는 음식이 많다. 사람들이 선호하는 음식들을 보면 보암직도 하고 먹음직도 할 만큼 달콤해서 사람의 입맛과 취향을 만족시킬만한 것들이다. 그런데 사실 보암직도 하고 먹음직도 한 것들이 대체로 영혼을 죽게 만든다. 마치 죄의 달콤한 유혹이 영혼을 점차 죽여가는 것처럼 말이다. 죄의 유혹은 너무나도 강해서 인간이 뿌리치기에 너무 힘든 것들이 많다. 아담과 하와가 사탄의 달콤한 유혹에 쉽게 넘어간 것처럼 말이다. 신앙에 있어서도 이처럼 달콤한 음식과 같은 영적 공격이 있다. 인간의 생각을 어둡게 만들고, 영적 감각을 무뎌지도록 만드는 공격이다. 따라서 건강한 영성을 지키기 위해서는 이런 것들로부터 구별이 반드시 필요하게 된다. 이를 위해 예수께서는 우리에게 살리는 음식인 "생명의 떡"을 먹으라 하신다. 생명의 떡이란 우리 영혼을 살릴 음식을 말한다.

하나님 나라의 영성은 하나님으로부터 공급되는 것을 먹고 살아가는 영성이다. 무엇을 먹고, 먹지 말아야 할지 분별하는 영성이다. 이런 분별력은 하나님을 아는 것과 연결이 된다. 암환자가 암투병을 위해 음식의 성분과 조리법까지 알고 먹어야 하는 것처럼 생명의 양식을 공급하는 하나님에 관해 아는 것이 영혼의 생명과 직접적으로 관련되어지기 때문이다.

"영생은 곧 유일하신 참 하나님과 그가 보내신 자 예수 그리스도를 아는 것이니이다" (요 17:3)

영생이란 하나님을 아는 것이라고 한다. 즉, 우리의 영이 영원히 살아갈 길은 곧 하나님을 아는 것, 그것이 생명과 연결되어 있음을 뜻한다. 이것을 요한복음 3:16에서도 동일하게 말씀한다.

"하나님이 세상을 사랑하사 독생자를 주셨으니 이는 저를 믿는 자마다 멸망치 않고 영생을 얻게 하려 하심이라"

하나님을 아는 것이 어떻게 영원한 생명과 연결이 되는 것일까? 하나님을 믿는 것은 곧 하나님을 아는 것을 말씀하고 하나님을 아는 것은 멸망치 않고 생명력을 가지고 살 수 있는 것임을 알게 한다. 왜냐하면 하나님은 생명을 창조하신 창조주이시기 때문이다. 죽은 자를 살리시고, 병든 자를 일으키고, 얽매인 자를 자유하게 하는 능력이 하나님께 있다. 생명과 연결된 하나님을 앎으로써 죄로 인해 죽음과 연결된 옛 자아로부터 자유로울 수 있게 된다. 육체는 살아있어도 영은 죽은 상태로 지내는 사람들이 있다. 죄의 연대성 때문이다. 죄가 고통을 가져오고 결국 인간의 영혼을 멸망에 이르도록 만든다. 하지만 하나님을 알게 되면 매일의 삶에서 내가 살아있음을 느끼게 된다. 그것은 하나님 안에 존재하는 생명력이 있기 때문이고 그분과 연결되어 있을 때 생명을 공급받을 수 있기 때문이다.

죄는 우리를 멸망시키기 위해 다가오지만, 하나님은 우리를 지키기 위해 지금도 일하고 계신다. 하나님을 아는 것은 그의 다스림 아래 있도록 만들어 준다. 하나님을 아는 것은 그분께 생명이 있고 모든 것을 다스리는 존재임을 인정하는 것이기 때문이다. 반면 하나님을 알지 못하는 인간은 육체가 원하는 것을 따라갈 수밖에 없다. 육체를 따르는 일이 죄의 고통, 그리고 죽음과 연결된다 할지라도 인간은 죄가 가져다주는 유혹을 끊을만한 힘을 가지고 있지 않다. 그래서 결국 죄의 다스림 아래 머물 때 인간은 자신을 멸망시킬 썩을 양식에 입맛이 길들여져 죽음에 이르게 된다.

또 한 가지, 하나님을 아는 영성은 의로움과 연결이 된다. 왜냐하면 하나님은 의로우신 분이시기 때문이다.

"여호와께서는 그 모든 행위에 의로우시며 그 모든 일에 은혜로우시도다 여호와께서는 자기에게 간구하는 모든 자 곧 진실하게 간구하는 모든 자에게 가까이 하시는도다"(시 145:17-18)

하나님은 진실하게 간구하는 모든 자에게 가까이하신다고 말씀한다. 하나님께 연결된 자는 하나님의 의로움과 은혜의 공급을 누리게 된다. 나뭇가지가 나무에 연결되어 양분을 공급받아 열매를 맺는 것처럼 하나님께 연결된 의로움은 생명을 공급받고 열매를 맺는 은혜의 삶을 살게 된다. 이 시대 죽어가는 또는 죽은 영혼들이 너무나 많다. 좋은 것을 보고도 웃지 못하고, 기뻐하지 못하고, 축하해 주지 못한다. 마음이 죽어 생명의 활기를 잃어버린 모습이다. 하지만 하나님 생명의 양식은 활기를 불어 넣어 준다.

어떤 것을 먹는가에 따라 죽음이냐 생명이냐 방향이 결정된다면 당신은 어떤 것을 먹을 것인가? 그렇다면 나를 살리는 좋은 것을 먹어야 하지 않겠는가? 신앙의 길도 마찬가지다. 신앙에도 여전히 이런 갈림길을 만나게 한다. 내 영혼이 사는 길인가 아니면 죽는 길인가? 이때 어느 길을 선택할 것인가? 선택의 순간 영원한 생명으로 연결되는 하나님의 생명의 양식을 바라보고 선택할 수 있는 하나님 나라 영성이 있어야 할 것이다.

● **2. 나는 세상의 빛이라(요 8:12)**

만약 지구에 태양이 없다면 어떻게 되었을까? 모든 만물이 어두움 가운데 살아간다고 상상을 하면 전혀 그림이 그려지지 않는다. 그저 말 그대로 깜깜할 뿐이다. 그럼 인간의 눈은 퇴화되고 박쥐처럼 신경적인 주파수 감각에 의존하여 사람들은 살아갔을까? 인간의 두뇌로는 어떤 일이 벌어질지 전혀 상상조차 할 수 없다. 빛은 그만큼 중요한 존재이다. 하나님께서 온 세상을 창조하실 때 처음 만드신 것이 빛이었다. 빛을 처음 만드신 후 세상은 빛과 어두움으로 나뉘어졌다. 빛과 어두움을 나누셨다는 것은 이 둘이 굉장히 상반된 성질을 가지고 있기 때문이다. 빛이 있으면 어둠이 사라지고, 빛이 사라지면 어둠이 찾아온다. 성경 역시 빛과 어둠을 상반되게 말씀한다. 빛은 하나님의 속성과 연결되어 있고, 어둠은 죄와 연결됨을 보여주기 때문이다. 예를 들어 아담과 하와에게 다가온 죄의 어두움은 그들이 하나님의 눈을 피해 숨도록 만들었다. 왜냐하면 하나님은 빛이시기 때문이다. 빛되신 하나님의 영광이 비추어지면 드러나지 않을 것이 없다. 그래서 어둠은 빛을 피해 숨어야 한다. 모든 것이 하나님 앞에 드러남으로 인해 어두움은 사라지게 되기 때문이다. 아담과 하와는 죄를 짓고 숨어버렸다. 하나님의 빛이 비추이면 그들의 부끄러움이 낱낱이 드러나기 때문이었다.

하나님은 빛이시다. 그리고 인간은 하나님의 형상으로 만들어졌다. 그래서 인간은 하나님의 빛을 지니고 있게 된다.

"…하나님은 빛이시라 그에게는 어둠이 조금도 없으시다는 것이니라"

(요일 1:5)

"진실로 생명의 원천이 주께 있사오니 주의 빛 안에서 우리가 빛을 보리

이다" _(시 36:9)

"사람의 영혼은 여호와의 등불이라 사람의 깊은 속을 살피느니라"
(잠 20:27)

인간은 하나님의 빛을 드러내며 살아갈 존재의 목적을 가진다. 그래서 하나님 나라의 삶은 마치 지구가 태양을 중심으로 회전하며 살아가는 것처럼 빛 되신 하나님을 중심으로 세상에 어둠을 밝히고 빛을 발하며 살아가는 것이다.

"너희는 세상의 빛이라 산 위에 있는 동네가 숨겨지지 못할 것이요 사람이 등불을 켜서 말 아래에 두지 아니하고 등경 위에 두나니 이러므로 집안 모든 사람에게 비치느니라" _(마 5:14-15)

하나님의 빛을 품고 살아가는 성도는 세상의 어두움을 사라지게 한다. 따라서 하나님 나라를 살아가는 성도는 하나님의 빛을 품고 현재를 살아가고 있는지 확인해야 한다. 나의 정체성이 빛에 가까운지 어두움에 가까운지 스스로 돌아보는 것이다. 그리고 내 영혼을 통해 하나님의 빛이 세상을 향해 비추이도록 힘쓰는 삶을 살도록 힘써야 한다.

● 3. 나는 문이라(요 10:7)

성도라면 누구나 천국을 소망하고 신앙을 살아가게 된다. 성도는 이 모습을 '천국에 들어간다'고 표현을 한다. 천국에 들어간다는 것은 통과하는 문이 있다는 것이고, 또한 그 문에 들어가기 위해서는 통과하기 위한 자격이 필요하다.

　나는 부모님이 미국에 살고 계신다. 그래서 미국을 자주 다녀오고는 한다. 미국 여행은 갈 때마다 즐겁다. 미국에 부모님도 계시고 나 또한 그곳에서 살던 추억이 많은 곳이기 때문이다. 하지만 미국을 방문할 때마다 불편한 두려움이 찾아오는데 그것은 바로 이민국(Immigration)을 통과하는 절차이다. 미국은 이민국 출입에 굉장히 무섭고 까다로운 절차를 가지고 있다. 그럴만도 한 것이 미국은 이민자들로 세워진 국가이고 또한 많은 테러도 있기 때문에 보안상 철저할 수밖에 없다. 입국심사를 받기 위해 이민국 게이트에 서 있으면 괜히 떨리고 무섭다. '혹시 들여보내 주지 않으면 어쩌지?', '빠뜨린 서류는 없나?', '혹시 나를 테러범으로 보면 어떡하나' 별의별 생각이 든다. 내 순서는 다가오고 떨리는 마음으로 서류심사관의 질문에 대답하고 결국 이민국을 통과하고는 했다.

　예수님은 하나님 나라 구원의 문이다. 성경은 예수가 아니고는 구원에 이를 수 없다고 말한다.

"다른 이로서는 구원을 얻을 수 없나니 천하 인간에 구원을 얻을 만한 다른 이름을 우리에게 주신 일이 없음이니라" (행 4:12)

"나 곧 나는 여호와라 나 외에 구원자가 없느니라" (사 43:11)

세상은 기독교가 편협하고 배타적인 종교라고 생각한다. 인간의 구원이 오직 예수 그리스도께 있다고 말하는 기독교의 주장 때문이다. 현대사회 즉, 포스트모던 시대를 살아가는 사람들의 특징은 "해체(dissolution)"이다. 이 말은 역사적 전통이 주장하는 어떤 틀에 갇혀진 획일성(uniformity)에 대하여 반감을 가지고 있다는 것이다. 획일성의 특징은 배타성과 권위주의라고 말할 수 있다. 하지만 현대 사회의 사람들은 이에 반하여 다양성(diversity)을 강조하는 상대주의(Relativism)를 주장한다. '너의 주장도 맞지만 반면 나의 주장 또한 맞다'는 견해이다. 이로 인해 기독교가 주장하는 오직 예수를 통한 구원에 대한 주장에 관하여 동의하지 못하는 모습을 가지게 되는 것이다.

게다가 세상은 예수 외에도 구원과 같은 안식처에 이르는 다른 문들이 있다고 주장한다. 예를 들어 불교가 말하는 구원이란 '해탈, 열반'과 같은 '건져줌 또는 벗어남'의 개념을 가진다. 인간에게 있는 온갖 괴로움 또는 번뇌의 윤회(Samsara)로부터 벗어나는 해탈 또는 열반(Nirvana)을 구원으로 간주하기에 이를 성취하기 위한 자아성찰과 고행을 말하게 된다. 이슬람은 그들의 신, 알라(Allah)를 믿고 따른다. 알라의 뜻에 복종하고 의로운 삶을 살며 선행을 행함으로 구원을 얻을 수 있다고 생각하기 때문이다. 토속종교는 자신들만의 신을 따르는 행위와 노력에 의해 그들이 원하는 복과 미래가 결정된다고 생각한다.

마지막으로 기독교의 구원은 어떤 것인가? 기독교의 구원은 죄로부터의 해방이고 구원받은 자가 누릴 상속자의 신분을 말한다. 기독교의 구원은 모든 인간은 죄인이라는 개념에서 출발한다. 죄로 인해 인간은 타락하고 죄에 대한 값을 물어야만 했다. 죄로부터 해방되기 위해 죄의 값을 치러야만 했지만 인간은 죄의 값을 치르지 않고 지은 죄를 숨기려고만 했다. 아담과 하와가 하나님께 죄를 범하고 하나님을 피해 숨어버렸던 것처럼 말이다. 죄를 지은 인간은 여전히 치러야 할 죄값이 있음에도 불구하고 여전히 죄인이 아닌 것처럼 세상을 살아가기도 한다. 자신이 지은 죄의 수치와 부끄러움을 감추며 살고 있는 것이다. 그래서 인간은 해결되지 않은 죄의 문제로 인하여 자유롭지 못하다. 값을 치르지 않은 죄가 인간을 속박하고 있기 때문이다. 따라서 이에 대한 해결책이 필요한데 이 문제를 어떻게 해결할 수 있을 것인가? 결국 값을 치르는 것밖에 없다.

구원이란 내가 지은 죄의 값을 예수께서 대신 갚아 주셨음을 믿고 인정하는 것이다. 그리고 죄로부터 해방되어 이전 죄인의 모습이 아닌 구원받은 새 모습으로 살아가는 것이다. 구원받은 새 모습이란 예수께서 대신 치르신 죄의 값으로 인해 죄인된 신분으로부터 자유함을 입은 모습이다. 그리고 예수 그리스도를 믿음으로 이제 의롭다고 인정을 받게 된다. 또한 죄인에서 하나님의 자녀로 신분이 회복된 모습이다. 기독교가 말하는 구원의 문은 반드시 예수 그리스도를 통해서만 이루어진다.

그리스도인의 믿음은 예수 이외의 구원은 없다는 사실을 믿고 이 신앙을 지켜 나가는 것이다. 또한 이 구원의 기회는 세상 모든 이들에게 열려져 있고 지금도 예수께서는 구원받지 못한 세상의 영혼들을 부르시고 초대하신다는 사실이다.

"볼지어다 내가 문 밖에 서서 두드리노니 누구든지 내 음성을 듣고 문을 열면 내가 그에게로 들어가 그와 더불어 먹고 그는 나와 더불어 먹으리라"

(계 3:20)

아직도 예수가 오직 구원의 문 되신다는 사실을 믿지 않는 사람들은 잠시 마음의 문을 열고 예수 그리스도의 구원을 받아들여보라. 세상이 주지 못했던 구원이라는 기쁨의 은혜가 당신의 영혼을 채울 때 이전에 누리지 못했던 영적 은혜의 감동을 느낄 수 있을 것이다.

● 4. 나는 선한 목자라(요 10:14)

어릴 적 교회를 다니면서 많이 본 그림이 있다. 푸른 잔디에 앉아 계신 예수님과 그 옆에 누워 있는 흰 양 떼를 그린 그림이었다. 예수님은 웃으며 어린 양을 안고 계셨고 주위의 양 떼는 풀을 먹기도 하고 누워 있기도 한 모습이었다. 그림에 나타난 인자한 예수님과 평온한 양들의 모습이 기억에 남는다. 사람들은 양 떼보다는 선한 목자의 모습인 예수님의 모습을 바라보며 신앙을 살아간다. 그래서 예수는 좋은 분, 우리를 인도하는 분이라는 개념에 많이 초점을 두게 되는데, 사실 우리는 양의 모습에 대해서도 관심을 두고 신앙을 묵상해야 할 필요가 있다. 양이 어떤 존재인지에 관해서 말이다.

'양이 어떤 동물인지'에 관하여 찾아보았는데 양은 굉장히 민감한 동물이라고 한다. 양은 상대의 감정을 읽을 줄도 알 정도로 똑똑하기도 하다. 양은 시력이 좋지 않다. 눈이 나빠서 목자를 따라다니지 않으면 금세 길을 잃는다. 다른 동물과 싸울 만한 특별한 공격적 무기도 없다. 그래서 무리를 지어서 함께 행동해야만 안전하다. 양은 순한 동물이라고 알려져 있다. 하지만 사실 순해 보이는 외모와 달리 고집도 세고 제멋대로 사람을 들이받기도 한다. 그래서 양치기들은 양몰이 개를 통해 양무리를 통제해야만 한다. 양의 특징과 성격을 자세히 살펴보니 특별히 다른 동물보다 그다지 나아 보일 것이 전혀 없었다. 오히려 연약하고 제멋대로인 면이 많은 동물이다. 양은 또한 목자가 없으면 야생에서 안전하게 살 수가 없다. 그래서 반드시 길을 인도하는 목자를 따라다녀야만 했다.

성경은 우리를 양에 비유한다. 인간 역시 양처럼 굉장히 시야가 짧고 멀리 내다보지 못한다. 이 모습을 광야의 이스라엘 백성에 비유하여 살펴보면 이해가 쉽다. 하나님이 잠시라도 보이지 않으면 제멋대로 행동했던 이스라엘 백성의 모습이었다. 방황하고 제멋대로인 이스라엘 백성들에게 길을 안전하게 인도할 목자가 필요했다. 그래서 하나님은 그들의 목자가 되어 주셨다. 그리고 불평하고 원망하던 이스라엘 백성을 끝까지 품고 데리고 가셨다. 하나님으로 인해 그들은 푸른 초장의 풀을 먹으며 광야를 통과할 수 있었고 외부에 맞서 싸울 아무런 능력과 힘이 없었지만 그들이 하나님을 의지하고 따라갈 때 커다란 대적을 만났어도 승리할 수 있었다. 연약한 존재인 그들이 하나님을 따라 순종하며 걸어갈 때 그들의 모습은 그 어떤 나라보다도 강한 하나님 나라의 백성으로 존재할 수 있었다는 사실이다.

하나님은 우리의 선한 목자가 되어 주신다. 하지만 선한 목자가 있음에도 불구하고 따라가지 않는 양들이 여전히 존재한다. 풍성히 먹을 수 있고 안전하게 살 길이 있음에도 불구하고 목자를 따라 나서지 않는 것이다. 스스로 지킬 힘과 능력이 없음에도 자신은 양이 아닌 사자나 호랑이인 줄 착각하며 세상을 헤매고 있는 것이다. 결국 어려움을 만났을 때 고통 가운데 자신의 본 모습을 발견하게 된다. 자신의 본 모습을 깨닫고 나서야 인생에 있어 선한 목자가 필요했음을 알게 되고 목자에게 돌아갈 수밖에 없다. 마치 돌아온 탕자의 모습처럼 말이다.

당신의 현재 신앙의 모습을 떠올려 보라.

목자의 음성을 순종함으로 따라가는 양의 모습인가?
목자 없는 양같이 길 잃은 영혼의 모습은 아닌가?
목자를 온전히 신뢰하고 의지하며 따라가고 있는가?
목자를 신뢰하지 못해서 제멋대로인 모습은 아닌가?

지금 당장 선한 목자 되신 예수를 따라가라. 예수를 따라 갈 때 그 길이 인생에 있어 가장 안전하고 복된 길이 된다. 푸른 초장 쉴 만한 물가로 인도하시는 분이 예수님이시다. 그 길을 따라 갈 때 매일의 삶에서 목자가 먹이는 일용할 양식, 은혜의 풍성함을 만나게 되고, 밝은 빛으로 인도하는 생명의 공급을 받는 생명길을 걸어가게 될 것이기 때문이다.

● 5. 나는 부활이요 생명이라(요 11:25)

에스겔서 37장에 보면 골짜기의 마른 뼈가 살아나는 이야기가 나온다. 하나님이 에스겔 선지자를 골짜기로 데려가 말라 버린 뼈들이 모여 있는 곳을 보여주시며 물어보신다.

"인자야 이 뼈들이 능히 살겠느냐?"

에스겔이 대답을 한다. "주 여호와께서 아시나이다." 그리고 여호와께서 대답을 하신다.

"너희 마른 뼈들아 내가 생기로 너희에게 들어가게 하리니 너희가 살리라."

그러자 놀라운 일이 벌어진다. 말라 버린 뼈들이 서로 맞추어지며 힘줄이 생기고 살이 오르고, 가죽이 덮여 생명체가 되었기 때문이다. 특별히 주목할 것은 여호와께서 에스겔에게 죽어 있는 뼈들을 향해 "대언하라" 명령하셨다는 것이다.

아무리 하나님의 말씀이지만 말라버린 뼈들을 향해 "살아나라"고 명령하는 것조차 결코 쉬운 일은 아니다. 믿음이 없이는 할 수 없기 때문이다. 만약 믿음이 없다면 하나님께 반문을 할 것이다.

'하나님 제정신이세요? 죽은 뼈들을 향해 살아나라고 말하라고요?'

하지만, 하나님은 죽음까지도 다스리는 분 되심을 백성들이 알기 원하셨다. 말라 버린 뼈에 생기를 넣으셨다는 것은 창세기에 나타난 인간을 지으시고 숨을 불어 넣으신 모습의 재현과도 같다. 하나님의 호흡이 들어가기 이전의 인간은 골짜기의 마른 뼈와 같은 모습이었다. 영이 없는 죽은 모습이기 때문이다. 하지만 하나님은 그의 호흡인 "숨"을 불어 넣으심으로 살아있는 생령으로 만들어 주셨다는 사실이다.

예수님이 죽은 나사로를 찾아가셨다. 죽은 지 벌써 나흘이 지난 나

사로에게 말씀하신다. "나사로야 나오라." 그리고 죽어서 마른 뼈와 같았던 나사로는 죽음에서 생명으로 일어나게 되었다. 사람은 죽음 앞에 무력하다. 죄로 인하여 닥쳐오는 죽음을 이길 수 없기 때문이다. 하지만 하나님은 생명을 만드시고 다루시는 분이시다. 죽음까지도 다스리시고 이기심을 예수 그리스도의 십자가를 통해 보여주셨다.

사람은 죄로 인해 하나님과 단절된 후 죽음과 연결되어졌다. 죽음의 연대를 끊으실 분은 예수 그리스도의 보혈의 능력밖에 없었고 죄가 없으신 분이 인간을 대신하여 그의 피로 값을 치러 주셨다. 게다가 예수 그리스도의 십자가 대속의 은혜를 믿고 고백하는 자에게는 하나님의 상속자라는 거듭남의 신분을 부여하신다. 하나님 나라의 영성으로 새롭게 다시 태어나는 것이다. 예수 그리스도의 생명을 통해 거듭난 사람은 그리스도의 새사람으로 살아갈 수 있는 것이다.

하나님을 믿으면서도 죽음의 두려움에 살아가는 사람들이 있다. 여전히 죄와 죽음에 연결되어 그 다스림을 끊지 못하고 살아가고 있기도 한다. 지금 당장 예수 그리스도를 믿음으로 죄의 속박을 끊어야 한다. 죄로부터 옛사람을 죽이고 예수 그리스도로 옷 입은 새사람으로 태어나야 한다. 하나님은 죄와 죽음을 이기시고 다시 살아나셨다. 예수의 부활은 인간을 죄와 죽음으로부터 건져 내실 이가 예수뿐임을 보여주는 증거이다. 인간은 죄로 인해 죽을 수밖에 없지만 예수께서는 죽음까지도 이기시고 죽음이 아닌 새로운 생명으로 이끄시는 분되심을 우리는 믿어야만 한다. 성경이 이것을 증거하며 예수의 부활의 승리를 믿는 것이 하나님 나라 백성이 지녀야 할 부활의 신앙이고 예수를 바라보는 구원의 신앙되기 때문이다.

● 6. 나는 길이요 진리요 생명이라(요 14:6)

"너희는 마음에 근심하지 말라 하나님을 믿으니 또 나를 믿으라 내 아버지 집에 거할 곳이 많도다 그렇지 않으면 너희에게 일렀으리라 내가 너희를 위하여 거처를 예비하러 가노니 가서 너희를 위하여 거처를 예비하면 내가 다시 와서 너희를 내게로 영접하여 나 있는 곳에 너희도 있게 하리라 내가 어디로 가는지 그 길을 너희가 아느니라 도마가 이르되 주여 주께서 어디로 가시는지 우리가 알지 못하거늘 그 길을 어찌 알겠사옵나이까 예수께서 이르시되 내가 곧 길이요 진리요 생명이니 나로 말미암지 않고는 아버지께로 올 자가 없느니라" (요 14:1–6)

이는 마가의 다락방에서 예수님이 제자들에게 하신 두개의 강론 중 첫번째이다. 예수는 제자들에게 이제 하나님께로 떠나갈 것을 말씀하신다. 그리고 예수께서 떠나가는 것은 우리를 위한 새로운 거처를 예비하기 위한 것임을 알게 하신다. 예수님의 떠나심은 땅의 길에서 하늘의 길을 연결시키기 위한 것이었다. 이를 이해하지 못한 제자 중 한 명인 도마가 예수님께 질문을 한다. "주께서 어디로 가시는지 우리가 알지 못하거늘 그 길을 어찌 알겠사옵나이까." 그리고 예수님은 대답한다.

"내가 곧 길이요 진리요 생명이니 나로 말미암지 않고는 아버지께로 올 자가 없느니라"

"I am *the way and the truth and the life*. No one comes to the Father except through me"

여기 길과 진리, 생명에는 영어 정관사 the가 붙어있다. 즉, '오직 한 길, 오직 하나의 진리, 오직 한 생명'만을 강조하는 것이다. 하나님 나라로 가는 길은 오직 한 길, 즉 예수 그리스도를 통해서만이 갈 수 있다. 하나님 나라의 진리 역시 오직 예수를 통해서 알게 되고, 하나님 나라의 영생 역시 오직 예수를 아는 것으로 인하여 누릴 수 있게 되는 것이다.

예수께서는 하나님의 진리를 계시하고 십자가 죽음을 통해 하나님께 나아갈 수 있는 길을 열어 주셨고, 그리고 그의 백성에게 새로운 생명을 주셨다. 이를 통해 우리가 하나님을 알게 되고 하나님과 연합하여 하나님 나라의 생명력을 가지고 살아가는 것이다.

● 7. 나는 참 포도나무라(요 15:1)

마가의 다락방에서 예수께서 제자들에게 하신 두개의 강론 중 마지막 강론이 참포도나무의 비유이다. 포도나무 비유를 통해 하나님 나라 백성이 어떻게 하나님을 섬기고 그의 영광을 위해 열매 맺을 수 있는지 설명을 하셨다. 신약시대 유대인들은 기본적으로 농경사회를 살았고 농사짓는 일에 익숙하였다. 고대 극동지방에서는 물이 귀한 자원이었다. 그래서 물을 대신할 수 있는 포도주는 삶에 있어서 중요한 물의 대체품이 되었다. 포도주가 극동지역 사람들에게 중요했던 만큼 이를 하나님의 축복으로 묘사하기도 하였다. 따라서 포도나무의 열매는 풍성함을 의미했다. 그렇다면 하나님 나라의 풍성한 축복의 열매는 누가 어떻게 맺을 수 있는 것일까?

"나는 포도나무요 너희는 가지라 그가 내 안에, 내가 그 안에 거하면 사람이 열매를 많이 맺나니 나를 떠나서는 너희가 아무 것도 할 수 없음이라"

(요 15:5)

하나님 안에 거하는 삶은 열매 맺는 것과 연결된다. 하나님은 생명이시다. 하나님의 형상으로 지어진 인간에게 하나님은 곧 생명의 호흡줄과 같다. 모든 생명체가 살아나기 위해서는 호흡이 연결되어야 한다. 뱃속의 아기가 엄마의 탯줄을 통해 엄마가 먹는 모든 영양분을 공급받아 자라는 것처럼 인간에게 있어서 하나님과 연결된 삶은 우리의 영혼이 자라나는 탯줄과도 같다. 태중의 아이는 산모와 연결됨을 통해 모든 영양을 공급받고 안전하게 자라난다. 몸의 기관, 마디, 감각, 두뇌 등이 생겨나며 한 인격체로서 모습을 갖추어 가는 것이다. 하나님과 연결된 하나님 나라의 열매가 이와 같다. 하나님을 통해 부족하고 연약했던 영혼이 하나님의 생명을 공급받아 온전한 모습을 갖추어 가며 하나님 나라를 이 땅에 확장시키는 것이다. 하나님을 통해 맺어가는 열매는 복된 열매이다. 좋은 나무가 좋은 열매를 맺는다고 한다. 하나님은 좋은 분이시다. 따라서 하나님을 통해 맺어지는 열매는 복되고 좋을 수밖에 없다.

당신은 어떤 열매를 맺으며 살아가고 있는가? 좋은 열매인가 나쁜 열매인가? 하나님께 연결되어 좋은 열매 맺는 삶을 살아가라. 하나님께 연결되어 복되고 좋은 열매를 맺음으로 하나님 나라의 좋은 것들을 세상과 나누며 살라.

성령님은 누구신가?

성령은 헬라어로 '파라클레이토스(Parakletos, Greek: παράκλητος)'이며 위로자, 돕는자, 상담자와 같은 의미를 가진다. 성령에 관하여 말씀한 성경을 좀 더 살펴보면, 먼저 성령은 예수께서 보내신 하나님 약속의 보증이다. 죄사함을 받은 백성에게 하나님이 약속의 선물로 주시는 영(행 2:38-39)이신 것이다. 또한 진리의 영(요 14:17)이시고, 잘못된 부분을 꾸짖어 주심으로 깨닫도록 하는 책망의 영(요 16:13)이시기도 하다. 성령이 계시는 곳에는 성령의 감동을 통해 우리의 마음을 움직이기도 하시기에 성령은 감동의 영(삼상 16:13)이기도 하다.

성령님은 우리에게 말씀을 주심을 통해 하나님의 뜻을 이해하도록 하기도 한다. 하나님의 말씀을 인간의 지식에 의존하여 이해하기에는 무한한 하나님의 지혜의 그 크기와 넓이, 깊이를 다 알 수 없기에 성령의 조명하심이 필요하게 된다. 이에 성령은 말씀을 이해하도록 도우시는 영(행 4:13)이시기도 하다. 또한 성령은 위로의 영(행 9:31)이시다. 성령님과 동행하는 사람에게는 성령의 위로가 함께 하기 때문이다. 성령은 사람들로 하여금 소망을 가지게 한다. 성령을 통해 하나님을 바라보게 하고 마음속에 끊임없이 하나님의 말씀을 생각나게 함으로 사람의 심령을 채워 주시기 때문이다. 그래서 성령을 소망의 영(롬 15:13; 요 14:18, 27; 마 28:20)이라 부를 수 있다. 이처럼 성령의 다양한 모습을 통해 성도는 신앙의 여정에서 길에서 벗어나지 않도록 도우시는 하나님의 은혜 가운데 여전히 길을 걸어갈 수 있게 되는 것이다.

성령 충만한 삶을 위하여

성령과 함께하는 성령 충만한 삶을 살기 위하여 우리는 어떻게 해야 하는가? 먼저 날마다 성령을 의식하며 일상을 살아야 한다. 성령세례는 성도의 삶에 평생 한 번, 한순간에 이루어진다. 하지만 성령 충만은 매일같이 이루어져야 하는 것이다. 성령이 나와 함께하심을 날마다 의식하기 위해 다양한 노력이 필요하다. 말씀읽기, 기도하기, 묵상하기, 찬송하기, 구제하기, 예배하기 등과 같은 것은 모두 성령의 충만함을 위한 것이다. 연인이 만나 부부가 되는 것은 일생에 한 번 있는 일이다. 하지만 부부간의 사랑은 매일같이 이루어짐을 통해 결혼생활이 유지된다. 마찬가지로 성령 충만한 삶이란 매일의 일상에서 성령의 임재를 느끼고 성령의 충만함을 위해 힘쓰는 삶이 된다.

둘째, 영적 감각을 깨우며 살아갈 때 성령 충만을 누릴 수 있다. 즉, 영혼의 깨어남이 있어야 하는 것이다. 예수께서도 제자들을 향해 영적으로 깨어 있을 것을 말씀하신다.

"그러므로 깨어 있으라 어느 날에 너희 주가 임할는지 너희가 알지 못함이니라 너희도 아는 바니 만일 집 주인이 도둑이 어느 시각에 올 줄을 알았더라면 깨어 있어 그 집을 뚫지 못하게 하였으리라 이러므로 너희도 준비하고 있으라 생각하지 않은 때에 인자가 오리라"(마 24:42-44)

예수님은 영적으로 무뎌지지 않고 깨어 있을 것을 말씀하셨다. 완성될 하나님 나라가 언제 임할지 모르기 때문에 경각심을 가지고 살라는 것이었다. 겟세마네 동산에서 예수께서 제자들과 함께 기도하던 모습을 생각해보라. 십자가에 달리시기 전 예수는 기도를 하셔야만 했다. 왜냐하면 예수의 마음이 "매우 고민하여 죽게 되었다"고 하셨기 때문이다. 예수와 함께 기도의 자리로 올라갔던 제자들은 함께 기도하지 못하고 잠이 들고 말았다. 예수께서 제자들에게 와서 말씀하신다.

> "너희가 나와 함께 한 시간도 이렇게 깨어 있을 수 없더냐 시험에 들지 않게 깨어 기도하라 마음에는 원이로되 육신이 약하도다 하시고"
> (마 26:40)

기도의 자리에 예수와 함께 동행했던 제자들은 순간 잠이 들었다. 당장에 닥쳐올 예수님의 죽음 앞에서도 그들은 감각적으로 깨어날 수 없었다. 영적 의지가 육체의 피곤함을 이기지 못했던 것이다.

많은 현대교회를 보면 "안주함"에 익숙해져 있다. 변화를 받아들이기 싫어하고 새로운 도전에 머뭇거린다. 편리함에 길들여져 약간의 불편함도 참아내기 힘들어 한다. 설교 말씀을 들을 때 말씀을 통한 도전이 잘 생겨나지 않는다. 말씀을 듣고 내 영혼이 불타오르듯 뜨거움을 느껴야 하는데 말씀을 들어도 어떤 변화도 느끼지 못한다. 혹시라도 책망하는 설교를 듣게 되면 마음이 불편해진다. 예배 시간이 혹시라도 길어지면 좀이 쑤시듯 몸이 뒤틀리기도 한다. 성도들을 위한 편안함이 있고, 축복이 넘치는 말씀이 있어야 좋은 예배라고 생각한다. 이런 편안함을 추구하는 목회 주제로 책을 쓴 미국의 목사도 있다. 그 책은 곧 베스트셀링이 되고 많은 기독교인들에게 "도전과 변화"보다는 "궁정과 편안함"의 신앙만 추구하도록 하기도 했다.

편안함은 나쁜 것이 아니다. 다만 편안함에 길들여질 때 영적으로 무뎌질 수 있는 위험이 있을 뿐이다. 신앙생활에 있어서 편안하고 안락한 순간일수록 성도는 영적으로는 더욱 깨어 있도록 힘을 써야 한다. 왜냐하면 성도에게는 언제든 찾아오는 영적 싸움이 있기 때문이다. 전쟁 중의 보초병이 어찌 경계근무를 서다가 잠을 잘 수 있겠는가? 위험에 대한 경각심이 채워지지 않고 있다면 보초병 역시 경계에 태만해질 수밖에 없다.

진정한 교회의 사명은 사람들을 편안함에 안주하도록 추구하는 목회가 아니다. 사람들 기분과 호응에 민감하여 사람들의 기분을 만족시켜주는 일을 하는 것도 아니다. 교회는 하나님 반응에 민감하게 깨어 있도록 도와야 한다. 이사야 6장을 보면 성전에서 하나님의 임재를 체험하는 이사야 선지자의 모습이 있다. 그리고 6:5에 이렇게 고백을 한다.

"화로다 나여 망하게 되었도다 나는 입술이 부정한 사람이요 입술이 부정한 백성 중에 거하면서 만군의 여호와이신 왕을 뵈었음이라"

하나님의 임재를 체험하는 순간 이사야는 자신의 죄를 보고 울부짖게 되었다. 영적으로 깨어날 때 자신의 영적 상태를 올바로 볼 수 있다. 성령 충만함으로 살아가기 원한다면 내가 가진 영적 감각을 총 동원해서 성령의 임재하심을 느끼며 살아야 한다. 영적으로 메마른 자신을 발견했을 때 그 순간 성령의 도우심을 간구하라. 성령으로 내 삶을 채우며 살아갈 때 충만한 성령의 은혜를 느끼며 신앙을 살아갈 수 있기 때문이다.

셋째, 성령 충만을 위하여 성령을 통한 사역이 필요하다. 성령의 충만은 잠자는 영을 깨워 하나님의 사역에 눈을 뜨게 한다. 이 모습은 사도행전에 나타난 복음이 성령 충만을 통하여 확산되는 현장에서도 발견된다.

"오직 성령이 너희에게 임하시면 너희가 권능을 받고 예루살렘과 온 유대와 사마리아와 땅 끝까지 이르러 내 증인이 되리라" (행 1:8)

"그들이 다 성령의 충만함을 받고 성령이 말하게 하심을 따라 다른 언어들로 말하기를 시작하니라" (행 2:4)

"주여 이제도 그들의 위협함을 굽어보시옵고 또 종들로 하여금 담대히 하나님의 말씀을 전하게 하여 주시오며 손을 내밀어 병을 낫게 하시옵고 표적과 기사가 거룩한 종 예수의 이름으로 이루어지게 하옵소서 하더라 빌기를 다하매 모인 곳이 진동하더니 무리가 다 성령이 충만하여 담대히 하나님의 말씀을 전하니라" (행 4: 29–31)

성령의 충만함은 하나님 나라 영적군사의 움직이는 에너지이다. 성령의 충만함을 다른 말로 표현하자면 '은혜의 에너지'라 말할 수 있다. 충전지를 오랫동안 충전 효율을 떨어뜨리지 않고 사용하는 방법이 있다. 그것은 배터리를 충전할 때 100%까지 완충한 후 0% 방전될 때까지 사용하고 나서 다시 충전하는 것이다. 충전지가 방전이 되기 전 계속 충전을 시키면 오히려 충전 효율이 나빠지기 때문이다. 은혜의 에너지를 사용하는 것도 마찬가지 원리다. 은혜의 에너지도 사용해야 효율이 좋아진다. 하나님께 받은 은혜가 내 안에만 머물러서는 안된다. 받은 은혜를 세상으로 흘려보내야 하는 것이다. 고인 물은 썩기 마련이다. 하지만 고인 물을 흘려보내면 새로운 물이 저수지를 채워 그 물은 맑은 물이 된다. 내 안에 충만한 성령의 은혜가 세상으로 흘러갈 때 하나님은 더욱 새로운 은혜로 채워 주신다. 하나님 은혜의 복음은 세상을 향해 있기 때문이다.

예전에 '주는 자(a giver)'와 '받는 자(a taker)' 중 누구에게 기쁨이 더 클 것인가 생각을 해 보았다. 경험상 주는 자의 기쁨이 더 크다는 것을 알게 되었다. 받는 자도 역시 기쁨이 크다. 왜냐하면 주는 자의 마음이 전달되기 때문이다. 하지만 주는 자는 기쁨이 더욱 크다. 나눌 수 있는 현재의 상황과 베풀 수 있는 마음을 주신 그 자체로 감사가 크기 때문이다. 바울 역시 에베소 장로들에게 고별 설교를 하며 동일한 마음을 전했다.

> "범사에 여러분에게 모본을 보여준 바와 같이 수고하여 약한 사람들을 돕고 또 주 예수께서 친히 말씀하신 바 주는 것이 받는 것보다 복이 있다 하심을 기억하여야 할지니라"(행 20:35)

성령 충만을 통한 복음의 사역은 복음의 전달자로서 주는 기쁨을 누리게 만든다. 성령의 충만함을 경험하며 사는가? 충만한 은혜를 세상과 더불어 힘써 나누라. 하나님이 또 다시 채우시고 공급하시는 더욱 넘치는 은혜를 경험하며 누릴 수 있게 되기 때문이다.

넷째, 성령 충만을 위하여 하나님의 영에 사로잡혀야 한다. 인간은 '무엇에 사로잡혀 사는가'에 따라 삶의 방향이 달라진다. 물질에 사로잡힌 사람은 물질이 그 사람의 정체성일 수 있다. 도박에 사로잡힌 사람은 도박이 그 사람의 정체성이다. 창세기 6장을 보면 노아의 홍수에 관한 이야기가 나온다. 노아의 시대를 한 마디로 표현하면 "악한 시대"라고 말할 수 있다.

"여호와께서 사람의 죄악이 세상에 가득함과 그의 마음으로 생각하는 모든 계획이 항상 악할 뿐임을 보시고" (창 6:5)

혼돈의 시대의 대표적인 사사 시대의 시대상은 어떠했는가? 노아의 시대와 비슷했다.

"이스라엘 자손이 여호와의 목전에 악을 행하여 바알들을 섬기며" (삿 2:11)

노아의 시대나 사사 시대 모두 악한 시대를 대표한다. "악"이 사람들의 생각을 다스리고 지배했던 것이다. 사람의 행동은 내가 어떤 가치관을 가지고 있는가에 따라 행동과 모습이 달라진다. 노아의 시대나 사사 시대처럼 죄악으로 가득 찬 세상의 사람들은 악한 가치관으로 시대를 살아갔다. 마음이 죄악으로 채워져 하나님 눈 앞에서 죄를 범하는 것조차 거리낌이 없었다.

성령이 충만하다는 것은 나의 영이 성령으로 가득 차 있는 모습이다. 성령의 충만은 우리의 생각을 성령이 차지하도록 내어 드리는 것이다. 나는 어릴 때 프라모델을 만드는 것에 관심이 많았다. 나의 모든 생각은 장난감 로보트를 만드는 것으로 채워져 있었다. 방 안의 벽에 연필로 로보트 그림을 그렸고, 학교에 갈 때도 장난감 로보트를 가방에 항상 가지고 다녔다. 꿈을 꾸어도 로보트를 만드는 꿈을 꾸었다. 내 마음과 생각이 로보트로 가득 차 있던 것이다. 내 안이 어떤 것으로 채워져 있는가에 따라 내 모습, 생각, 행동이 마음에 채워진 것으로부터 흘러나오게 된다.

성경을 보면 이스라엘의 처음 왕 사울의 모습이 나온다. 사울의 삶은 어떠했는가? 여호와의 영이 사울에게서 떠나자 악한 영이 그를 사로잡은 것을 보게 된다.

> "여호와의 영이 사울에게서 떠나고 여호와께서 부리시는 악령이 그를 번뇌하게 한지라"(삼상 16:14)

악한 영에 사로잡힌 사울은 하나님으로부터 마음이 떠나 버렸다. 그리고 하나님의 말씀에 불순종한다. 더불어 하나님이 사랑하는 다윗을 죽이려고 하는 살인에 집착한 사람마저 되어 버린다. 반면 다윗은 어떠했는가? 다윗은 사울의 죽음의 위협을 피해 광야의 도망자로 삶을 살아가면서도 그의 영을 하나님으로 채웠던 사람이다. 하나님으로 그의 마음을 채웠더니 그는 어느 누구보다도 풍요롭고 넉넉한 사람이 되었다.

"여호와는 나의 목자시니 내게 부족함이 없으리로다 그가 나를 푸른 풀밭에 누이시며 쉴 만한 물 가로 인도하시는도다 내 영혼을 소생시키시고 자기 이름을 위하여 의의 길로 인도하시는도다 내가 사망의 음침한 골짜기로 다닐지라도 해를 두려워하지 않을 것은 주께서 나와 함께 하심이라 주의 지팡이와 막대기가 나를 안위하시나이다 주께서 내 원수의 목전에서 내게 상을 차려 주시고 기름을 내 머리에 부으셨으니 내 잔이 넘치나이다 내 평생에 선하심과 인자하심이 반드시 나를 따르리니 내가 여호와의 집에 영원히 살리로다" (시 23:1-6)

하나님께 사로잡힌 인생은 빈궁함 가운데서도 풍요로움을 바라볼 수 있게 된다. 하나님의 영은 살리는 영이시다. 죽은 생각을 살리고, 마비된 영적 감각을 깨워 하나님 나라를 바라보고 느낄 수 있게 해준다. 죽을 고통의 환경도 성령을 통하여 생각하고 바라볼 때 살아날 은혜의 순간으로 바꾸어 경험할 수 있게 된다. 성령이 생각을 지배하면 나의 지식과 감정, 한계를 뛰어넘는 더 큰 인생을 살아갈 수 있기 때문이다.

마귀가 인간을 공격하는 무기가 있다면 그것은 인간의 생각을 좁은 곳에 가두어 두는 것이다. 미로를 탈출하는 방법을 다시 생각해 보라. 신앙의 미로를 탈출할 수 있는 방법은 하나님의 관점으로 상황을 판단하고 가는 길을 바라보는 것이다. 하지만, 마귀는 복잡한 미로에서 쉽게 빠져나가지 못하도록 방해하는데 그 방법은 인간이 자신의 생각에 갇히도록 하는 것이다. 자신만의 생각의 미로에 갇혀 바라볼 곳이 없고, 생각할 수 없도록 만드는 것이다.

요즘 현대인들이 귀찮아 하는 것이 있다면 '생각하는 것'이라 할 수 있다. 인터넷이 잘 되어 있어 인터넷 검색만으로도 모든 정보를 찾아낼 수 있다. 특별히 요즘은 인공지능(Artificial Intelligence)에 기반한 빅데이터(big data)가 발달되어 사람의 생각과 선호도를 미리 짐작하여 정보를 제공한다. 굉장히 편리한 기능이지만 사람은 이런 과학적 편리함 때문에 깊은 사고의 능력을 훈련할 기회를 잃어버리게 된다. 깊은 생각(deep thinking)을 할 수 있는 능력이 줄어드는 것이다. 생각을 할 수 없도록 만드는 것은 멀리 바라볼 수 없도록 영적인 시야를 근시안적으로 만든다. 시력이 나쁜 사람은 가까운 것만 보려고 한다. 멀리 볼 수 없기 때문이다. 마찬가지로 죄는 우리 삶에 언제나 가까이 머물러 눈에 쉽게 띄도록 환경을 만든다. 아담과 하와에게 가까이 다가온 사탄의 꾀임처럼 교묘하고 친근하게 다가오는 것이다. 그리고 악한 영의 꾀임을 따라가게 함으로 멀리 볼 수 없도록 만들어 버린다. 아담과 하와 역시 악한 영의 꾀임에 빠지자 하나님의 말씀을 생각할 수 없었다. 즉, 하나님의 계획과 뜻을 멀리 볼 수 없었다는 것이다. 그래서 순간 보이는 것에 따라 죄를 짓게 된 것처럼 악한 영은 깊은 생각을 할 수 없게 만들고, 멀리 내다볼 수 없도록 한다.

성령 충만한 삶은 나를 성령으로 가득 채우는 삶이다. 보는 것, 말하는 것, 생각하는 것, 행동하는 것 등 내 삶의 모든 것에 성령이 함께하는 것이다. 성령 충만한 삶이 주는 유익은 마귀의 유혹에 틈을 주지 않도록 우리의 영혼을 지킨다는 것이다. 공기가 없는 진공(vacuum) 상태에서는 부패가 일어나지 않는다. 부패라는 것은 대개 미생물의 작용에 의하여 일어나는데, 미생물은 공기 중에서 살아남아 번식을 하게 된다. 그래서 공기가 없는 진공 상태에서는 미생물이 존재할 수 없기에 부패가 일어나지 않는다. 또한 진공 상태는 산소가 없어서 산화작용이 일어나지 않는 부패가 어려운 환경이다. 성령 충만은 나를 성령으로 채워 진공 상태로 만드는 것과 같다. 내 영을 성령 충만으로 채움으로써 마귀가 번식할 환경을 만들지 않도록 하는 것이다.

인간은 누구인가?

세상은 인간에 대하여 다양한 관점을 가지고 바라본다. 예를 들어 진화론자 또는 유물론자는 인간을 진화하는 존재, 즉 진화의 산물로 바라본다. 불교는 어떠한가? 불교는 윤회관을 가지고 인간이 기나긴 윤회의 단계 속에 갇혀 있음을 말하며 이에 벗어나는 길은 열반에 이르는 것이라 말한다. 철학에서 바라보는 인간은 길을 모르는 존재로서 바라본다. 어디서 와서 어디로 가는지 모르는 존재를 철학적으로 보고 있는 것이다.

포스트모던 시대를 사는 사람들이 인간을 바라보는 관점은 거대한 내러티브(narrative)인 역사적 큰 맥락의 이야기의 객관성을 무너뜨려 주관적이고 상대적인 인간을 강조하는 모습이다. 즉, 정형화된 모습에서 탈피하여 모든 것을 해체시키고 상대화시키는 관점으로 인간을 바라보기 때문이다. 객관적 정의가 사라지고 모든 것이 상대적인 현상으로 해석함으로 절대적 도덕률이 사라지고 선과 악의 경계가 모호한 관점에서 인간을 바라보는 것이다. 그렇다면, 기독교의 인간관은 어떠한가? 기독교가 말하는 인간은 하나님과 연결된 큰 틀에서 바라볼 때, 인간은 하나님의 형상대로 지음 받았지만, 죄를 지음으로 인하여 모든 사람은 죄인으로 바라보는 인간관을 가지고 있다.

● 1. 인간은 죄인이다

기독교가 바라보는 죄성이란 무엇인가? 죄성이란 하나님을 무시하고자 하는 마음이다. 이 마음은 아담과 하와가 죄의 유혹에 넘어가 타락 이후 비참한 상태에 이르게 된 것에서 비롯된다. 사탄의 유혹에 넘어간 인간의 모습은 하나님을 향한 불순종의 모습으로 변질되어 버렸다. 하나님처럼 되려는 교만한 마음이 하나님을 대적하게 된 것이다. 교만한 마음은 죄로 인해 타락한 인간의 완악함의 모습이다. 성경에 나오는 애굽의 왕 바로의 모습을 한번 살펴보자.

그는 하나님의 무서운 능력을 직접 보고 경험했음에도 불구하고 여전히 하나님을 향해서 완악함으로 저항했다. 인간의 완악함은 하나님을 향해 맞서 상대하고 싸우도록 인간의 영혼을 강팍하게 만든다. 죄는 하나님을 향해 굳은 마음을 가지게 만든다. 하나님을 향해 날카로운 창같이 싸울 태세를 가지도록 하는 것이다. 따라서 인간에게 주어진 과제는 우리가 가진 죄의 완악함을 어떻게 극복해야 할 것인가를 찾아야만 한다. 하지만 인간 스스로 죄의 영향력을 끊을 만한 힘과 능력을 가지고 있지 않다. 죄의 속박에서 스스로 벗어날 수 없다는 것이다. 그래서 불교에서도 죄와 고통을 끊을 수 없어 다시 새롭게 태어날 것을 말하고 있지만, 결국 다시 태어나도 똑같은 굴레에서 벗어날 수 없는 무한한 윤회에 갇혀 있는 모습이기도 하다. 하지만, 하나님은 이런 죄가 가져오는 속박의 굴레를 끊으셨다고 성경은 말씀한다. 그리고 그 길은 하나님만이 하실 수 있음을 성경이 증언하고 있다.

인간의 완악함은 하나님의 창조주되심, 즉, 하나님의 주인되심을 부정하고 거부하는 모습에서 비롯된다. 마가복음 11장을 보면 악한 포도원 농부에 대한 비유의 말씀이 나온다. 포도원 주인이 농부들에게 세를 주어 포도원을 맡긴 후 타국으로 갔다. 수확철이 이르러 주인은 농부들에게 세를 받으려고 종을 보냈으나 농부들은 세를 주지 않고 오히려 주인의 종을 때려서 보낸다. 주인은 몇 차례 더 종들을 보냈지만 결국 주인의 종을 죽이기까지 한다. 결국 주인은 마지막으로 그의 아들까지 보냈지만 악한 농부들은 그 아들까지 죽이고 아들의 유산까지 차지하려는 욕심까지 보였다. 결국 포도원 주인은 이 악한 농부들을 진멸하고 포도원을 다른 사람들에게 줄 것이라고 말하였다.

이 비유에 나오는 포도원 주인은 하나님을 가리킨다. 그리고 포도원은 이스라엘 백성을 말하고, 상속자인 사랑하는 아들은 예수 그리스도를 뜻한다. 그렇다면 악한 농부들은 누구를 말하는 것인가? 당시 종교지도자들, 대제사장, 서기관, 장로들을 향해 말씀한 것이다. 그럼 악한 농부들은 왜 포도원 주인의 아들을 죽였을까? 그 아들을 죽이면 모든 재산이 자신들의 것이 된다고 생각했기 때문이었다. 그들은 포도원을 차지하고 싶었던 것이다.

악한 농부들의 모습은 에베소서에서 말씀하는 "본질상 진노의 자녀"의 모습이기도 하다.

"그 때에 너희는 그 가운데서 행하여 이 세상 풍조를 따르고 공중의 권세 잡은 자를 따랐으니 곧 지금 불순종의 아들들 가운데서 역사하는 영이라 전에는 우리도 다 그 가운데서 우리 육체의 욕심을 따라 지내며 육체와 마음의 원하는 것을 하여 다른 이들과 같이 본질상 진노의 자녀이었더니" (엡 2:2-3)

　포도원을 차지하기 위해 행한 악한 모습은 마치 죄가 인간을 다스리는 모습과도 같다. 아담과 하와가 하나님을 상대로 죄를 짓게 된 것도 죄가 그들의 마음을 차지한 것에서 비롯된 것처럼 죄는 사람의 마음을 차지하고 다스리려 한다. 죄에 마음을 빼앗긴 아담과 하와는 하나님의 창조물이 아닌 주인처럼 살려고 했다. 죄에 빼앗긴 마음은 결국 하나님을 넘어서려는 즉, 스스로 주인 되어 살고 싶어 하는 마음과도 같다. 이런 죄악된 인간의 모습으로 인해 하나님은 결국 예수 그리스도를 통해 다시 새롭게 시작하셔야만 했다.

　성경은 예수를 통해 새롭게 시작되는 모습을 "머릿돌" 비유로 말씀을 하셨다. 머릿돌은 '시작' 또는 '출발점'을 의미한다. 건물을 세울 때의 기초석이 바로 머릿돌이기 때문이다. 즉, 하나님 나라 삶의 기초가 예수님이 되심을 말씀하는 것이다. 이것을 기독교는 예수를 믿음으로 인한 거듭남(born again)으로 표현하고 에베소서에서는 예수님과 연결된 거룩한 성전이 되어가는 것으로 또한 묘사한다.

"너희는 사도들과 선지자들의 터 위에 세우심을 입은 자라 그리스도 예수께서 친히 모퉁잇돌이 되셨느니라 그의 안에서 건물마다 서로 연결하

여 주 안에서 성전이 되어가고" (엡 2:20-21)

죄로부터 죽은 영적 거듭남은 생명이신 예수님과 다시 연결되어진다. 그와 연결된 하나님 나라 백성은 하나님을 예배하는 거룩한 성전의 모습으로 지어져 가게 된다. 성전은 어떤 곳인가? 예배가 이루어지고 말씀이 선포되며 가르쳐지는 곳이다. 성전된 하나님 나라 백성은 예배와 말씀이 일상의 삶속에서 이루어져 거룩의 모습으로 살아가기를 힘쓰는 정체성을 가지게 된다. 이 모습이 곧 구원을 이루어가는 모습이고 그리스도의 상속자의 신분을 지켜 나가는 모습이 되어진다.

● 2. 그리스도인이 된다는 것

그리스도인이 된다는 것은 어떤 것을 의미하는 것일까? '그리스도인'이라는 이름은 사도행전 11장 26절에 나오는 시리아 안디옥에서 제자들이 그리스도인이라 일컬음을 받게 된 것에서 시작되었다. 사실 '그리스도인'이라는 호칭을 살펴보면 당시 십자가에 못 박힌 그리스도를 따르는 사람들을 비웃는 표현이었다. '십자가에 못 박힌 예수의 추종자들'이라 비하하는 용어로 사용되었고, 로마의 박해 아래 그리스도인들을 처형하기 위한 질문으로 사용했던 호칭이기도 하였다.

엔도 슈사쿠의 『침묵』이라는 소설을 보면 초기 천주교 신도들의 신앙에 관한 이야기를 풀어가며 일본에 도착한 전도자들이 받았던 박해에 관한 내용이 나온다. 일본에 파견된 포르투갈의 예수회 전도자들이 포교활동 가운데 엄청난 고문 끝에 배교하는 상황을 의미 있게 그려냈다. 예수 전도자로서 신앙을 지킨 채로 순교를 선택할 것인지 아니면 예수의 초상화를 짓밟고 그리스도인이 아님을 입증하고 살아날 것인지에 관한 선택을 해야만 했다. 박해자들에게 그리스도인이란 호칭은 반역스러운 괴수의 이름이었지만, 목숨을 버리기까지 예수님을 따르겠다는 믿음을 가진 자들에게는 명예롭고 아름다운 영광의 이름이었던 것이다.

안디옥에서 처음 불린 그리스도인이라는 호칭은 로마의 황제를 상대하는 반역스럽고 하나님을 더럽히는 불경스러운 이름이었다. 하지만 예수를 따르는 그리스도인들에게 있어서 이 호칭은 예수님을 기꺼이 따르겠다는 헌신과 사랑, 그리고 하나님 나라 영성의 의미가 담겨 있는 것이었다. 또한 이 의미는 하나님 안에서 완전히 새롭게 태어났다는 믿음을 "나는 그리스도인이다"라는 이름으로 증명하게 되었다. 따라서 성도에게 있어 '그리스도인'이라는 칭호는 그리스도 안에서 새롭게 태어난 하나님 나라 정체성을 가지고 살아가겠다는 고백과도 같다.

성경은 예수님을 따르던 자들에게 그리스도인 외에도 많은 다른 용어를 사용했음을 보게 된다. 하나님의 양, 세상의 빛과 소금, 종, 친구, 군인, 신부, 갓난 아기, 하늘의 시민, 상속자, 몸된 지체, 외국인, 나그네 등의 용어로 그리스도인의 정체성을 다양한 용어로 설명한다. 특별히 많은 용어들 중에서도 더 자주 사용되는 용어는 "종"이라는 단어이다. 그리스도인이 된다는 것은 스스로 예수님의 소유가 된다는 선포이기 때문이었다. '예수님을 주인삼고 나는 그의 종이 된다'라는 주체적 고백이었던 것이다.

사실 종이라는 단어를 헬라어 원문을 보면 '둘로스(δοῦλος)'라는 단어를 사용한다. 이를 원어적 의미로 해석하면 "노예"라고 번역이 된다. 그런데 노예라는 단어와 종이라는 단어 사이에는 의미적 차이가 존재한다. 노예는 자신의 자유나 자치권을 가지지 않은 상태이지만, 종은 어느 정도 자신의 자치와 권리를 내포하기 때문이다. 노예는 주인의 재산과 같은 소유물의 개념을 가지고 있지만, 종은 고용인의 개념이 더욱 크다. 따라서 신약에서 사용한 예수님과 그리스도인의 관계를 종으로 표현한 것보다는 사실 노예의 의미로 해석하는 것이 의미적 접근에 가까워진다. 그렇다면 노예의 개념으로 예수님과 그리스도인의 관계를 재해석한다면 그리스도인은 예수님의 소유물이자 자신의 어떤 자유나 자치권을 주장할 수 없는 상대적 관계를 의미하게 된다.

그리스도인은 하나님께 속해 있는 사람들이다. 즉, 예수 십자가의 은혜로 죄에 속한 노예신분에서 하나님께 속한 신분으로 바뀌어졌다. 예수 십자가의 피로 죄의 노예된 우리의 값을 지불하셨기 때문이다. 따라서 우리는 하나님께 대하여 어떤 자유나 자치를 주장할 권한이 없다. 왜냐하면 우리의 소유권이 하나님께 달려 있기 때문이다.

더욱 놀라운 사실은 하나님은 대신 죄의 값을 치르신 후 우리를 그의 노예로 삼지 않고 자녀로 삼으셨다는 것이다. 노예로부터 해방됨과 동시에 새로운 신분이 주어진 것이다. 하나님의 자녀라는 새로운 정체성을 가지게 됨과 동시에 그리스도의 구원으로 인하여 죄로부터 자유라는 은혜까지 누리게 된 것이다. 그리스도인에게는 주어진 자유는 영혼이 죄악으로부터 자유로운 것을 의미한다. 하지만 이 사실을 깨닫지 못한 자들은 여전히 세상의 굴레로부터, 그리고 죄에 얽매여 속박

된 노예 상태 가운데 살아간다. 게다가 죄의 속박 가운데 있으면서도 이를 자각하지 못해 스스로 자유하다고 착각하며 살게 된다. 진정한 자유는 세상 가운데 있지 않다. 언제나 세상 속의 죄가 인간을 속박하기 때문이다. 그래서 인간이 참 자유를 누리기 위해서는 죄의 문제를 해결하신 예수 그리스도께 나아와야 한다. 예수 그리스도를 통해서만 이 참 자유를 누릴 수 있기 때문이다.

● 3. 자기부인의 정체성

성경을 보면 하나님을 경험함으로 인해 자신의 연약한 실체를 발견하는 모습들을 보게 된다. 예를 들어 모세를 한번 보라. 모세는 애굽의 왕궁에서 살았던 사람이다. 애굽의 왕 바로의 딸이 모세를 데려다 양자 삼아 키웠기 때문이다. 왕족으로 살던 그가 어느 날 자기 성질에 못 이겨 사람을 죽이고 광야로 도망가 도망자의 신세로 전락하게 된다. 그런 모세를 하나님은 떨기나무 불꽃의 모습으로 만나 주신다. 불타는 떨기나무 속의 하나님을 만난 모세는 자신의 실체는 아무 것도 아님을 발견하게 된다. 그곳에서 하나님 앞에 엎드러지게 되고 이제 그는 살인자이고 도망자였던 모습에서 하나님을 의지하는 존재로 변화 받게 된다.

또 다른 예로 사도 바울을 살펴보자. 바울은 예수 믿는 사람들을 잡아 고문하고 죽였던 사람이다. 그러던 그가 어느 날 하나님을 경험하고 일생일대의 변화를 맞이한다. 핍박자에서 이제 복음전도자로 변화된 것이다. 그는 복음전도자로 살아가면서 많은 책을 썼다. 그가 예수를 영접하고 처음 쓴 서신이 갈라디아서이다. 갈라디아서를 보면 아직은 인간적인 옛 기질이 남아있음을 그의 문장 표현에서 볼 수 있게 된다. 여전히 날카롭고 강한 모습의 감정적 표현들이 보이기 때문이다. 하지만 복음 전도자로 살아가며 그는 점차 변화되고 있었다. 어느 정도 시간이 지난 후 그가 쓴 고린도전서를 보면 좀 더 변화된 모습을 보게 된다.

> "나는 사도 중에 가장 작은 자라 나는 하나님의 교회를 박해하였으므로 사도라 칭함 받기를 감당하지 못할 자니라 그러나 내가 나 된 것은 하나님의 은혜로 된 것이니 내게 주신 그의 은혜가 헛되지 아니하여 내가 모든 사도보다 더 많이 수고하였으나 내가 한 것이 아니요 오직 나와 함께 하신 하나님의 은혜로라" (고전 15:9-10)

하나님 나라 복음의 사역을 감당할수록 그의 복음의 능력은 강해졌지만, 반면 그의 인간적 모습은 점차 약해지고 있었다. 여기서 더 시간이 지난 후 그는 로마의 감옥에서 옥중서신(에베소서, 빌립보서, 골로새서, 빌레몬서)을 쓴다. 이 순간 그는 고린도전서를 작성했을 때보다 더 작은 자가 되어 있었다.

> "모든 성도 중에 지극히 작은 자보다 더 작은 나에게 이 은혜를 주신 것은 측량할 수 없는 그리스도의 풍성함을 이방인에게 전하게 하시고"
> (엡 3:8)

"그러나 무엇이든지 내게 유익하던 것을 내가 그리스도를 위하여 다 해로 여길뿐더러 또한 모든 것을 해로 여김은 내 주 그리스도 예수를 아는 지식이 가장 고상하기 때문이라 내가 그를 위하여 모든 것을 잃어버리고 배설물로 여김은 그리스도를 얻고" (빌 4:7-8)

시간이 지나갈수록 하나님은 높아지고 바울은 점차 작아지고 있었다. 결국 바울의 인생 마지막에 쓴 디모데전후서를 보면 다음과 같이 고백한다.

"미쁘다 모든 사람이 받을 만한 이 말이여, 그리스도 예수께서 죄인을 구원하시려고 세상에 임하셨다 하였도다 죄인 중에 내가 괴수니라"
(딤전 1:15)

바울은 스스로를 "죄인 중에 괴수"라고 말한다. 낮아짐에서 더 나아가 철저히 자기를 부정하는 단계에까지 이르게 된 것이다.

"내 은혜가 네게 족하도다 이는 내 능력이 약한 데서 온전하여 짐이라 하신지라 그러므로 도리어 크게 기뻐함으로 나의 여러 약한 것들에 대하여 자랑하리니 이는 그리스도의 능력이 내게 머물게 하려 함이라 그러므로 내가 그리스도를 위하여 약한 것들과 능욕과 궁핍과 박해와 곤고를 기뻐하노니 이는 내가 약한 그 때에 강함이라" (고후 12:9-10)

내 자아가 사라질 때 하나님의 정체성이 삶에 나타나게 된다. 인간은 스스로 의롭다 여기며 살아간다. 그리고 스스로 자신의 존재감을 찾기 위해 자아를 드러내려 한다. 하나님보다 자신의 영광을 위해 살아가기 때문이다. 하지만 모세와 바울의 모습처럼 하나님께 영광이라는 비전을 가지고 살아갈 때 하나님 나라 속의 나의 모습은 점차 희미해져 갈 수밖에 없다. 왜냐하면 하나님의 정체성이 곧 하나님의 형상을 입은 나의 정체성이기 때문이다. 하나님을 나타내는 것이 곧 내가 드러나는 것이고, 하나님의 빛을 발하는 것이 곧 내가 빛이 되는 삶이기 때문인 것이다.

● 4. 새로운 이름을 부여하시다

처음 아기를 가졌을 때 태어날 아이를 위해 이름을 지어 주는 것을 가지고 한동안 고민했던 기억이 있다. 어떤 이름을 지어 줄까? 새롭게 지어줄 아기의 이름을 위해 수십 개의 이름 목록을 만들어 가족투표까지 했었다. 어떤 이름은 뜻은 좋은데 발음이 좋지 않아서 탈락되고, 어떤 이름은 너무 흔해서 탈락시키다 보니 결국 몇 가지로 좁혀져서 지금의 이름이 아이에게 주어졌다. "세상에 빛나라"는 의미로 아이에게 이름을 지어주었다.

성경을 보면 하나님께서도 이름에 관심을 많이 두시는 것을 보게 된다. 세상의 모든 호칭이 하나님으로부터 시작되었기 때문이다. "빛이 있으라" 하시고 "빛을 낮이라 부르시고" 또 "어둠을 밤이라 부르시니라". 그리고 하나님의 형상으로 지음 받은 인간에게 이름을 지어 부를 수 있도록 권한을 주시게 된다. 이름이라는 것은 그 사람의 정체성을 포함한다. 이름을 통해 어떤 사람인지 알 수 있게 되고, 자신을 나타낼 수 있기 때문이다. 이름이 중요한 이유는 이름 속에는 그 사람의 삶이 들어있기 때문이다. 이름 속에는 그 사람이 어떤 삶을 살아왔는지 설명할 수 있는 삶의 역사와 의미, 그리고 가치를 포함하고 있다.

김춘수 시인의 꽃이라는 시가 있다.

내가 그의 이름을 불러 주기 전에는
그는 다만 하나의 몸짓에 지나지 않았다

내가 그의 이름을 불러 주었을 때
그는 나에게로 와서 꽃이 되었다

내가 그의 이름을 불러 준 것처럼
나의 이 빛깔과 향기에 알맞은
누가 나의 이름을 불러 다오
그에게로 가서 나도 그의 꽃이 되고 싶다

우리들은 모두 무엇이 되고 싶다
나는 너에게 너는 나에게
잊혀지지 않는 하나의 눈짓이 되고 싶다

이름이 불리기 전에는 어떤 특정한 존재성을 가지지 않았지만, 이름을 붙여 주니 존재의 의미와 가치가 드러나게 되었다는 것을 시인은 말한다. 그러면서 존재의 의미와 가치를 누구나 원하고 있고 모두

가 무언가 되고 싶어하는 존재적 자각에 대한 갈망에 대하여 서술한다. 하나님 역시 우리에게 그의 존재를 드러내셨다. 모세에게 나타나신 하나님께서 "나는 스스로 있는 자니라" 말씀하시고 또한 백성들에게 자신을 말씀하신다.

"나는 여호와라"

여호와의 이름에는 많은 의미가 들어있다. 구원자, 치료자, 인도자, 승리자 등등 그의 이름에는 하나님을 나타내시는 수많은 의미와 가치가 있게 된다. 인간 역시 자신의 이름에 수많은 의미와 가치가 부여되기를 원했다. 자기의 이름을 드러내고 싶어하는 욕심 때문이었다. 그래서 인간은 자신들의 이름을 내고 바벨탑까지 쌓지 않았는가!

초등학교 시절 등교 후 담임선생님이 학생들의 이름을 부르며 출석을 체크하던 적이 있다. 이름을 부르면 학생들은 손을 들고 "네"라고 대답을 했다. 그런데 내 이름을 부르지 않고 넘어가 버렸다. 순간 '왜 나를 빼먹었지?' 하며 내 이름이 불릴 때까지 맘 졸이며 소심하게 기다렸던 기억이 있다. 결국 선생님께 손들고 내 이름을 빼먹었다고 말씀을 드렸다. 이름이 불리지 않았을 때 순간 내 존재감의 상실을 경험했던 것이다. '불러 준다'는 것은 가치를 인식한다는 것과 같다. 아무런 존재 가치가 없는 것일지라도 그것에 의미를 부과하여 이름을 불러 줄 때 존재 가치가 생겨난다. 이전에 방송에서 어느 연예인이 돌멩이를 가져다가 이름을 붙여주고 자식 돌보듯 하는 것을 TV에서 보았다. 그래서 그 돌멩이는 "애완돌"이라고 불렸다. 그 장면을 보면서 너무나도 이해가 가지 않았다. 하지만 그 사람에게 돌멩이는 이름을 붙여 줄 만큼 특별한 가치적 존재의 의미가 있었던 것이다. 내가 보기에는 한낱 돌멩이에 불과했지만 그 사람에게는 그저 돌멩이가 아닌 특별한 존재로 다루어졌기 때문이다.

하나님이 우리를 불러 주시고 자녀 삼으셨다는 것은 굉장한 의미가 부여된 모습이다. 자녀삼음과 동시에 특별한 가치를 세우셨기 때문이다. 하나님께서는 이런 의미와 가치를 하나님 나라를 살아가는 그의 백성들에게 주셨다. 아담을 불러 하나님의 창조하신 동산을 다스릴 지혜와 힘을 허락하셨고, 아브람을 불러 열국의 아비라는 아브라함이라 부르시고 새로운 꿈을 심어 주셨다. 모세를 불러 "거룩하신 하나님의 떨기나무 불꽃을 보여주시고" 그를 출애굽의 리더로 세우셨고, 사무엘을 선지자로 세우시기 위해 밤새 사무엘의 이름을 불러 찾아 주셨던 하나님이시다. 예수님을 세 번 부인하고 도망친 베드로에게 "반석 같은 믿음"이라는 베드로라고 예수님은 그의 이름을 불러 주셨다.

하나님 나라의 정체성은 하나님의 부르심을 통해 새로운 사명이 주어지는 가치를 포함한다. 죄많은 인생일지라도 하나님이 부르시면 새 사람이라는 새로운 의미적 정체성이 부여된다. 하나님 나라 가치가 주입되고 그 가치를 기준으로 살아가는 것이 하나님 나라의 삶이 되기 때문이다. 하나님은 여전히 그의 백성을 부르시고 이름을 지어 주신다. 당신은 어떤 이름을 가지고 하나님 나라를 살아가고 있는가? 그 부르심의 의미와 가치를 하나님 뜻 안에서 발견하고 부르신 사명 따라 살아가는 것이 하나님 나라의 정체성을 가지고 사는 삶이 된다.

● 5. 목적이 있다

흘러간 가요 중에 '하숙생'이란 노래가 있다. 가수 최희준 씨가 1988년에 불렀던 노래다.

> 인생은 나그네 길 어디서 왔다가 어디로 가는가
> 구름이 흘러가듯 떠돌다 가는 길에
> 정일랑 두지 말자 미련일랑 두지 말자
> 인생은 나그네 길 구름이 흘러가듯 정처 없이 흘러서 간다
>
> 인생은 벌거숭이 빈 손으로 왔다가 빈 손으로 가는가
> 강물이 흘러가 듯 여울져 가는 길에
> 정일랑 두지 말자 미련일랑 두지 말자
> 인생은 벌거숭이 강물이 흘러가듯 소리없이 흘러서 간다

인간의 일생을 정처 없이 흘러가는 나그네에 묘사한 노래다. 목적없이 가는 길에 아쉬움 남기지 말고 살아가자 노래는 말한다. 그리스도인의 인생은 어떨까? 그리스도인의 삶은 목적 없고 정처없이 흘러가는 인생이 아니라 푯대를 향하여 달려가는 인생이다.

> "형제들아 나는 아직 내가 잡은 줄로 여기지 아니하고 오직 한 일 즉 뒤에 있는 것은 잊어버리고 앞에 있는 것을 잡으려고 푯대를 향하여 그리스도 예수 안에서 하나님이 위에서 부르신 부름의 상을 위하여 달려가노라" (빌 3:13-14)

하나님 나라를 살아가는 것은 부름의 상, 즉 푯대를 향하여 달려가는 것이라고 한다. 하나님이 우리를 부르심에는 반드시 목적이 있다. 하나님께서 인간을 부르신 목적은 그럼 무엇인가?

"너희는 택하신 족속이요 왕 같은 제사장들이요 거룩한 나라요 그의 소유가 된 백성이니 이는 너희를 어두운 데서 불러 내어 그의 기이한 빛에 들어가게 하신 이의 아름다운 덕을 선포하게 하려 하심이라" (벧전 2:9)

"이 백성은 내가 나를 위하여 지었나니 나를 찬송하게 하려 함이라"
(사 43:21)

"그러나 나의 종 너 이스라엘아 내가 택한 야곱아 나의 벗 아브라함의 자손아 내가 땅 끝에서부터 너를 붙들며 땅 모퉁이에서부터 너를 부르고 네게 이르기를 너는 나의 종이라 내가 너를 택하고 싫어하여 버리지 아니하였다 하였노라 두려워하지 말라 내가 너와 함께 함이라 놀라지 말라 나는 네 하나님이 됨이라 내가 너를 굳세게 하리라 참으로 너를 도와주리라 참으로 나의 의로운 오른손으로 너를 붙들리라" (사 41:8-11)

"주께서 이르시되 가라 이 사람은 내 이름을 이방인과 임금들과 이스라엘 자손들에게 전하기 위하여 택한 나의 그릇이라" (행 9:15)

위의 네 구절을 통해 하나님의 부르심의 목적을 요약하면 첫째, 어둠에서 이끌어 빛으로 인도하신 하나님의 은혜를 세상에 나타내는 목적이 있음을 보게 된다. 즉 인간의 죄로부터 해방시킨 하나님의 영광을 세상에 나타내는 것이다. 둘째, 하나님의 부르심의 목적은 인간을 지으신 창조주 되신 하나님을 찬송하는 것에 있다. 창조주 되신 하나님은 창조물로부터 영광의 찬송을 받기에 합당하신 분이기 때문이다. 셋째, 하나님은 일찍이 인간을 택하셨다는 것이다. 비록 인간은 하나님 앞에 죄를 지음으로 인해 부끄러운 죄인의 형상을 지닌 자들로 변질되었지만 여전히 하나님은 죄인 된 인간을 버리지 않으시고 연약한 인간을 굳세게 붙들어 주시기 위한 목적을 가지심을 알게 된다. 마지막으로 하나님의 부르심의 목적은 세상 가운데 하나님의 은혜의 복음을 전하기 위함에 있다. 모든 만물의 주인이신 하나님을 세상에 알리는 사명이 하나님을 닮은 인간에게 있다는 것이다.

● 6. 진실한 성도

인간은 하나님의 창조주 되시고 존재하심에 대하여 인정하지 않고 하나님을 삶의 주인으로 받아들이지 못하는 모습이 있다. 하나님 없이도 스스로 살아갈 수 있다고 착각하며 살아가는 것이다. 그래서 마치 하나님이 존재하지 않는 것처럼 살아간다. 그리고 스스로 하나님의 자리를 차지하여 하나님처럼 다스리려 하기도 한다. 하나님은 인간에게 만물을 관리하고 다스리는 권한을 부여하셨지만 하나님을 대신해서 세상에 주인행세 하라고 하신 적은 없었다. 그러나 인간은 자주 착각하며 살아간다. 하나님께 권한을 받은 것뿐인데 이제는 주인행세를 하려 하니까 말이다. 이 모든 것이 인간의 거짓된 모습이며 죄의 다스림에 사로 잡혀 진실된 정체성을 잃어버린 모습이기도 하다.

그렇다면 하나님 앞에 진실한 모습은 과연 무엇인가? 사람들은 진실하다 말할 때 완전한 인격을 가지는 것이라 생각할 수 있는데, 과연 인간이 완전한 인격을 가질 수 있을 것인가? 사실은 그렇지 못하다. 왜냐하면 이 땅에 완전히 진실한 사람은 없기 때문이다. 로마서 3:11에서도 "의인은 없나니 하나도 없으며"라고 말하고 있지 않은가! 하나님 앞의 진실한 모습이란 완전하지 못한 내가 변화되어야 할 존재임을 인정하고 받아들이는 모습이라 할 수 있다. 즉 하나님 앞에서 죄인임을 인정하고 나의 부족함을 스스로 받아들이는 것이고, 하나님 없이는 나 혼자 살아갈 수 없는 존재됨을 고백하는 모습이다.

하나님 앞에 진실을 살아갈 때 누리게 될 은혜가 있다. 먼저, 진실을 통해 하나님께서 만져 주시는 은혜를 경험하게 된다는 것이다. 예수님은 이 땅에 "죄인을 부르러 왔노라"고 말씀하셨다.

> "… 건강한 자에게는 의사가 쓸 데 없고 병든 자에게라야 쓸 데 있느니라 나는 의인을 부르러 온 것이 아니요 죄인을 부르러 왔노라 하시니라"
>
> (막 2:17)

몸에 이상이 생겼을 때 건강진단을 먼저 받게 된다. 진단 후 어떤 질병으로 인한 증상인지 확인을 해야 이후의 치료방법을 고민하게 되는 것처럼 예수님 앞에 진실함으로 나아가는 것은 우리의 영혼을 진단받는 첫 걸음과도 같다. 나 스스로 병의 증상을 자각(self-consciousness)하지 못하는데 어찌 치료해 달라고 의사를 찾아가겠는가! 마찬가지로 하나님의 만져주심의 은혜를 경험하기 위해서는 나의 영혼의 상태가 어떤

지 발견하는 자각이 굉장히 중요한 것이다. 하지만 많은 사람들이 자신의 심각한 병세를 자각하지 못하거나 인정하지 못하고 살아가는 경우가 많다. 여전히 건강한 줄 착각하고 사는 모습이다.

일본말에 혼네(本音)와 다테마에(建て前)라는 단어가 있다. '혼네'란 '본래의 마음'을 뜻하는 반면, '다테마에'는 '겉으로 표현되는 모습'을 뜻한다. 일본인은 이 두 가지 모습을 통해 상황 변화에 따라 자기 의견을 나타내는 데 익숙하다고 한다. 나도 일본인과 무역일을 함께 해 본 적이 있다. 비즈니스 관계여서 그랬는지 상대의 속마음을 알아내기까지 약 2년 정도의 시간이 필요했던 것 같다. 그들의 겉모습으로는 상대방이 진짜 원하는 것이 무엇인지 알 수 없었기에 첫 거래를 성사시키기까지 상당히 피곤한 시간과 노력이 필요했다.

하나님 앞에 진실하지 못한 가면을 쓰고 나아가는 것은 참 피곤한 신앙생활을 살도록 만든다. "내 모습 이대로 주 받으옵소서" 찬양처럼 주님 앞에 모든 것 내려놓고 그를 인정하고 나아가야 한다. 혼네와 다테마에처럼 하나님 앞에 나아가서는 안 된다. 하나님 앞에 모든 것이 드러나도록 벌거벗은 모습으로 나아갈 때 우리는 그 순간 하나님의 만져 주시고 일으켜 주시는 은혜를 경험할 수 있기 때문이다. 하나님 앞에 진실함으로 나아가야 한다. 진실함으로 나아갈 때 믿음의 자유함을 느끼게 될 것이고 가식적이고 외식적인 모습을 위해 사용했던 피곤함은 눈 녹듯 사라지게 될 것이기 때문이다.

둘째, 하나님 앞에 진실한 모습은 하나님이 나와 함께 하심을 볼 수 있도록 해 준다. 의심하는 사람은 항상 의심의 눈으로 바라보며 살아가는데 익숙하다. '저 사람 나한테 혹시 나쁜 짓 하는 것 아닐까,' '왜 이렇게 말하는 거지?' 등 마음이 의심으로 가득 차 있기 때문에 다른 사람의 생각조차 의심할 수밖에 없기 때문이다. 전에 어느 지인이 보이스피싱으로 인해 금융사기를 당한 소식을 듣게 되었다. 은행직원으로 가장한 대출사기에 당한 것이다. 안타까운 소식을 듣고 난 후 주변의 모든 것이 의심스러워졌다. 전화 받는 것도 혹시나 하는 생각에 모르는 전화는 받지 않고 끊어 버리게 되었다. 의심이라는 불안이 들어오니 모든 것이 의심스러워지는 것이다. 의심은 나를 하나님으로부터 멀어지도록 만든다. 아담과 하와가 사탄의 꾀임으로 인해 하나님의 말씀을 의심하게 되었다. 그리고 그들은 죄를 짓고 하나님을 피해 숨어 버린 것처럼 말이다.

하나님 앞에 진실함으로 다가가는 것은 나를 숨기지 않고 내가 가진 최선의 모습으로 힘을 다하여 나아가는 자세를 말한다. 나의 최선의 마음을 주께로 향하는 것이다. 시편 57편은 다윗이 사울을 피하여 아둘람 굴에 있던 때에 지은 시이다. 죽음의 위협 가운데서도, 도망자의 신세 가운데서도 다윗은 하나님 앞에 진실함으로 다가섰다. 그의 마음을 오직 하나님께 향하도록 고정시켰다고 고백한다.

"하나님이여 내 마음이 확정되었고 내 마음이 확정되었사오니 내가 노래하고 내가 찬송하리이다" (시 57:7)

하나님을 향해 마음이 확고하다고 다윗은 믿음을 고백한다. 하나님을 향한 다윗의 진실한 마음은 하나님의 도우심뿐만 아니라 그와 마음을 함께 할 동역자들까지도 그와 함께 하도록 불러 모아 주었다. 다윗과 비슷한 처지의 환난 당한 자, 빚진 자, 마음이 원통한 자가 다 그에게로 모였다고 말씀하기 때문이다.

> "그러므로 다윗이 그 곳을 떠나 아둘람 굴로 도망하매 그의 형제와 아버지의 온 집이 듣고 그리로 내려가서 그에게 이르렀고 환난 당한 모든 자와 빚진 모든 자와 마음이 원통한 자가 다 그에게로 모였고 그는 그들의 우두머리가 되었는데 그와 함께 한 자가 사백 명 가량이었더라"
> (삼상 22:1-2)

하나님께 진실한 영혼은 세상 속에서도 인정받는 모습으로 살아갈 수 있고 또한 사람을 향해서도 진실한 모습으로 살아갈 수 있게 된다. 진실하다는 것은 사람을 끌어들이는 매력을 가진다. 거짓된 사람 주위를 살펴보면 사람들이 모여들지 않는다. 반면 진실은 사람들을 깊게, 그리고 오랫동안 관계를 유지하도록 만들어 준다. 마찬가지로 내가 하나님 앞에 얼마나 진실한 모습으로 다가가는 가에 따라 하나님과의 교제의 깊이와 거리가 달라진다. 진실함으로 신앙생활 할 때 그 깊은 가치와 의미가 커지기 때문이다.

전에 '생활의 달인'이라는 TV 프로그램을 보았다. 여러 지역의 유명한 맛집을 찾아다니며 맛의 비결을 찾는 것을 보여주었다. 맛집이 될 수 있던 비결은 무언가 특별한 비법이 있었다는 것이었다. 육수를 만드는 것도 어느 하나 쉽게 만드는 것 없이 최고의 맛을 우려내기 위한 엄선되고 좋은 재료뿐만 아니라 많은 시행착오가 있었던 것을 보게 되었다. 주인은 최고의 맛을 내기 위해 최선의 재료를 선별하고 자신의 진실함과 노력을 그 속에 담기 위해 갖은 노력을 다했다. 결국 그 맛은 사람들을 끌어 모으게 되었고 유명한 지역의 맛집으로 탄생하게 되었던 것이다.

반면 진실하지 못한 마음은 어떠할까? 진실하지 못한 마음은 우리 영혼을 하나님께 집중하지 못하도록 방해한다. 진실하지 못하다는 것은 마음이 흩어져 있는 것과 같다. 한 곳이 아닌 다른 여러 곳을 바라보도록 만들어 마음을 고정하지 못하도록 흔드는 것이다. 여러가지 마음을 품고 있는 모습인 것이다. 야고보 사도 역시 이 마음을 정함이 없는 마음이라 말했다.

"오직 믿음으로 구하고 조금도 의심하지 말라 의심하는 자는 마치 바람에 밀려 요동하는 바다 물결 같으니 이런 사람은 무엇이든지 주께 얻기를 생각하지 말라 두 마음을 품어 모든 일에 정함이 없는 자로다" (약 1:6-8)

남녀가 사랑할 때 서로에게 최선을 다하여 집중할 수 있는 능력이 생겨난다. 집중한다는 것은 마음이 흩어지지 않고 한데로 모이는 것을 말한다. 어릴 적 돋보기를 가지고 햇빛으로 종이를 태우는 놀이를 했던 기억이 난다. 검정색 먹지를 바닥에 놓고 뜨거운 햇빛을 돋보기를 통과시켜 빛을 모으면 서서히 불이 붙기 시작한다. 이것이 집중의 힘이다. 한 곳으로 모든 초점을 모으는 것이다. 하나님 앞에 진실함은 나의 모든 시선을 그분께 드림으로 인해 내 영이 하나님 앞에 뜨거워지는 것이다. 이 같은 뜨거운 마음에 관해 예수님은 하나님 나라 백성이 순종하고 따라야 할 첫 계명이요 두 번째 계명으로 말씀을 하신다.

"서기관 중 한 사람이 그들이 변론하는 것을 듣고 예수께서 잘 대답하신 줄을 알고 나아와 묻되 모든 계명 중에 첫째가 무엇이니이까 예수께서 대답하시되 첫째는 이것이니 이스라엘아 들으라 주 곧 우리 하나님은 유일한 주시라 네 마음을 다하고 목숨을 다하고 뜻을 다하고 힘을 다하여 주 너의 하나님을 사랑하라 하신 것이요 둘째는 이것이니 네 이웃을 네 자신과 같이 사랑하라 하신 것이라 이보다 더 큰 계명이 없느니라" (막 12:28-31)

하나님 앞에 진실한 모습으로 나아가고 있는가? 하나님 앞에 진실한 인생은 하나님을 사랑하고 이웃을 사랑할 수 있는 집중력을 가질 수 있다. 이 모습을 통해 하나님 나라의 하나님과 나와의 관계, 이웃과 나와의 관계가 사랑으로 연대되고 서로 연결되어 성전 되어 가는 것이다.

미로탈출 3

Q. 당신의 신앙에 있어 하나님은 어떤 분이신지 말씀해 보세요.

Q. 구원은 오직 예수님을 믿는 믿음 안에서 이루어진다는 뜻에 대해 나누어 보세요.

Q. 성령의 임재를 느끼고 신앙을 살아가고 있는지, 그리고 성령충만한 삶이란 어떤 의미를 가지고 있는지 나누어 보세요.

Q. 당신의 현재의 삶을 이끄는 중심은 과연 무엇입니까?

Q. 하나님 형상을 회복한 새사람의 정체성은 어떤 것일까요?

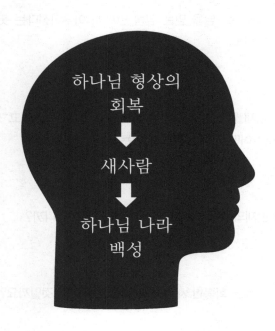

하나님 형상의
회복

⬇

새사람

⬇

하나님 나라
백성

04

하나님 나라 묵상에 관하여

묵상이란 무엇일까? 묵상이란 영어로 meditation, 뜻은 사색, 숙고, 기도, 생각하기 등의 의미를 지닌다. 묵상이란 소리를 내지 않고 마음 속으로 기도하거나 깊이 명상하는 행위이다. 사전적 어휘를 찾아보니 영어로 meditation은 라틴어 *medicalus*에서 유래된 단어로 '약(medicine)' 이란 말과 같은 어원을 지녔다. 그래서 묵상한다는 것은 약이 몸 안으로 들어와 온몸에 퍼져 약효를 나타내듯 어떤 한 생각이나 주제가 사람의 내면으로 들어가서 영향을 미치는 것을 의미한다.

지금 시대는 인공지능(Artificial Intelligence) 시대이다. 로봇과 인공지능이 인간이 해야 할 일을 대신해 주고 있다. 인간의 일자리뿐만 아니라 인간의 사고능력까지 예측해서 로봇이 대신 결정해 준다. 인간이 해야 할 일을 로봇이 대신해 줌으로 인해 인간사회에 굉장한 편리를 가져온다. 하지만 이런 편리함이 인간 사회에 마냥 좋은 것만은 아니다. 인공지능의 발달로 인해 사실 인간은 생각하고 선택하고 결정하는 기회를 많이 잃어가고 있기 때문이다. 빅데이터(Big data)로 쌓인 정보를 통해 로봇이 인간 대신 생각하고 예측해 줌으로 인해 사람들은 더 이상 다양하고 깊이 있는 생각을 할 필요가 없어졌다. 로봇과 AI

의 편리함이 인간으로 하여금 다양하고 깊은 생각을 할 수 없도록 만드는 것이다. 하지만 묵상이란 무엇인가? 묵상은 내가 깊은 생각으로 들어가는 것인데 요즘 시대는 생각을 하지 않도록 만드니 문제가 되어 버리고 만다.

마귀가 하는 일이 있다면 생각하지 못하도록 만드는 것이다. 아담과 하와가 사탄의 꾀임에 빠져 하나님을 의심하고 죄를 짓게 되었다. 사탄은 아담과 하와의 생각을 먼저 읽었다. 그리고 그들이 꾀임에 빠져들 의심을 던져 주었다.

> "… 뱀이 여자에게 물어 이르되 하나님이 참으로 너희에게 동산 모든 나무의 열매를 먹지 말라 하시더냐"(창 3:1)

사탄이 던진 질문에 하와는 하나님이 "너희가 죽을까 먹지 말라" 하셨다고 대답을 한다. 이에 사탄은 "너희가 결코 죽지 아니하리라" 확신을 가지고 대답을 해 준다(사실 마귀는 인간에게 확신이 아니라 하나님 말씀에 대한 의심을 던져 준 것이었다). 사탄의 대답을 들은 이후 하와의 마음속에는 사탄이 아닌 오히려 하나님을 향한 의심으로 가득 차게 되었을 것이다. '사탄이 아니라고 하잖아! 혹시 하나님이 우리에게 숨기는 것이 있는 것은 아닐까?'

결국 하와는 의심으로 인해 하나님을 향한 믿음이 깨져 버렸다. 사탄의 유혹이 들어온 그 순간 하나님께서 하신 말씀에 대하여 잠시라도 깊이 생각했더라면… 의심으로 인해 죄에 빠져 버리는 잘못을 피할 수 있지 않았을까 아쉬움이 남게 된다.

기독교적 묵상이란 무엇인가?

    기독교적 묵상은 나의 내면에 하나님을 초대하는 것이다. 즉, 나의 내면을 하나님으로 채워 가는 것을 의미한다.

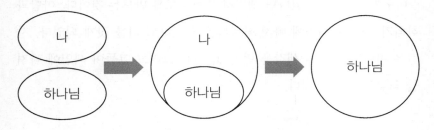

    나의 내면은 '자신(myself)'이라는 존재로 채워져 있다. 이런 내면의 공간에 묵상을 통해 하나님이 들어오실 공간을 만들어 내는 것이다. 묵상을 통해 하나님이 내 안에 들어오시고 그로 인해 나의 공간은 줄어든다. 그리고 하나님의 공간이 점차 확장되어지는 것이다. 하나님을 묵상할수록 나의 내면은 이제 내가 아닌 하나님으로 더욱 채워져 간다. 말씀을 통해 하나님의 뜻이 나의 뜻으로 바뀌어지고, 찬양을 통해 하나님께 드리는 영광이 내 입술로 선포되어지고, 기도를 통해 하나님이 나의 주인되심을 고백하는 모든 행위가 묵상을 통해 이루는 것이다. 이로 인해 이제 나의 내면에 나의 존재는 사라지고 온전히 하나님으로 채워지는 것이 기독교적 묵상이다. 즉, 묵상은 내가 주인된 모습에서 하나님이 주인되심으로 바뀌어 가는 형태의 한 부분이고, 나의 나라에서 하나님 나라로 전환시키기 위한 한 과정이 되어지는 것이다. 사도 바울의 고백이 있다.

"나는 사도 중에 가장 작은 자라 나는 하나님의 교회를 박해하였으므로 사도라 칭함 받기를 감당하지 못할 자니라 그러나 내가 나 된 것은 하나님의 은혜로 된 것이니 내게 주신 그의 은혜가 헛되지 아니하여 내가 모든 사도보다 더 많이 수고하였으나 내가 한 것이 아니요 오직 나와 함께 하신 하나님의 은혜로라" (고전 15:9-10)

자신이 하나님의 복음전도자로 쓰임 받을 수 있던 모든 것이 하나님의 은혜로 인함이라 고백하고 있다. 바울의 회심 이전의 삶은 어떠했는가? 그는 살기가 등등하여 교회를 파괴하고 박해하는 핍박자의 삶을 살고 있었다. 하지만 하나님은 그 순간 그를 만나 주셨다. 그리고 사흘 동안 아무것도 볼 수 없도록 하신다. 하나님이 그의 눈을 가리우신 것이다. 그리고 사흘이 지난 후 예수께서 아나니아라는 사람을 보내 그의 내면을 성령으로 충만하게 하시고 다시 눈을 떠 볼 수 있도록 하신다. 눈을 가리우고 성령의 충만함으로 다시 세상을 바라볼 수 있도록 하셨다는 것은 그의 생각과 관점을 변화시킨 하나님의 은혜가 있었다는 것을 의미한다. 나의 생각과 관점으로 바라보는 것과 성령을 통해 바라보는 것에는 엄청난 차이가 생기게 된다. 성령이 하시는 일은 하나님을 알게 하고 믿게 해주는 조명하심이다. 하나님의 깊은 것까지 깨달을 수 있도록 도우시는 분이 성령이기 때문이다.

"오직 하나님이 성령으로 이것을 우리에게 보이셨으니 성령은 모든 것 곧 하나님의 깊은 것까지도 통달하시느니라 사람의 일을 사람의 속에 있는 영 외에 누가 알리요 이와 같이 하나님의 일도 하나님의 영 외에는 아무도 알지 못하느니라 우리가 세상의 영을 받지 아니하고 오직 하나님으로부터 온 영을 받았으니 이는 우리로 하여금 하나님께서 우리에게 은혜로 주신 것들을 알게 하려 하심이라" (고전 2:10-12)

바울이 핍박자에서 복음전도자로 바뀐 새로운 삶을 살 수 있었던 것은 성령을 통해 그의 전존재가 하나님의 성령 충만함으로 채워지고, 내면의 영적 변화를 경험했기 때문이었다.

묵상은 이처럼 약의 효과가 몸에 퍼지듯 하나님이 나의 전존재에 영향을 미치도록 하는 것이다. 앤드류 머레이(Andrew Murray)는 "묵상이란 한 사람의 삶과 성향의 모든 영역에 영향을 미칠 때까지 하나님의 말씀을 마음속에 간직하는 것이다"고 말했다. 하나님을 내 안에 간직하도록 힘쓰는 훈련을 통해 점차 "나"라는 존재가 사라지고 "하나님"으로 채워지도록 하는 것이다. 따라서 묵상하는 자는 하나님을 내 안에 간직하기 위한 노력이 반드시 필요하다. 하나님을 계속 떠올려야 하고, 하나님의 뜻이 무엇인지 알기를 힘쓰고, 하나님을 바라보며 살도록 하나님을 가까이해야 하는 것이다.

'몸이 멀어지면 마음도 멀어진다'라는 말이 있다. 사람은 보고, 느끼고, 만지고, 함께 할수록 가까워진다는 말이다. 토마스 아켐피스는 이 모습을 "묵상할 때 예수님과 친한 우정 관계로 들어간다"라고도 표현했다. 묵상은 하나님과 친밀한 관계를 가지도록 하는 것이기 때문이다. 친한 친구일수록 상대의 마음을 알기 위해 그의 말에 더욱 귀 기울이고 많은 시간을 보냄으로 좀더 깊은 관계로 들어갈 수 있는 것처럼 기독교적 묵상은 하나님을 향해 내 삶에 반복적으로, 그리고 지속적으로 가까이 다가가는 것이다.

따라서, 하나님을 묵상하기 위해 먼저 당신의 내면에 무엇이 채워져 있는지 살펴보길 바란다. 하나님을 받아들이고, 하나님이 내 안에 내주(dwell in)하실 공간이 없다면 묵상을 통해 하나님께 공간을 먼저 내어드리라. 그리고 점차적으로 하나님 계신 공간이 확장될 수 있도록 주도권을 내어 드려 내 속에 모든 공간을 하나님이 차지하시도록 만들어야 한다.

묵상의 훈련

● 1. 단순성의 훈련

많은 현대인들은 복잡함 가운데 살아간다. 복잡하다는 것은 여기저기 굉장히 얽혀 있다는 것과 같다. 직장생활에 얽혀 있고, 경제활동에 얽혀 있고, 사회 관계 가운데 얽혀 있다. 여기저기 얽혀 있는 만큼 생각도 참 복잡하다. 그래서 현대인들은 묵상하는 것에 대하여 어려움을 느끼게 된다. 왜냐하면 묵상은 복잡하게 얽혀 있는 자신의 생각을 단조롭게 만드는 훈련이기 때문이다. 밤에 잠이 오지 않는 것을 경험해본 적이 있는가? 생각이 복잡할 때 쉽게 잠들지 못한다. 생각이 생각을 불러오고 복잡한 마음으로 인해 잠이 쉽게 들지 못하게 사로잡히기 때문이다. 단순하다는 것은 자유롭다는 말과도 같다. 어디인가에 잡혀 있지 않기 때문이다. 새번역 성경에 나타난 전도서 7:29을 보면 하나님은 사람을 단순하게 만드셨다는 것을 알게 된다.

"그렇다. 다만 내가 깨달은 것은 이것이다. 하나님은 우리 사람을 평범하고 단순하게 만드셨지만, 우리가 우리 자신을 복잡하게 만들어 버렸다는 것이다." (새번역, 전 7:29)

인간이 단순하게 살아야 할 이유가 있다면 그것은 하나님이 사람 자체를 단순하게(개역개정에서는 "정직하게"라고 번역한다) 만드셨기 때문이다. 사람이 만들어진 성분은 단순하다. 흙으로 만드셨다고 성경은 말씀하기 때문이다.

"여호와 하나님이 땅의 흙으로 사람을 지으시고 생기를 그 코에 불어 넣으시니 사람이 생령이 되니라" (창 2:7)

아담과 하와가 하나님 앞에 죄를 범한 원인은 그들의 생각이 복잡해졌기 때문이다. 하나님만 바라보던 그들에게 사탄이 다가가 복잡한 마음을 집어넣었다. 그것은 의심이라는 복잡함이었다. 이스라엘이 우상에 빠진 이유 역시 그들 마음의 생각이 복잡했기 때문이었다. 하나님의 백성으로 택함 받았음에도 그들은 마음을 오직 하나님께만 두지 않았다. 그들의 마음은 하나님 외에 여러 곳으로 향하는 복잡함을 가지고 있었다. 오직 하나님만으로 만족할 수 없었던 그들은 하나님 외의 것들이 필요했다. 이로 인해 하나님도 생각하고 애굽도 생각해야 했다. 출애굽 백성들은 하나님보다 그들이 종으로 살던 애굽의 문화와 생활에 항상 얽매여 있었다. 키에르케고르는 "마음의 순결은 한 가지에 뜻을 두는 데에 있다"라고 말한다. 이스라엘 백성이 오직 하나님께 뜻을 두지 않았기에 그들의 마음은 결국 하나님과 우상 사이 혼잡함 속에 있는 순결치 못한 모습으로 살았다.

독일의 종교개혁자 마틴 루터는 로마 카톨릭의 부패와 잘못된 교회의 정치와 권위에 대항하여 싸웠던 사람이다. 당시 교회와 교회정치는 사람의 기득권이 하나님의 권위와 질서를 넘어서 있었다. 이에 루터는 복잡하게 얽히고설킨 부패한 로마 가톨릭을 향해 공개적으로 외친다.

- '오직 성경 (Sola Scriptura)'
- '오직 믿음 (Sola Fide)'
- '오직 은혜 (Sola Gratia)'
- '오직 그리스도 (Sola Christus)'
- '오직 하나님께 영광 (Soli Deo Gloria)'

기독교적 묵상은 '오직 하나님께' 내 마음을 향하도록 방향전환과 초점을 그에게 맞추는 것이다. 오직 하나님을 향해 단순해지는 것이다. 복잡한 세상 속에서 단순함으로 나를 무장한다는 것은 어찌 보면 생각과 삶의 "개혁"과도 같다. 세상이 향하는 방향과 전혀 다른 방향으로 걸어가는 모습이기 때문이다. 마틴 루터가 '오직(Sola)'이라는 단순함을 통해 세상과 얽혀 복잡해진 교회를 상대로 투쟁한 것처럼 묵상은 나를 세상의 복잡함에 맞서 싸우도록 하는, 오직 하나님을 향하도록 만드는 단순함의 무기를 장착해 주는 훈련되는 것이다.

묵상이 가져다 주는 단순함은 복잡함 속에서 생각의 우선순위를 결정해 준다. 하나님께서도 단순함을 통하여 생각의 우선순위를 어디에

두어야 할지에 관하여 가르치셨다. 마태복음 6장을 보면 세상의 염려와 소유함에 관해 고민하는 제자들을 향한 예수의 가르침이 나온다.

"그런즉 너희는 먼저 그의 나라와 그의 의를 구하라 그리하면 이 모든 것을 너희에게 더하시리라 그러므로 내일 일을 위하여 염려하지 말라 내일 일은 내일이 염려할 것이요 한 날의 괴로움은 그 날로 족하니라" (마 6:32-33)

사람들의 생각의 우선순위는 삶과 직접적으로 관련된 것 위주로 설정된다. 배고픔에 굶주린 사람은 음식이 삶의 우선순위가 될 것이다. 자녀가 삶의 우선순위인 사람도 있고, 물질이 삶의 우선순위로 살아가는 사람도 있다. 하지만, 예수님은 모든 것보다도 우선되어야 할 것으로 '하나님 나라와 그의 의'에 중점을 두셨다는 것이다.

하나님은 질서의 하나님이시다. 그래서 창세기에 나오는 하나님의 창조를 살펴보면 혼돈과 공허의 상태를 빛으로 시작하여 인간이 살 수 있는 모든 자연환경까지 하나님의 질서 가운데 만드셨다. 그리고 마지막에 인간을 하나님의 형상으로 만들어 이 모든 환경을 다스릴 수 있는 영광의 대리자로 세우셨다. 이 모든 질서는 모든 창조 환경 가운데 하나님의 형상으로 지어진 인간을 대리자로 세움으로써 하나님의 영광을 세상 가운데 비추어 나타내도록 하신 하나님의 계획이었다. 그리고 하나님의 영광의 대리자로 세운 인간과 하나님 사이의 관계의 언약은 동산 가운데 두신 선악과가 약속의 표증이 되었다. 하지만 사탄의 꾀임으로 인해 인간은 하나님 세우신 이 모든 질서의 관계를 깨뜨리게 된다. 인간이 하나님의 자리에 서려고 하는 것, 즉 하나님 세우신 관계의 질서를 뒤집으려 한 교만이 바로 죄가 되어 버렸다. 그래서 인간이 뒤집어 버린 질서의 관계를 바로잡는 것이 필요하게 되었다.

모든 일의 방식에는 기본순서가 있다. 난 예전에 골프레슨을 4개월 정도 했던 적이 있다. 그중 약 3개월 동안 골프채를 잡는 방법과 스윙의 기초 자세만 배웠다. 같은 동작을 3개월이나 반복하니 지루하고 답답해서 견딜 수가 없었다. 그래서 기본 자세 배우는 것을 중도포기하고 이후 내 마음대로 막 휘둘러 버렸다. 그렇다면 지금의 내 골프 실력은 어떠하겠는가? 난 여전히 골프를 못 친다. 자세가 전혀 잡히지 않는다. 그러다 보니 골프도 재미가 없다. 그리고 결국 난 골프를 포기해 버렸다. 지금에 와서 생각해 보면 왜 골프강사가 기초자세연습에 그렇게 오랜 시간을 두고 가르쳤는지 이해가 된다. 단순한 훈련이지만 내가 앞으로도 오랫동안 골프를 즐겁고 재미있게 배워 나갈 수 있는 첫번째 단계였기 때문이었다.

묵상을 통해 하나님을 향해 단순해지는 것 역시 마찬가지다. 우리의 복잡한 생각을 정리하고 하나님을 향한 생각이 신앙의 영적 길을 걸어가는 동안에도 다른 길로 벗어나지 않도록 만드는 것이다. 복잡한 갈림길을 만나도 올바른 길을 택할 수 있고, 신앙의 길에서 낙오하지 않도록 길을 찾아가는 재미와 확신을 가져다주는 훈련이 묵상이다.

복잡한 세상 가운데 우리가 단순하게 살기 위한 방법이 있다면 그것은 질서의 하나님을 순종하며 따라가는 것이다. 하나님만 단순히 바라보며 걸어가면 된다. 그럼 삶의 영역에서 전혀 복잡해질 것이 없게 되기 때문이다. 하나님의 단순함으로 살아갈 때 우리 삶의 모든 영역에 질서가 세워진다.

● 2. 영적 소통: 대화의 훈련

영적 소통이란 하나님과 대화를 나누는 것이다. 그렇다면 우리는 하나님과 어떤 방식으로 대화를 나누고 있는 것일까? 대화는 서로의 의견이 오고 가는 것이다. 일방향이 아니라 쌍방향이다. 하지만, 사실 우리는 하나님과 대화를 나누는 것이 아니라 일방적 소통 방식에 익숙하다. 하나님께 내가 하고 싶은 말만 일방적으로 할 때가 많기 때문이다.

대화를 나눌 때 기술이 필요하다. 자기 할 말만 하고 대화가 다 끝난 것처럼 하는 사람과는 깊은 대화를 나눌 수가 없다. 대화는 서로에게 질문을 던지며 자연스럽게 생각을 나누는 과정이기 때문이다. 상대방에게 던지는 질문은 상대방을 조금 더 알아갈 수 있도록 만들어 준다. 하나님과의 소통도 마찬가지이다. 하나님께 내가 질문할 수 있고, 또한 하나님이 나에게 질문을 던질 수도 있는 것이다.

성경을 보면 예수께서는 질문을 많이 하셨던 것을 보게 된다. 병든 자를 고치실 때 병자에게 물으신다. "너가 낫기를 원하느냐", "네게 무엇을 해주길 원하느냐." 또 제자들에게도 물으신다. "너희는 나를 누구라 하느냐." 이에 베드로는 대답을 드린다. "주는 그리스도시요 살아계신 하나님의 아들이십니다." 묵상의 훈련은 하나님이 우리에게 던지시는 질문에 대한 대답을 할 준비가 되도록 만드는 영적 대화의 훈련이다.

또한 대화에 있어서 듣는 자세가 필요하다. 사실 말하는 것보다 듣는 것이 대화에 있어서 더욱 중요하다. 성경의 사무엘상을 보면 하나님께서 사무엘을 부르는 장면이 나온다. 하나님이 어린 사무엘을 부르시던 때는 이스라엘 백성뿐만 아니라 제사장까지도 하나님 앞에 타락한 시대였음을 보게 된다. 하나님의 말씀에 귀 기울이지 않은 백성들로 인해 하나님의 말씀이 "희귀하여 이상이 흔히 보이지 않던" 시대였기 때문이다. 하나님께서 사무엘을 불렀지만 제사장 엘리조차도 하나님의 음성인 줄 알아채지 못했다. 하나님께서 계속해서 사무엘을 부르자 이에 사무엘은 하나님의 음성인 줄 알고 대답을 한다. "말씀하옵소서 주의 종이 듣겠나이다."

묵상은 하나님의 음성을 듣는 중요한 훈련이다. 어느 때 소리가 잘 들리는가? 조용할 때 듣는 소리가 잘 들린다. 그리고 소리에 귀 기울여 집중할 때 잘 들리고 소리에 울림이 있을 때 소리는 더 잘 들리게 된다. 난 운동을 하면서 음악이나 성경을 자주 듣곤 한다. 그런데 주변의 소리가 크면 소리가 잘 들리지 않아 노이즈캔슬링(noise cancelling) 기능, 즉 주변소음차단기능을 자주 사용한다. 그러면 소리가 잘 들리게 된다. 하지만 아무리 노이즈캔슬링 기능을 작동시켜도 소리에 집중하지 않으면 무슨 소리를 하고 있는지 전혀 들리지 않는다. 집중하지 않으면 소리를 듣고 있어도 내용을 이해하지 못하는 것이다. 그래서 집중을 빼앗기지 않기 위해 소리의 이퀄라이저를 조절해서 울림을 강하게 하면 집중력이 분산되는 것을 막아 소리를 더 잘 들을 수 있었다. 일단 주변이 시끄러우면 들려오는 소리를 잘 들을 수 없다. 하나님 나라 영성훈련에 있어서도 마찬가지로 성령의 음성을 잘 듣기 위해서는 주변의 시끄러운 소리, 즉 영혼의 내면을 소란스럽게 만드는 것들을 잘 차단해야 한다.

우리는 어떤 사건이나 일이 생겼을 때 스스로 해결하기 위해 분주하게 움직이기 시작한다. 하지만 하나님의 일하심은 먼저 하나님을 찾는 모습에서 시작된다는 사실이다. 성경에 나온 가나안 정복을 위한 첫 전쟁인 여리고(Jericho) 전쟁을 생각해 보자. 당시 여리고는 난공불락의 성이라 불릴 정도로 전쟁을 하기 어려운 곳이었다. 하나님은 여호수아에게 말씀하신다. '여리고를 네 손에 넘겨주었으니 너희는 매일 한 번씩 성 주위를 엿새 동안 돌되, 마지막 날에는 나팔을 잡고 일곱 번 돌며 나팔을 불어라. 그리고 나팔 소리가 들릴 때 너희는 모두 큰 소리로 외쳐라. 그러면 여리고는 무너질 것이다.' 그런데 여기서 중요한 것이 있었는데 그것은 바로 백성들에게 먼저 '침묵하라'라는 말씀이었다.

> "여호수아가 백성에게 명하여 이르되 너희는 외치지 말며 너희 음성을 들리게 하지 말며 너희 입에서 아무 말도 내지 말라 그리하다가 내가 너희에게 명령하여 외치라 하는 날에 외칠지니라 하고" (수 6:10)

왜 하나님은 거대한 싸움이 있기 전 무엇보다도 백성들의 침묵을 말씀하셨을까? 광야의 이스라엘 백성들의 모습을 보면 광야의 40년 동안 듣는 훈련이 잘 된 사람은 광야에서 살아남았다는 것을 알게 된다. 반면 하나님의 음성을 듣기 보다 입술로 불평하고 원망하던 사람들, 다시 말해 입으로 떠들던 사람들은 약속의 땅 가나안으로 들어가지 못하고 광야에서 인생을 마치게 되었다. 광야는 어떤 곳이었던가? 광야는 황폐하고 적막한 장소이며 살아남기 위해 치열한 생존싸움이 있는 곳이다. 하지만 광야에서 하나님의 동행하심과 음성이 이스라엘 백성과 함께 했었다. 광야는 결국 하나님과 가까이 동행하며 그의 음성을 듣는 곳, 즉 하나님이 말씀하시는 장소였던 것이다. 하지만 하나님의 음성을 듣지 않던 사람은 모두 광야에서 죽게 되었다.

많은 사람들이 광야와 같은 세상을 살아간다. 살아남기 위해 치열한 싸움을 하며 오늘도 살아간다. 누구보다도 광야 같은 세상에서 성공하고 승리하기 위해 자신들만의 방법으로 싸우며 살아간다. 하나님나라를 살아가는 성도는 광야와 같은 세상을 이기는 방법이 있다. 바로 하나님과 가까이 동행하며 그의 음성을 들으며 하나님을 따라가는 삶이다. 하나님의 음성에 순종하며 살아갈 때 여리고 같은 거대한 세상의 싸움에서 이길 수 있다. 여전히 세상 살아가면서 당신의 음성을 높이며 살아가고 있는가? 지금 이 순간 당신의 목소리를 줄여라. 그리고 하나님의 음성을 크게 들을 수 있도록 잠잠히 그의 음성에 귀를 기울여라. 하나님의 음성을 잘 듣고, 크게 듣기 위해 훈련하라. 여리고를 함락할 수 있었던 이스라엘 백성처럼 말이다.

● 3. 공간훈련: 빈공간을 만드는 시간

삶이 빡빡하다고 느낀 적이 있는가? '빡빡하다'는 것은 공간이 없다는 것이다. 빈 공간이 없다는 것은 무언가 새로운 것이 들어올 자리가 없다는 것과 같다. 입에 음식이 가득 차 있는 경우를 생각해보라. 너무 배가 고파 빵을 허겁지겁 입에 욱여 집어넣었더니 목이 메어 힘들었던 경험이 있다. 입안에 음식이 가득 차 숨을 쉴 수조차 없었다. 빈 공간은 숨을 쉴 수 있게 만들어 준다. 사람이 가득 찬 출근길 지하철 안의 광경을 생각해 보라. 서울 아침의 출근길 지하철 안은 사람들로 꽉 차 숨쉴 틈조차 없을 만큼 비좁고 **빡빡**하다. 조금이라도 지하철이

덜컹거리기라도 하면 여기저기 사람들 비명 소리가 질려 나온다. "아저씨, 조심 좀 해 주세요!"

인생에 있어서 빡빡함은 나뿐만 아니라 상대방까지도 숨을 쉴 수 있는 공간적 여유를 허락해 주지 않는다. 예전에 조급증이 있는 직장 상사와 함께 일한 적이 있다. 그의 머릿속은 거래처와 지킬 납기(납품일)에 대한 생각뿐이었다. 그래서 언제나 조급했다. 그와 함께 일하는 동료들 역시 그의 조급증으로 인해 같이 조급해졌다. 늘 그의 불안한 모습 때문에 여유가 없던 직장생활을 했었다. 바쁜 현대 사회를 살아가는 현대인들은 자신의 삶에 있어서도 어떤 여유 공간을 두며 살아가기 힘들 때가 많다.

이전의 부모세대들의 모습을 상기해 보면 사실 지금보다 더욱 여유가 없었다. 자식들을 먹여 살리기 위해 자신의 여유를 포기하고 희생해야만 했다. 부모의 시간을 자식을 위해 희생적으로 사용했던 것이었다. 하지만 요즘은 세대가 바뀌어서 그런지 일과 삶의 밸런스를 지키겠다 하며 워라벨(Work-life Balance)을 따지며 살아가는 추세가 젊은이들 사이에 유행이기도 하다. 빡빡한 일상 속에 자신만을 위한 공간을 만들려는 것이다. 빈 공간이 있는 것은 여유롭고 온화함을 가져다 준다. 모든 것을 갖추며 살려고 하는 맥시멈라이프보다 최소한의 필요한 것만 갖추고 살려는 미니멀라이프를 추구하는 것도 여유와 온화함을 인생에 가져다주려는 노력의 한 방편이기도 하다. 음악도 16비트 음악처럼 쉬지 않고 두드리는 것보다 4비트의 공간이 있는 음악을 들을 때 한층 여유로운 것과 마찬가지다.

묵상은 내 안에 여유로운 공간을 만들어 주는 것이다. 숨 쉴 수 없을 정도로 빡빡한 내 삶에 숨 쉴 공간을 만드는 것이다. 묵상이란 그래서 공간의 미학(Aesthetic of Space)이라 말할 수 있다. 비워 둔 공간이 오히려 아름다움으로 존재하는 것이다. 기독교의 묵상은 하나님께 공간을 내어드리는 것이다. 나의 것으로 채웠던 공간을 이제 하나님이 채우시도록 비워두는 것이라 할 수 있다. 나의 내면의 빈 공간을 하나님의 아름다우심으로, 하나님의 생명으로, 그리고 그리스도의 향기로 채우는 것이다.

묵상은 하나님을 통해 내가 살아있음을 느끼게 해준다. 하나님을 믿으면서도 복잡한 세상 속의 바쁜 일정으로 인해 하나님이 안 계신 듯 살아갈 때가 많다. 하나님이 언제 내 삶에 계셨었는가 되돌아볼 여유도 없이 하루를 마치기도 한다. 이럴 때일수록 묵상을 통해 하나님이 내 안에 내주하실 공간을 마련해야 한다. 하나님 말씀이 내게 새 활력을 줄 수 있도록 공간을 내어드리고, 하나님께 드리는 기도로 하루 종일 닫혀 있던 내 마음을 하나님을 향해 열어드리는 것이다. 공간을 내어 하나님을 향한 감사를 저장할 수 있도록 하는 것이다.

빡빡한 인생을 살아가는 사람은 이런 은혜와 감사, 묵상이 머무를 공간이 없다. 오히려 이런 시간이 자신에게는 사치이고 불필요한 듯 느껴 철저히 배제하며 살아가려 한다. 왜냐하면 현대 사회 사람들은 언제나 다른 이와의 경쟁을 위해 살아가고, 주변의 평가와 목표 달성이라는 프레임에 갇혀 살아가기 때문이다. 난 미국에 있을 때 뉴욕에 자주 다녀오고는 했다. 뉴욕의 맨하탄은 내가 살던 시카고의 다운타운보다 훨씬 더 복잡하고 거대하다. 그런데 뉴욕의 맨하탄을 가면 오히려 시카고보다 여유가 느껴지는 것을 경험했다. 그 힘의 원천은 도시

중심에 센트럴파크(Central park)와 브라이언트 파크(Bryant park)라는 공원이 가져다 주는 능력이었다. 뉴욕이라는 웅장하고 거대한 바쁜 시간을 살아가는 공간 한 가운데 나무와 자연, 호수가 자리잡은 시원하게 뚫린 공간이 공존하기 때문이다. 바쁜 뉴요커들은 이 두 공원을 통해 잠시의 여유를 만끽할 수 있다. 이 공간을 통해 그들은 숨 쉴 틈을 가지게 되는 것이다. 이 곳에서 산책과 운동을 하고, 커피와 피자를 먹으며 사람들을 만나 대화를 나누는 등 이곳을 통해 지친 에너지를 충전하고 있는 것이다.

하나님 나라를 살아가는 성도에게 있어서 묵상이란 영적 싸움에서 지친 몸과 영을 쉬도록 하고 재충전을 해 주는 시간이다. 바쁜 경쟁 사회 속에서도 묵상을 통해 우리는 잠시 경쟁을 내려 놓을 수 있게 된다. 묵상을 통해서 치열한 경쟁보다는 양보와 화합을 이루며 살아갈 수 있도록 폭주기관차 같았던 내 삶을 잠시 멈출 수 있게 된다. 세상적 가치와 목표로 가득 차 있던 삶의 게이지를 낮추고 하나님 나라 삶의 가치와 사명으로 채워 놓을 수 있도록 만들어 준다.

강해져야 세상을 가치 있게 살 수 있다는 생각에서 벗어나 비록 약할지라도 하나님의 은혜가 나를 더욱 강력한 인생으로 살아가게 만드신다는 은혜를 의지하는 것이 바로 하나님 나라의 묵상을 통해 살아가는 삶이 된다. 여전히 빡빡하고 숨 쉴 틈 없는 인생으로 살아가고 있는가? 하나님을 묵상함을 통해 당신 인생에 공간을 만들라. 당신의 영혼이 숨을 쉴 수 있도록 말이다.

● 4. 느림의 미학: 슬로우 영성을 가지라

현대사회는 바쁜 사회이다. 특별히 한국 문화는 "빨리빨리" 문화에 익숙하다. 사람들은 좀처럼 기다려주지 못한다. 조급증 때문이다. 그래서 빠른 것이 편리이자 미덕이고 현대 사회의 매너가 되어 버렸다. 바쁘게 살다 보니 많은 현대인들은 빠르게 인식할 수 있는 피상적인 것을 보는 것에 익숙해져 버렸다. 깊이 있고 심층적인 것을 잘 보지 못한다는 것이다. 시속 100킬로로 달리는 차 안에서는 창밖의 풍경을 깊이 있게 구경할 수 없다. 하지만 천천히 걸으면서 풍경을 바라볼 때는 빠른 속도로 인해 보지 못했던 것들을 자세히 들여다볼 수 있게 된다. 깊이 생각할 수 없다는 것은 사실 우리 마음이 조급하다는 것과 같다. 그래서 바쁜 사회를 살아가며 인간은 마음에 여유를 가질 수 없다. 생각할 시간조차 없어서 '생각할 겨를이 없다'고 말도 하지 않는가!

더욱이 현대 사회는 한 가지에 집중할 수 없을 만큼 많은 정보와 복잡한 환경을 제공한다. 이로 인해 많은 사람들의 생각이 여기저기 분산되어 버렸다. 즉 한 곳에 집중하기 어려워졌다는 것이다. 집중한다는 것은 강한 에너지가 있다는 것이다. 돋보기를 통해 집중된 빛이 천천히 종이를 태우듯 집중하면 뜨거움이 생기게 된다. 마찬가지로 영성도 심령이 뜨거울 때 딱딱한 자아가 깨져 버리게 된다. 뜨거운 열을 가할 때 물체가 깨어지듯 말이다.

하나님의 영광의 빛 아래 인간의 교만과 딱딱한 자아는 깨어질 수밖에 없다. 하나님의 영광의 빛은 모든 것을 비추는 강렬한 뜨거움을 가지고 있기 때문이다. 묵상은 이런 하나님의 뜨거운 빛을 내 영혼에 비추는 시간이다. 그래서 묵상을 하면서 하나님께 더욱 집중해야 한다.

하나님께 집중할 때 영혼은 하나님의 비추어 주시는 은혜의 빛 아래 점점 더 뜨거워질 수 있기 때문이다. 스스로 생각해 보라. 어째서 예수님을 믿으면서도 왜 자아는 그토록 거칠고 메마른 것일까? 깨어짐이 없기 때문이다. 묵상을 통해 천천히 자아를 깨뜨려라. 하나님 영광의 빛으로 내 영혼을 뜨겁게 비추도록 만들어라.

미로탈출 4

Q. 당신의 신앙에 있어서 묵상은 어떻게 이루어지고 있는가?

Q. 하나님을 좀 더 깊이 알아가기 위해 당신은 어떤 훈련과 노력을 하고 있는가?

Q. 하나님으로 나를 채워간다는 것은 어떤 삶을 말하는 것일까?

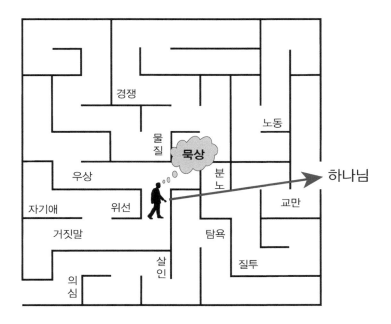

묵상은 하나님으로 내 생각을 채우는 것

05

회개와 기도

회개란 무엇인가?

'회개란 무엇인가'라고 묻는다면 회개는 '하나님 앞에 정직하게 나아 가는 모습'이라고 말할 수 있다. 히브리서 4:13에서는 "지으신 것이 하 나도 그 앞에 나타나지 않음이 없고 우리의 결산을 받으실 이의 눈 앞 에 만물이 벌거벗은 것 같이 드러나느니라"고 말씀한다. 하나님은 온 세상의 창조주이시다. 그래서 하나님은 모든 것을 알고 계시고, 보고 계신다. 우리의 작은 것 하나까지도 하나님 앞에 드러나지 않는 것이 없게 된다. 왜냐하면 하나님은 우리를 여전히 "살펴"보시기 때문이다.

> "여호와여 주께서 나를 살펴보셨으므로 나를 아시나이다 주께서 내가 앉고 일어섬을 아시고 멀리서도 나의 생각을 밝히 아시오며 나의 모든 길 과 내가 눕는 것을 살펴보셨으므로 나의 모든 행위를 익히 아시오니 여호 와여 내 혀의 말을 알지 못하시는 것이 하나도 없으시니이다" (시 139:1-4)

NIV(New International Version) 성경에서는 "살피다(chaqar; Hebrew, חָקַר)"를

"search(찾아보다, 살펴보다)"로, 그리고 NLT(New Living Translation)에서는 "examine(조사하다, 검토하다)"으로 해석한다. 하나님께서 마치 무언가를 자세하게 면밀히 들여다보시며 '관찰 혹은 조사'하듯 우리를 지켜보신 다는 것이다. 하나님은 인간을 창조하셨다. 그래서 창조주 되신 하나 님은 인간에 대하여 너무나도 잘 알고 계신다. 그래서 그분 앞에 나아 갈 때 나의 성향, 감정, 지식, 가치관까지도 감추어서는 안 된다. 하나 님 앞에 다 드러난 모습으로 나아가야 하는 것이다. 왜냐하면 나 자신 보다도 나에 대하여 더 잘 아시는 분이 바로 하나님 되시기 때문이다.

하나님 앞에 모든 것이 드러나게 됨에도 불구하고 인간은 하나님을 피해 자신의 허물을 자꾸만 감추려 한다. 마치 아담과 하와가 사탄의 유혹으로 인해 하나님 앞에 죄를 짓고 하나님을 피해 나무 뒤로 숨어 버린 것처럼 말이다. 인간은 자신의 부끄러움 또는 잘못이 혹시 누군 가에게 들킬까 민감하게 살아가게 된다. 사람들의 시선과 주변의 인식 에 조심하게 된다. 그런데 사실 우리는 누구보다도 하나님의 시선을 먼저 의식하며 살아가야만 한다. 빌 하이벨스 목사가 쓴 『아무도 보는 이 없을 때 당신은 누구인가?(Who you are when no one's looking)』라는 책의 제목처럼 하나님 앞에 정직한 삶은 하나님이 나를 보고 계신다는 사실 을 항상 인지하며 살아가는 모습이다. 다른 어떤 것보다도 삶에 있어 하나님의 시선을 먼저 의식하는 삶이 되어야 하는 것이다.

하나님은 그의 앞에 정직한 모습으로 나아오는 우리를 보기 원하신 다. 하지만 부끄러운 죄인된 인간은 그를 피해 숨어 버렸다. 그래서 하 나님께서는 인간 스스로 정직한 모습으로 다가올 수 있는 방법을 주 셨다. 그것은 바로 하나님 앞에 '나는 죄인이다'라는 자각과 함께 회개로 나아가는 것이다. 즉 "스스로 돌이킬" 수 있는 기회를 하나님께서 주신 것이다. 누가복음 15장을 보면 '돌아온 탕자(the prodigal son)' 이야기가 있다. 아버지의 재산을 가지고 아버지를 떠나 모든 재산을 잃고 비참함에 이른 아들에 관한 이야기이다. 아들이 가장 비참한 상태에 이르렀을 때 그 순간 깨달은 것이 있었다. 그것은 바로 '스스로 돌이키게' 되었다는 것이다.

> "이에 스스로 돌이켜 이르되 내 아버지에게는 양식이 풍족한 품꾼이 얼마나 많은가 나는 여기서 주려 죽는구나" (눅 15:17)

자신의 죄와 부끄러움을 발견한 아들은 이제 아버지 앞에 정직한 모습으로 다가가게 되었다. 자신의 부끄러움과 죄를 더 이상 은밀히 숨겨놓지 않았다. 자신의 죄를 자각한 아들은 아들의 자격을 잃은 "품꾼"의 모습으로 아버지의 집으로 돌아가게 된다. 하지만, 아버지는 아들을 여전히 기다렸다. 돌아오는 아들을 보자 아들에게 달려가 그를 안아 주고 반갑게 맞아 주었다. 그리고 아들의 신분을 다시 회복시키고 그를 위해 기쁨으로 잔치를 베풀어 준다.

회개는 나의 부끄러운 죄를 발견하고 하나님 앞에 죄의 자각함을 가지고 정직한 모습으로 나아가는 모습이다. 죄를 향해 살아왔던 삶에서 돌이켜 하나님을 향해 삶의 방향을 전환하는 것이다. 죄를 깨닫고 하나님 앞에 나아갈 때 하나님께서는 회개하는 그의 자녀들을 긍휼로 안아 주시고 의롭게 인정해 주신다. 하나님은 그에게 돌아오는 자들을 기뻐하신다. 그리고 끊어졌던 하나님과의 관계를 다시 회복시켜 주신다. 죄인 되었던 모습에서 믿음으로 의로운 자녀의 모습으로 말이다.

회개의 특성

● 1. 회개는 부끄러운 존재의 자각이다

당신은 회개가 어떤 것이라고 생각하는가? 단순히 죄 지으면 벌받을까 두려워 조심하는 것은 진정한 회개가 아니다. 회개는 나의 부끄러운 면을 하나님 말씀에 비추어 자각하는 것, 즉 "존재의 부끄러운 자각이 있는 행위"라고 말할 수 있다. 찰스 스펄전(Charles Spurgeon) 목사는 회개에 대하여 이렇게 말한다.

> "회개는 우리가 사랑했던 죄에서 떠나는 것이다.
> 그리고 그것을 더 이상 하지 않음으로
> 우리가 진심 어린 슬픔에 있는 것을 나타내는 것이다"

사람들은 스스로 의롭다고 여기며 살아간다. 어떤 대표적인 범죄들, 예를 들어 강도, 강간, 살인, 사기, 도둑질 등과 자신이 관계가 없다고 생각되면 죄가 없다고 간주한다. 그런데 성경은 죄의 행위뿐만 아니라 마음 속에 품은 나쁜 생각까지도 죄라고 말씀한다.

> "나는 너희에게 이르노니 음욕을 품고 여자를 보는 자마다 마음에 이미 간음하였느니라" (마 5:28)

그리고 죄로 인해 타락한 인간의 마음이 부패해졌다고 말한다.

"만물보다 거짓되고 심히 부패한 것은 마음이라 누가 능히 이를 알리요 마는 나 여호와는 심장을 살피며 폐부를 시험하고 각각 그 행위와 그 행실대로 보응하나니" (렘 17:9-10)

"선한 사람은 마음의 쌓은 선에서 선을 내고 악한 자는 그 쌓은 악에서 악을 내나니 이는 마음의 가득한 것을 입으로 말함이니라" (눅 6:45)

기독교의 인간론은 '나는 죄인이다'에서 출발한다. 아담의 범죄(원죄)로 인해 죄가 세상에 들어오게 되었다. 이로 인해 인간은 하나님과의 관계가 끊어지게 되고 죄와 연결된 삶을 살게 되었다. 죄와 연결된 인간은 스스로 자신의 죄성을 발견하고 자각해야만 했다. 이런 스스로의 자각이 없을 때 자신의 죄를 인정하기란 쉽지 않기 때문이다. 자신이 죄인임을 인정하지 않는 것이다. 결국 자신이 죄인임을 발견하지 못한 상태에서는 회개가 이루어질 수 없다. 내가 죄인된 것을 인정하지 못하는데 누구한테 죄를 인정하고 고백하겠는가! 인간은 죄를 감추려는 본능적 성향을 지니고 있다. 아담과 하와가 죄를 짓고 하나님을 피해 숨어 버린 것 역시 죄를 감추려는 본성에서 비롯된 것이다. 죄는 수치심을 가져다준다. 아담과 하와가 죄를 짓고 숨게 된 것도 죄의 수치심 때문이었다. 수치심은 죄가 가져다주는 죄악된 열매의 표본이다. 인간은 죄가 가져다주는 수치심과 부끄러움을 감당할 수 없다. 그래서 스스로 죄를 감추려는 행위가 생겨나게 된다.

어릴 적 부모님 지갑에서 몰래 돈을 꺼내어 장난감을 샀던 적이 있다. 가지고 싶었던 장난감을 손에 넣었을 때는 잘못했다는 것을 전혀 생각하지 못했다. 하지만, 일을 저지르고 난 후 점차 두려움과 부끄러움이 찾아오기 시작했다. '어쩌지?', '혹시 물어보면 내가 안 했다고 거짓말을 할까?', '혹시 엄마 아빠가 모르지 않을까?' 등 여러 생각에 사로잡히게 되었다. 동시에 '내가 왜 그랬을까?', '내가 원래 나쁜 아이인가?'라는 '나'라는 존재에 대해 심각하게 생각해 본 적이 있다. 결국 잘못은 드러나지 않았지만 스스로 거짓말하고 죄를 숨겼다는 사실로 인해 꽤 오랫동안 수치심과 괴로움을 느끼게 되었다. 시간이 지나고 이런 생각을 해보았다. '그때 부모님께 내 잘못을 먼저 말씀드렸으면 어땠을까?', '그러면 수치심과 부끄러움으로 인한 괴로움이 조금 줄어들지 않았을까?'라고 말이다.

하나님은 우리 스스로 죄악으로 인해 부끄러운 존재됨을 자각하고 그의 앞에 벌거벗은 모습으로 나오기를 원하신다. 그런데 회개에 있어 더욱 중요한 것은 '내가 죄인입니다'라는 존재적 자각에서 멈추는 것이 아니라 그 이상으로 나아가는 것이다. 즉, 존재적 자각을 통해 삶의 방향전환이 동반적으로 이루어져야만 한다. 이 모습을 사도 바울은 '옛 사람을 벗어 버리고 새 사람을 입는 것'으로 말씀했다.

> "너희는 유혹의 욕심을 따라 썩어져 가는 구습을 따르는 옛 사람을 벗어 버리고 오직 너희의 심령이 새롭게 되어 하나님을 따라 의와 진리의 거룩함으로 지으심을 받은 새 사람을 입으라" (엡 4:22-24)

옛사람은 하나님을 떠나 하나님과 관계가 끊어진 죄인된 나의 모습이다. 하지만 하나님은 다시 회복할 수 있는 연결통로를 만들어 주셨는데 그 출발점이 바로 회개이다. 회개를 통해 죄를 떠남과 동시에 영적 변화와 새로운 삶으로의 여정을 시작하는 것이다. 그리고 그 여정을 통해 하나님께 나아가면 새로운 존재의 회복을 경험하게 된다. 그것은 하나님 형상의 회복임과 동시에 신분의 회복이다. 회개를 통해 하나님 앞에 나아갈 때 죄인된 옛 자아의 죽음과 동시에 하나님께서 의롭다 하시는 새로운 존재를 경험한다. 이것을 바울은 "새사람"이라 불렀다.

새사람은 태초에 하나님이 아담을 만드시고 불어 넣으신 생기에 대한 재경험이 된다. 하나님이 아담에게 생기를 주셨을 때 생령(new creature)이 된 것과 같이 회개는 우리가 새로운 존재로 살아갈 수 있는 하나님 생기의 통로가 되어 준다. 하나님의 은혜를 통해 새로운 생명, 즉 심령의 새로움을 입는 것이다. 심령의 새로움을 입은 자는 더 이상 옛적 일을 기억하고 따르지 않게 된다. 하나님의 형상이 다시 회복되었기 때문이다. 옛자아(이것을 사도 바울은 "겉사람"이라고 표현하기도 했다)와는 전혀 다른 새로운 자아로 거듭난 모습이다. 더불어 새로운 자아는 하나님과 연결된 삶, 즉 하나님 나라의 사명을 가지고 살아가게 된다.

"그러므로 우리가 낙심하지 아니하노니 우리의 겉사람은 낡아지나 우리의 속사람은 날로 새로워지도다 우리가 잠시 받는 환난의 경한 것이 지극히 크고 영원한 영광의 중한 것을 우리에게 이루게 함이니 우리가 주목하는 것은 보이는 것이 아니요 보이지 않는 것이니 보이는 것은 잠깐이요

보이지 않는 것은 영원함이라"(고후 4:16-18)

새사람은 세상과 연결된 세상적 가치관을 더 이상 가지고 살지 않는다. 대신 하나님께서 보게 하는 하나님과 연결된 하나님 나라 가치관을 통해 세상을 바라보며 살게 된다. 하나님 나라의 존재의 가치를 지니고 신앙을 살아가는 것이다. 회개를 통해 새로운 자아로 거듭나게 되고 회개는 하나님의 용서와 구원이라는 놀라운 은혜를 경험하도록 이끌어 주는 것이다.

● 2. 회개는 돌이키는 것이다.

어릴 때 집에서 기르던 애완견이 어느 날 갑자기 집을 나가 버린 적이 있었다. 집을 뛰쳐나간 애완견을 찾아 정신 없이 울면서 동네를 헤매고 다녔지만 결국 찾지 못했다. 며칠이 지난 어느 날 집에 와 보니 집을 나간 녀석이 돌아와 있는 것이 아닌가. 그때 애완견을 되찾은 기쁨은 말로 다 할 수 없었던 기억이 있다.

누가복음 15장에 잃은 양을 찾은 목자에 관한 비유의 말씀이 나온다. 어떤 사람이 양 백 마리가 있는데 그중 하나를 잃었을 때, 그리고 그 한 마리를 다시 찾았을 때의 기쁨에 대하여 말씀한다. 그러면서 죄인 한 사람이 회개하면 하늘은 그로 인해 기뻐함을 비유하여 말씀하셨던 것이다. 회개는 죄로부터 돌이켜 하나님께로 다시 되돌아가는 "돌이킴"이다. 하나님은 죄인이 회개할 때 마다 하늘이 기뻐한다고 말씀한다. 회개를 통해 하나님께 돌이키는 것은 하나님을 기쁘시게 하는 행위가 된다. 세상을 향했던 마음을 하나님께로 돌이키는 것이고, 세상을 바라봤던 눈을 하나님께로 향하는 것이다. 죄악으로 인해 부정했던 나의 입술이 하나님을 찬양하는 입술로 바꾸는 것이고, 하나님을 향해 의심으로 가득했던 나의 부정적 성향이 하나님 나라 소망과 믿음으로 가득 채워진 충만함으로 바뀌어지는 것이다. 이사야 선지자 역시 백성들을 향해 하나님께 되돌아가는 "돌이킴"에 관하여 선포한다.

> "악인은 그 길을, 불의한 자는 그 생각을 버리고 여호와께로 돌아오라 그리하면 그가 긍휼히 여기시리라 우리 하나님께로 돌아오라 그가 널리 용서하시리라" (사 55: 7)

죄악된 우리의 모습에도 불구하고 하나님은 여전히 우리에게 긍휼과 용서라는 기회의 문을 열어놓으셨다. 그래서 죄인된 우리가 하나님께로 돌이키는 것에 주저할 이유가 전혀 없다. 예전에 어느 사람에게 여러 번 복음을 제시했던 적이 있다. 하지만 그는 복음을 결국 받아들이지 않았다. 그의 대답은 자신의 죄가 너무 많아 교회에 갈 수가 없다는 것이었다. 그래서 하나님이 용서해 주지 않을 것이라고 말하는 것이다. 과연 그 사람이 하나님에 대하여 제대로 알고 대답한 것이었을까? 전혀 그렇지 않다. 내가 그의 대답을 들었을 때 든 생각은 오히려 하나님을 무시하는 그의 교만함이 보였다는 사실이었다. 자신의 죄가 너무 많아서 교회에 갈 수 없다는 대답은 결국 하나님이 죄를 용서할 만한 존재이고 능력이 있는지에 대한 그의 의심 때문이었다. 그리고 자신의 죄에 대하여 인정하고 고백하기를 내키지 않는 모습이었다. 돌이킴에도 기회가 있고 때가 있다. 지금도 늦지 않다. 여전히 하나님과 멀어진 죄악에 익숙하고 가까운 모습이라면 지금 당장 방향을 바꾸어야 한다. 죄악으로부터 돌이켜 하나님께로 즉시 나아가는 것이다. 그럼 그 순간 하나님의 용서와 긍휼, 그리고 은혜를 경험하게 되기 때문이다.

회개가 먼저 하나님께로 돌이키는 것이라면 둘째, 회개는 말씀으로 돌아가는 회복의 운동이라 할 수 있다. 열왕기하 22장을 살펴보면 남유다의 왕 요시야에 관한 내용이 나온다. 그는 8세의 어린 나이에 유다의 왕이 되었고, 어린 나이임에도 불구하고 그는 하나님의 시선을 의식하며 살았던 것을 보게 된다. 하나님 보시기에 정직하게 행하기 위해 살았기 때문이다. 요시야왕은 어느 날 훼손된 성전을 보수할 것을 명령한다. 그리고 성전을 수리하는 과정에서 율법책을 발견하게 된다. 발견한 율법책의 말씀을 듣고 난 왕은 곧 참담함을 느끼고 옷을 찢었다고 한다. 하나님 말씀을 듣자 왕의 마음에 즉각 회개가 일어난 것이었다. 마음에 회개가 일어난 요시야는 이제 백성들에게 하나님의 말씀을 들려준다. 그리고 이를 통해 당시에 존재한 우상과 모든 산당을 파괴한다. 요시야가 일으킨 개혁은 우상을 제거함과 동시에 그동안 더럽혀진 하나님의 성전을 다시 고쳐 세운다. 요시야의 회개는 자신뿐만 아니라 온 국민이 하나님의 말씀을 듣고 회개가 일어나는 전 국가적 회개의 운동이 되어졌다.

요시야의 종교개혁을 통해 알게 되는 것은 회개는 결국 '기본으로 돌아가는 것'임을 보게 된다. 인간이 기본으로 돌아가는 것은 바로 하나님께로 가는 것이다. 인간은 하나님의 형상으로 지음 받고 하나님의 다스림을 받는 존재이기 때문이다.

● 3. 회개는 나를 겸손하게 만드는 것

회개는 자신의 죄악을 깨닫고 이를 통해 하나님 앞에 죄인의 모습, 겸손한 마음으로 나아가는 것이다. 아담과 하와는 죄를 지음으로 인하여 하나님으로부터 숨어 버렸다. 죄로 인해 하나님 앞에 부끄러움과 수치를 느끼게 되었기 때문이다. 내 속에 있는 죄는 하나님 앞에서나 사람 앞에 떳떳하지 못하도록 만든다. 죄는 우리를 움츠러들게 한다.

하나님은 그의 앞에 겸손히 나오는 회개한 자녀의 모습을 기뻐하시고 죄로 인해 하나님과 끊어진 관계를 화목케 하시기 원하셨다. 이를 위해 하나님은 예수를 이 땅에 보내야만 했다. 죄의 문제를 해결하고 다시 하나님과 화목케 하기 위해 예수 그리스도를 십자가에 달리도록 하셔야만 했던 것이다. 죄 없으신 예수께서 죄 많은 우리를 대신하여 그의 생명으로 인간의 죄값을 지불하셨다. 죄 없으신 예수께서 십자가에 달리심은 겸손함의 궁극적 표본이다. 죄 많은 인간을 위해 가장 부끄러운 십자가라는 형벌을 허락하신 것은 예수께서 스스로 낮아지는 겸손함을 받아들이셨기 때문이다.

겸손할 때 하나님과 화해할 수 있다. 인간이 하나님 앞에 엎드러지지 않는 이유가 있다면 그것은 겸손하지 못해서이다. 나의 고집과 교만이 있기 때문이다. 이로 인해 스스로 자신의 죄를 인정하지 않는다. 죄인임을 인정하지 않는 모습은 교만의 모습이다. 교만은 목을 곧게 한다. 죄를 지은 백성이 하나님 앞에 엎드러지지 않는 것은 교만함에 목이 곧기 때문이다. 하지만 회개는 스스로 죄인임을 자각하게 만듦으로 인하여 겸손함을 통해 하나님 앞에 엎드러지도록 만들어 준다. 즉, 회개는 굳은 마음을 유연하게 해 주는 것이다. 회개를 통해 겸손함을 입은 사람은 죄를 인정하고, 그로 인해 다시 살아갈 방향의 전환을 맞이하게 된다.

자신의 죄를 깨닫지 못한 사람은 하나님 앞에 겸손히 나아갈 수 없다. 오히려 자신의 죄악된 모습을 자랑으로 보이려는 인생이 될 수 있다. 고린도전서 1:27-29은 이 모습에 관해서 말씀한다.

"하나님께서 세상의 미련한 것들을 택하사 지혜있는 자들을 부끄럽게 하려 하시고 세상의 약한 것들을 택하사 강한 것들을 부끄럽게 하려 하시며 하나님께서 세상의 천한 것들과 멸시받는 것들과 없는 것들을 택하사 있는 것들을 폐하려 하시나니 이는 아무 육체도 하나님 앞에 자랑하지 못하게 하려 하심이라"

인간의 교만은 미련한 모습의 표본이다. 헛된 교만은 인간을 부끄럽게 만든다. 죄가 인간을 부끄럽고 수치스럽게 만드는 것과 같다. 하지만 하나님의 겸손은 지혜와 영광스러운 자랑의 모습이다. 회개는 자신의 죄를 깨닫고 하나님 앞에 낮아지는 모습이다. 우리가 하나님 앞에 낮아짐의 모습으로 나아갈 때 하나님은 그 모습을 통해 하나님의 일하심을 세상에 나타내신다. 즉, 하나님의 위대하심이 우리의 낮아짐을 통해 세상 가운데 비추어지는 것이다.

● 4. 회개는 죄악의 무게를 느끼는 것이다

고대 그리스 신화 속에는 시지프스라는 인물이 나온다. 시지프스는 고대 그리스 코린트의 왕이었다. 하지만 그는 그의 교활함으로 인해 신들의 노여움을 사게 되고 지독한 형벌을 받게 된다. 그가 받은 형벌은 영원히 바위를 산꼭대기로 굴려 올리는 것이었다. 끊임없이 반복된 지독한 형벌은 그에게 죄의 무거움과 의미 없이 반복되는 고통을 줄 뿐이었다. 회개는 죄악의 무게를 느끼는 것이라 할 수 있다. 죄가 가져다 주는 반복된 고통과 무게를 느끼는 것이다. 그래서 이 고통을 멈추게 해 줄 절대적인 존재를 찾아가도록 만들어 준다. 성경은 죄악의 무게를 느낀 자가 누구를 찾아가야 하는지에 관해서 말씀한다.

"수고하고 무거운 짐진 자들아 다 내게로 오라 내가 너희를 쉬게 하리라 나는 마음이 온유하고 겸손하니 나의 멍에를 메고 내게 배우라 그리하면 너희 마음이 쉼을 얻으리니 이는 내 멍에는 쉽고 내 짐은 가벼움이라 하시니라"(마 11:28-30)

예수님은 죄악 가운데 있는 자들을 초대하신다. 그리고 그 초대에 응한 사람들은 쉼을 얻을 것이라 말씀한다. 사람들은 세상 살아가면서 많은 죄의 무거움 속에서 살아가고 있다.

혹시 등산을 해 보았는가? 나는 가끔 집 근처 산으로 등산을 다녀오곤 한다. 등산을 가는 날에는 아침부터 준비할 것이 많다. 마실 물을 준비하고, 땀을 닦아 줄 수건, 혹시라도 배고프면 먹을 약간의 음식, 비라도 오면 어쩔까 우산도 챙겨야 한다. 햇볕이 뜨거울 수 있으니 모자도 써야 하고, 위험상황에 대비한 비상약과 간단한 도구들 등 필요한 물건들을 가방에 넣다 보면 벌써 한 짐 가득 가방이 채워지게 된다. 그리고 무거운 가방을 등에 짊어지고 산을 향해 집을 나선다.

산에 도착하여 어느 정도 산을 오르다 보면 어느새 가방의 무게가 허리를 짓눌러 잠시 쉬어 가야만 한다. 쉬는 동안 이런 생각이 든다. '괜히 가방에 이것저것 다 집어넣었네. 너무 가방이 무겁잖아.' 후회가 밀려든다. 하지만 후회해도 이미 늦었다. 그저 빨리 등산을 마치고 산을 내려가는 것만 생각하게 된다. 세상을 살아가면서 우리가 등에 짊어지고 살아가는 죄악의 무게가 이와 비슷하다. 엄청난 짐을 등에 짊어지고 살고 있는 것이다. 무거움에 무거움이 더해져 삶이 점차 고통 가운데 머무름에도 불구하고 세상에서 짊어진 짐을 내려놓지 못한다. 그렇다고 딱히 내려 놓을 방법을 알고 있지도 않다. 그저 죽을 때까지 죄악의 짐을 짊어지다가 죽음을 맞이할 수도 있다. 그런데 성경은 예수님이 바로 그 짐을 내려놓도록 만드시는 분이라고 말씀한다.

예수는 우리의 짐을 가볍게 해 주신다. 예수께 무거운 짐을 내어 드릴 때 우리 인생의 발걸음이 가벼워진다. 예수께서 대신 짊어져 주셨기 때문이다. 이제 예수께서 우리의 무거운 죄악의 짐을 짊어지시고 대신 새로운 가방을 주신다. 회개하고 예수를 만난 사람들은 이 가방을 메고 하나님 나라의 영생의 길을 걸어가게 된다. 이 가방은 복음이라는 가방이다. 그리고 하나님 나라를 끝까지 걸어갈 수 있도록 도움을 주는 짐이다. 가방을 열어 짐을 살펴보면 하나님이 채워 넣으신 의의 열매로 가득하다.

"오직 성령의 열매는 사랑과 희락과 화평과 오래 참음과 자비와 양선과 충성과 절제니 이같은 것을 금지할 법이 없느니라"(갈 5:22-23)

하나님이 채워 주시고 맡기신 짐은 가벼운 짐이다. 그리고 이 짐은 세상과 나눌 수 있는 성령의 열매이다. 성령의 열매는 나눌수록 가벼워진다. 그리고 하나님은 나누어 준 만큼 다시 그가 채워 주시는 은혜를 더하여 주신다는 사실이다. 회개를 통해 짊어지고 있는 무거운 짐을 주님께 내려놓고 내어 맡겨야 한다. 우리의 무거운 짐을 가볍게 해 주실 능력과 은혜가 그분께 있기 때문이다.

● 5. 회개는 중단할 줄 아는 능력이다

죄의 유혹은 마치 브레이크가 망가져 폭주하는 기차의 모습과도 같다. 브레이크가 망가진 기차의 모습과 그 상황을 상상해 보았는가? 브레이크가 망가져 폭주하는 기관차를 멈출 방법은 없다. 선로를 끊어 버리든지, 속도가 줄어들어 멈출 때까지 기다리는 수밖에 없게 된다. 아니면 폭주하는 기관차를 멈춰 세울 특별히 강력한 힘이 필요할 뿐이다. 인간이 죄악에 치우친 모습이 이와 같다. 마치 폭주하는 기관차처럼 죄악에 빠져 멈출 수 없는 것이다. 도박 중독자가 도박에 빠지면 쉽게 끊을 수 없듯이 인간의 죄성 또한 마찬가지다. 중독된 것처럼 빠져나올 수 없기에 '죄악에 빠졌다'고 표현하지 않는가! 자신의 힘으로는 도저히 빠져나올 수 없는 구덩이다. 죄악의 구덩이에서 건져 줄 누군가의 도움과 힘이 반드시 필요하다.

구약성경에 나오는 이스라엘 백성의 모습을 살펴보면 한 가지 흥미로운 것을 발견하게 되는데 그것은 바로 "원망"하는 모습이다. 나는 출애굽기를 읽다가 어느 순간 펜을 들었다. 그리고 "원망"이라는 단어가 얼마나 자주 나오는지 동그라미로 표시를 해 보았다. 성경을 읽어갈수록 원망이라는 단어가 계속 반복해서 나왔다. 문득 생각이 든다. '이스라엘 백성들은 왜 그렇게 하나님을 향해 원망하는 모습으로 살았던 것일까?'

하나님은 애굽의 종살이하던 이스라엘 백성을 해방시키고 그들을 가나안 땅으로 이끌 지도자로 모세를 세우신다. 그리고 모세의 지도를 따라 이스라엘 백성은 하나님 약속하신 땅 "가나안"을 향해 광야의 행진을 한다. 모세를 따르던 백성들의 모습은 처음에는 괜찮아 보였다. 그럴만한 이유가 있었는데 그것은 하나님의 놀라운 기적과 일하심을 그들이 직접 보고 경험했기 때문이었다. 하나님의 기적을 본 그 순간에 이스라엘 백성들은 목자의 음성을 순순히 따라가는 순한 양의 모습과도 같았다. 하지만 점차 광야생활의 여러 가지 불편한 환경을 만나면서 그들의 모습은 변하게 되었다. 묵묵히 따르는 순한 양의 모습이 아닌 배고픔에 울부짖는 사자와 같았기 때문이다.

인간 죄성의 특징이 있다면 불평이 늘어날수록 죄성 역시 강도가 강해진다는 것이다. 이스라엘 백성의 원망은 시간이 갈수록 점차 강해졌다. 그리고 하나님을 무시하기까지 이르러 하나님이 아닌 그들의 죄악된 본성을 만족시켜 줄 우상을 스스로 만들기도 하였다.

"백성이 모세가 산에서 내려옴이 더딤을 보고 모여 백성이 아론에게 이르러 말하되 일어나라 우리를 위하여 우리를 인도할 신을 만들라 이 모세 곧 우리를 애굽 땅에서 인도하여 낸 사람은 어찌 되었는지 알지 못함이니라 아론이 그들에게 이르되 너희의 아내와 자녀의 귀에서 금 고리를 빼어 내게로 가져오라 모든 백성이 그 귀에서 금고리를 빼어 아론에게로 가져가매 아론이 그들의 손에서 금 고리를 받아 부어서 조각칼로 새겨 송아지 형상을 만드니 그들이 말하되 이스라엘아 이는 너희를 애굽 땅에서 인도하여 낸 너희의 신이로다 하는지라" (출 32:1-4)

브레이크가 고장 난 폭주기관차처럼 더 이상 멈출 수 없는 이스라엘의 죄악된 모습이 잘 느껴진다. 이런 이스라엘의 모습을 보고 하나님은 분노하셨고 그들을 이제 진멸하겠다고 말씀하신다.

"여호와께서 모세에게 이르시되 너는 내려가라 네가 애굽 땅에서 인도하여 낸 네 백성이 부패하였도다 그들이 내가 그들에게 명령한 길을 속히 떠나 자기를 위하여 송아지를 부어 만들고 그것을 예배하며 그것에게 제물을 드리며 말하기를 이스라엘아 이는 너희를 애굽 땅에서 인도하여 낸 너희 신이라 하였도다 여호와께서 또 모세에게 이르시되 내가 이 백성을 보니 목이 뻣뻣한 백성이로다 그런즉 내가 하는 대로 두라 내가 그들에게 진노하여 그들을 진멸하고 너를 큰 나라가 되게 하리라" (출 32:7-10)

하나님은 죄악으로 폭주하는 이스라엘 백성들을 멈추게 하셔야 했다. 그리고 죄악을 멈추기 위해 하나님은 그들을 진멸할 것을 말씀하신다. 하지만 모세는 백성들을 향한 하나님의 진노를 멈추어 주실 것을 간구하게 된다. 죄악에 빠진 이스라엘을 대표하여 모세가 하나님께 은혜의 구원하심을 간구하자 하나님은 백성들을 향한 진노를 돌이키셨다. 하나님은 이스라엘 백성을 대표하여 하나님께 회개로 간구한 모세의 기도를 들어 주셨던 것이다.

회개는 멈추는 능력이 있다. 폭주하는 인간의 죄악을 멈추게 한다. 그리고 백성들을 향한 하나님의 진노를 멈추게 할 수도 있다. 그래서 하나님은 죄악에 물든 백성들을 향해 언제나 회개할 것을 말씀하셨다는 사실이다. 이를 위해 하나님은 그토록 많은 선지자들을 이스라엘 백성에게 보내서 회개의 말씀을 선포하도록 하셔야만 했다. 여전히 폭주기관차 같은 백성들의 죄악이 멈출 기미를 보이지 않자 결국 하나님은 그의 독생자 예수 그리스도까지 이 땅에 보내시게 되었다. 그리고 구원자로 오신 예수는 이 땅에 하나님 나라를 선포함과 동시에 사람들을 향해 외치셨다.

> "이 때부터 예수께서 비로소 전파하여 이르시되 회개하라 천국이 가까이 왔느니라 하시더라"(마 4:17)

죄많은 이 세상을 살아가는 사람들을 향해 "회개하라" 말씀하신 예수님의 하나님 나라 선포는 폭주하는 기관차와 같은 우리의 죄악을 멈추도록 하는 브레이크와 같다. 하나님 나라를 살아가기 위해 우리는 회개를 통해 죄악으로 달려가던 발걸음을 멈춰야만 한다. 죄악된 방향에서 이제는 멈추고 하나님 나라의 영광된 삶의 방향을 향해 달려가는 것이다. 여전히 세상을 향해 폭주하는 기관차처럼 살아가고 있다면 즉시 온전한 회개를 통해 하나님께 나아가야만 한다. 하나님만이 멈추실 수 있기 때문이다.

기도에 관하여

기도에 관하여 어떻게 생각하는가? 당신은 기도가 쉽다고 생각하는가 아니면 어렵다고 생각하는가? 어떤 사람은 기도를 잘하고 싶다는 말도 한다. 그럼 어떻게 해야 기도가 쉬워지고, 또 어떻게 해야 기도를 잘하는 것일까?

기도는 신앙에 있어서 그만큼 중요한 역할을 하기 때문에 사람들은 기도에 관하여 관심을 기울이게 된다. 먼저 기도가 쉬운가 어려운가에 관한 답변으로 '기도는 어렵기도 하고 쉽기도 하다'는 것이다. 믿음이 없어 절대자를 의지하지 못하고 내 중심으로 살아가는 사람한테 있어서 기도는 그다지 필요치 않다. 믿음이 없이 누군가를 의지하여 기도한다는 것은 결코 쉽지 않다. 왜냐하면 자신만 바라보며 자신에게 기대는 삶을 살기 때문이고, 믿음이 없어 기도를 드릴 대상이 없기 때문이다. 혹시 자신을 너무 신뢰해서 자신에게 기도하는 사람이 있는가? 그렇지 않을 것이다. 자신에게는 다짐할 뿐이지 기도하는 사람은 없다.

반면 하나님 나라를 살아가는 사람에게 있어서 기도는 어떠할까? 그들에게 있어 기도는 절대적으로 필요한 것이고 하나님을 믿는 믿음에 기반해서 드리는 기도는 쉬워진다. 먼저 기도할 대상이 있기 때문이고 하나님을 절대적으로 신뢰하기 때문이다. 또한 하나님이 기도를 듣고 계시고 실행하실 능력이 있으심을 믿기 때문에 그분께 기도할 수 있는 것이다.

그럼 우리는 기도를 어떻게 해야 할 것인가? 기도가 어떤 것인지에 대하여 배워야 한다. 우선적으로 기도는 하나님과 소통하는 대화이다. 허공을 향해 그저 막연히 내 생각을 외치고 푸념하는 행위가 아닌 우리의 세밀한 음성까지도 들어 주시는 하나님이 계심을 믿고 그분과 대화를 나누는 것이다. 따라서 기도에 대한 '대상이 누구인가'에 대한 명확한 인식이 필요하다. 성도에게 있어 기도의 대상은 하나님이시다. 우리가 대화하는 분이 하나님이심을 인식할 때 기도의 자세는 달라진다. 대화에 있어서 '상대가 누구인가'에 따라 말투와 행동이 달라진다. 어린 아이에게는 어린 아이와 소통이 가능한 대화 방식으로 대화를 하게 되고, 부모님과 대화를 나눌 때는 부모와 자녀의 관계로 대화방식을 선택하게 되는 것처럼 하나님을 대화의 상대로 인식한 기도는 그분께 초점을 맞추어 대화의 방식을 선택해야 한다.

　대화를 나누는 데 있어 중요한 것은 '어떤 대화의 자세를 취할 것인가' 그리고 '효과적인 대화는 어떻게 나누는가'에 대해 생각해 보는 것이다. 예를 들어 상대방의 의견을 무시하고 자신의 생각과 의견을 말하는 것에만 집중한다면 올바른 대화가 이루어지지 않는다. 또한 무엇을 말하고 있는지 애매한 말만 되풀이하는 것도 좋은 대화방식이 아니게 된다. 효과적인 대화는 먼저 상대방에게 관심을 주는 대화 방식이라 할 수 있다. 상대에게 관심을 주기 위해서는 상대의 말을 경청하는 자세가 필요하다. 또한 상대에게 관심이 있다면 상대방에 대해 미리 알고 대화에 참여하는 것도 좋은 방법이 된다. 기도 역시 마찬가지로 하나님이 어떤 분인지 먼저 알고 기도를 드려야 한다. 그리고 하나님에 대한 나의 시선과 관심을 증폭시키기 위해 하나님의 뜻과 음성에 귀를 기울이는 자세를 가져야 한다.

둘째, 효과적인 대화에 있어 또 다른 자세는 상대에게 질문을 자주 던지는 것이다. 서로에 대한 질문은 상대를 알아가기 쉽도록 도움을 준다. 성경을 보면 예수님은 단순히 사람들을 가르치기만 하지 않으셨다. 대신 예수님은 질문을 많이 하셨던 것을 보게 된다. "너희는 나를 누구라 하느냐", "누가 염려함으로 그 키를 한 자라도 더할 수 있겠느냐", "하늘에 계신 너희 아버지께서 구하는 자에게 좋은 것으로 주시지 않겠느냐" 등 예수님은 우리 일상에 관하여 하나님 나라 신앙으로 생각할 수 있는 질문을 많이 던져 주셨다. 질문을 통해 예수님 역시 우리의 생각과 뜻을 알아가시고 공감하셨던 분이심을 알게 된다.

셋째, 효과적인 대화는 편안함이 있는 대화이다. 편안한 심리상태는 대화가 자연스럽고 깊이 있는 대화가 이루어질 수 있도록 이끌어 준다. 하나님께 드리는 기도 역시 편안함 가운데 이루어진다. 하나님은 우리와 언제나 화목한 관계, 즉 샬롬(평화)을 이루시는 분이기 때문이다. 하나님께 기도 드릴 때 하나님의 샬롬을 통해 영혼은 쉼을 얻게 된다. 우리의 간구를 들으시고 영혼의 짐을 가볍게 해주시기 때문이다.

"수고하고 무거운 짐 진 자들아 다 내게로 오라 내가 너희를 쉬게 하리라 나는 마음이 온유하고 겸손하니 나의 멍에를 메고 내게 배우라 그리하면 너희 마음이 쉼을 얻으리니 이는 내 멍에는 쉽고 내 짐은 가벼움이라 하시더라" (마 11:28-30)

예수께 나아오라 말씀한다. 그리고 예수께 나온 영혼은 마음의 쉼을 얻게 된다고 한다. 따라서 우리는 하나님께 기도를 드려야 한다. 기도의 관계 속에 하나님 주시는 평안이 있기 때문이다.

넷째, 효과적인 대화는 정직함이 있는 대화이다. 의미 없고 진정성이 없는 대화는 결국에는 남는 것이 없다. 또한 상대의 호감을 얻기 위해 거짓으로 포장한 대화는 자신뿐만 아니라 상대방에게도 불편하고 무례한 행위가 되기도 한다. 기도에 있어서도 마찬가지다. 기도는 하나님 앞에 정직한 모습으로 나아가는 행위이다. 십자가에 달리시기 전 겟세마네 동산에서 드렸던 예수님의 기도를 살펴보면 예수님 역시 하나님께 정직한 감정과 모습으로 솔직함이 기반이 되었던 기도였음을 알게 된다.

> "내 마음이 심히 고민하여 죽게 되었으니 너희는 여기 머물러 깨어 있으라 하시고 조금 나아가사 땅에 엎드리어 될 수 있는 대로 이 때가 자기에게서 지나가기를 구하여 이르시되 아빠 아버지여 아버지께는 모든 것이 가능하오니 이 잔을 내게서 옮기시옵소서 그러나 나의 원대로 마시옵고 아버지의 원대로 하옵소서 하시고" (막 14:34-36)

예수님 역시 십자가에 달리시기 전 고민하여 죽게 될 정도의 극심한 정서적 고통과 아픔을 느끼셨고, 그 감정을 기도를 통해 하나님께 토로하였다. 예수님은 자신이 느꼈던 감정적 두려움을 숨기지 않으셨다. 우리는 기도하면서 때론 감정의 솔직함을 숨기고 기도할 때가 있다. 우는 것이 부끄러워 울지 못하고, 억울하고 슬픈 감정을 하나님 앞에 드러내는 것이 잘못된 것인 마냥 숨기며 기도할 때도 있다. 하지만, 숨기지 마라. 하나님 앞에 지금 느끼는 감정 그대로 가지고 가는 것이다. 그리고 그 감정의 변화와 조절까지도 하나님께 내어 맡기라. 하나님은 우리의 세밀한 감정적 부분까지도 살피시고 만져 주실 계획과 방법을 가지고 계시기 때문이다.

기도는 어떻게 할 것인가?

기도를 대화에 견주어 효과적인 기도의 대화방식에 관하여 살펴보았다. 이제 기도를 어떻게 해야 하는가 구체적인 방법에 관하여 알아보도록 하자.

● 1. 말씀을 통하여 기도하라

'어떤 기도를 드려야 할 것인가'에 관하여 물을 때 첫째, 기도는 하나님 말씀에 근거한 기도를 드리는 것이라 말할 수 있다. 하나님의 약속을 근거로 부르짖고 그 약속을 믿고 간구하는 것이다. 예를 들어 내게 닥친 현재의 문제가 해결되기를 원하는 기도를 드릴 때, 그렇다면 그 문제에 대하여 '하나님이 해결해 주셔야 할 근거는 과연 무엇일까' 먼저 생각을 해 볼 필요가 있다. 내가 현재 드리는 기도의 근거 또는 이유가 무엇인지 한번 질문해 보는 것이다. 만약 나의 세상적 정욕을 위한 간구라면 하나님의 뜻에 합당하지 않는 기도의 모습이 된다.

"너희가 얻지 못함은 구하지 아니하기 때문이요 구하여도 받지 못함은 정욕으로 쓰려고 잘못 구하기 때문이라" (약 4:2-3)

하지만, 그 간구가 하나님의 약속과 뜻에 근거한 것이라면 하나님은 그의 거룩한 섭리적 계획 가운데 이루어 가도록 하실 것이다. 따라서 기도 전에 필요한 것은 하나님의 약속과 뜻에 관하여 아는 것이다. 이를 위해 성경을 읽고 말씀을 듣고 기억하는 것이 중요하다. 말씀을 통해 하나님 나라를 묵상하며 그 말씀이 내 삶에도 이루어질 것을 믿고 약속을 바라볼 때 이 모든 것이 우리가 하나님께 드릴 기도의 근거가 되어지는 것이다.

또한 하나님의 약속에 근거한 기도를 드리기 위해서 나의 현재의 삶과 상황에 대한 성경적 해석이 필요하게 된다. 말씀에 근거하여 현재 내가 처한 환경을 성경적으로 해석하고 이해할 때 하나님께 무엇을 어떻게 구해야 할지 알 수 있기 때문이다. 따라서 말씀에 대한 깊은 묵상이 일상에서 자주 이루어져야 한다. 묵상의 훈련과 적용은 현재 내가 처한 삶의 환경을 하나님의 시각에서 해석할 수 있도록 도움을 주기 때문이다.

말씀에 근거하여 하나님께 기도를 드릴 수 있는 두 번째 이유는 하나님께서 우리에게 구하라 말씀하셨고, 주겠다 약속하셨기 때문이다.

"구하라 주실 것이요 찾으라 그리하면 찾아낼 것이요 문을 두드리라 그리하면 너희에게 열릴 것이니 구하는 이마다 받을 것이요 찾는 이는 찾아낼 것이요 두드리는 이에게는 열릴 것이니라 너희 중에 누가 아들이 떡을 달라 하는데 돌을 주며 생선을 달라 하는데 뱀을 줄 사람이 있겠느냐 너희가 악한 자라도 좋은 것으로 자식에게 줄 줄 알거든 하물며 하늘에 계신 너희 아버지께서 구하는 자에게 좋은 것으로 주시지 않겠느냐" (마 7:7-11)

하나님은 우리의 기도에 귀를 기울이고 계시다는 것을 알 수 있다. 이 말은 즉 하나님은 우리가 구하기 전에 이미 우리의 필요에 대해 잘 알고 계시다는 말과도 같다.

"… 구하기 전에 너희에게 있어야 할 것을 하나님 너희 아버지께서 아시느니라" (마 6:8)

이미 우리의 필요를 알고 계신 하나님께 굳이 자신의 필요와 요구를 하나님께 이해시키기 위해 애쓰지 않아도 된다. 여호와 이레(준비하시는 하나님)께서 하나님 보시기에 가장 좋은 것으로 그 때를 예비해 놓으셨기 때문이다. 다만 우리가 기도로 구할 것은 하나님 나라의 "의"를 구할 때에 "이 모든 것"을 "더하여" 주시겠다 약속하셨음을 기억하는 것이다.

"그러므로 염려하여 이르기를 무엇을 먹을까 무엇을 마실까 무엇을 입을까 하지 말라 이는 다 이방인들이 구하는 것이라 너희 하늘 아버지께서 이 모든 것이 너희에게 있어야 할 줄을 아시느니라 그런즉 너희는 먼저 그의 나라와 그의 의를 구하라 그리하면 이 모든 것을 너희에게 더하시리라"

(마 6:31-33)

현재의 상황에서 기도가 이루어지지 않는 듯한 의심의 감정이 생길 때 이 말씀을 기억하라. "먼저 그의 나라와 의를 구하라" 그리하면 이 모든 것, 즉, 나의 절실한 필요, 건강, 물질, 환경, 생각, 지식까지도 하나님이 주실 것이라는 약속이다. 이것을 알게 될 때 우리는 현재 무엇을 하나님께 구하며 기도해야 할 지 기도의 우선순위가 무엇인지 알게 될 것이다.

● 2. 믿음에 근거한 기도

당신은 왜 하나님께 기도를 드리는가? 그 이유는 당신의 마음과 음성을 알고 계시고 들으시는 분이 바로 하나님이심을 믿기 때문이며 하나님의 능력을 믿고 그를 신뢰하기 때문이다. 만약 하나님이 우리의 기도를 들어주지 않고, 능력이 없고 신뢰할 수 없는 존재라면 굳이 그에게 기도를 드려야 할 필요가 있을까? 그렇지 않을 것이다. 그런 존재에게 아무리 간청한들 그 일은 이루어지지 않기 때문이다. 따라서 기도를 한다는 것은 기도 대상의 존재에 대한 믿음이 근거가 되어진다.

예수께서는 의심하지 않고 구하는 믿음을 가지고 기도할 것을 말씀하셨다.

> "누구든지 이 산더러 들리어 바다에 던져지라 하며 그 말하는 것이 이루어질 줄 믿고 마음에 의심하지 아니하면 그대로 되리라 그러므로 내가 너희에게 말하노니 무엇이든지 기도하고 구하는 것은 받은 줄로 믿으라 그리하면 너희에게 그대로 되리라" (막 11:23)

때로는 기도한다면서 마음 한 켠에 의심이 자리잡고 있을 때가 있다. '과연 이 일이 이루어질 것인가', '하나님이 들어주실 것인가' 등에 관한 의심이 기도하는 중에도 생겨나기도 하기 때문이다. 기도하면서 의심이 동시에 일어나는 것은 과연 무슨 이유일까? 하나님의 능력을 의심하면서 기도해야 할 이유가 과연 있는 것일까?

은행에 가서 대출을 신청해 본 적이 있는가? 은행에서는 대출에 관한 까다로운 기준을 가지고 있다. 그럴 만도 한 것이 대출해 준 금액에 대하여 갚을 능력이 없는 사람에게는 결코 빌려줄 만한 이유가 없기 때문이다. 그래서 은행은 대출상환자의 능력과 신용도와 같은 정보들을 꼼꼼히 살피게 된다. 게다가 은행은 신용도가 높은 사람에게 더 많이 대출을 해 주기도 한다.

우리가 하나님께 드리는 기도 역시 믿음의 사이즈에 따라 기도의 크기도 달라지게 된다. 예수께서도 말씀하셨다. "누구든지 이 산더러 들리어 바다에 던져지라" 할 만한 믿음의 크기로 기도를 드리라고 하셨다. 이것은 바로 엄청난 믿음의 신뢰가 바탕이 된 기도에 관해 말씀하신 것이다. 내가 드리는 기도에 확신이 없다는 것은 기도의 대상인 하나님을 향한 확신이 없다는 것과 같다. 내가 하나님을 믿고 신뢰할 수 없으니 하나님께 드리는 기도 역시 그 크기와 확신이 작을 수밖에 없는 것이고, 그에 대한 의심이 커질 수밖에 없는 것이다. 그래서 결국 기도의 사이즈는 나의 믿음의 크기와 정비례한다. 나의 믿음이 커질수록 기도를 통한 소망 또한 커진다. 믿음의 확신이 있을수록 하나님께 드리는 기도 역시 확신 가운데 이루어지는 것이다.

나에게는 여섯 살 딸 아이가 있다. 아이는 호기심도 많고 에너지도 넘쳐난다. 그래서 어디 놀러 가자고 보채는 것도 많고, 사 달라고 하는 것도 참 많다. 만약이라도 원하는 것을 들어 주지 않으면 엄청나게 떼를 쓰며 울어 댄다. 그런데 생각을 해 보면 아이가 나에게 자기 주장을 하며 떼를 쓰며 울기까지 할 수 있는 근거는 무엇일까 하는 것이다. 그것은 바로 아빠라는 존재 때문이다. 사 줄 수 있는 존재임을 확신하기 때문이고, 자기가 그렇게 떼를 쓰고 요구하면 들어 줄 것을 알고 있기 때문이다. 분명히 아이는 아빠에 대한 믿음과 신뢰의 크기가 엄청나게 큰 것 같다. 보는 것마다 사 달라고 졸라대니 말이다. 우리 역시 때로는 어린 아이가 엄마 아빠에게 확신을 가지고 보채듯 그런 믿음과 확신이 있는 기도를 드릴 수 있어야 한다. 하나님은 우리의 아버지 되시고 우리의 필요와 간구를 들어 주실 만한 긍휼과 사랑이 있으시기 때문이다.

한 가지 더 살펴볼 것은 믿음에 근거한 기도는 기도자로 하여금 열정 넘치고 끈질긴 기도를 하도록 만들어 준다는 사실이다. 창세기 32장을 보면 야곱이 형 에서를 만나러 가는 장면이 나온다. 그는 형 에서를 만나기 위해 그의 모든 가족과 가축 떼까지 동행하여 함께 먼 길을 이동하는 중이었다. 야곱은 형 에서를 만나는 것에 두려움을 가지고 있었다. 그래서인지 가족들을 자신보다 앞서 보내고 (인간적으로 야곱의 이런 모습은 부끄러운 모습이기도 하다) 그는 홀로 "브니엘"이라는 곳에 남아 있었다. 그런데 하나님의 천사가 브니엘에 있는 야곱을 찾아왔다. 야곱은 하나님의 사람을 만나자 그를 끝까지 붙드는 모습을 보여준다.

"당신이 내게 축복하지 아니하면 가게 하지 아니하겠나이다."

'움켜쥐는 자'라는 의미를 가진 야곱의 이름처럼 끈질긴 그의 성향이 보인다. 결국 하나님의 사람은 야곱의 끈질김에 그의 요구를 승낙하여 그에게 축복을 해 주고 "이스라엘(하나님과 겨루어 이김)"이라는 새 이름까지 주게 된다. 그렇다. 믿음의 기도는 이런 열정과 끈질김이 있어야 한다. 몇 번 기도해 보고 '아니면 말고' 하는 식이 아니라 이루어질 때까지, 하나님의 계획을 보게 될 때까지 좌절하지 않고, 실망하지 않고, 의심하지 않고 끈질기게 하나님을 믿음으로 붙잡는 것이다. 조금 기도해 보고 상황의 변화가 어떻게 되고 있는지 요동하며 살피지 말라. 끝까지 의심하지 않고 믿음을 붙잡고 기도의 열정이 식지 않도록 힘을 쓰도록 하라. 의심하지 않고 믿음 붙잡고 인내하며 기도하면 결국 하나님의 뜻과 계획을 보게 되기 때문이다.

● 3. 성령이 도우시는 기도

로마서 8장 26-27절을 보면 우리가 기도할 때 성령께서 어떻게 도우시는지에 관해서 말씀한다.

"이와 같이 성령도 우리의 연약함을 도우시나니 우리는 마땅히 기도할 바를 알지 못하나 오직 성령이 말할 수 없는 탄식으로 우리를 위하여 친히 간구하시느니라 마음을 살피시는 이가 성령의 생각을 아시나니 이는 성령이 하나님의 뜻대로 성도를 위하여 간구하심이니라"

성령은 기도를 돕는 영이시다. 여기 "말할 수 없는 탄식으로 우리를 위하여 친히 간구"하신다고 한다. "말할 수 없는 탄식"이란 의미는 '말로 표현할 수 없는 신음'이란 뜻이다. 즉, 성령께서 온 힘을 다해 우리를 위해 힘써 중보하신다는 것이다. 기도를 하다 보면 기도할 힘조차 없을 때가 있다. 육신이 연약해서 기도하지 못하고, 마음이 죽어서 못하고, 믿음이 부족해서 기도하지 못하는 것이다. 이럴 때 우리가 구할 것은 바로 말씀처럼 성령의 도우심을 구하는 것이다. 그러면 성령이 우리의 기도를 도우시고, 또한 도울 자를 붙여 주시기 때문이다.

누가복음을 보면 예수께서 십자가에 달리시기 전 겟세마네 동산에 올라 간절히 기도하시는 장면이 나온다. 눈물이 핏방울로 변할 정도로 하나님을 향해 힘써 간절히 기도하셨던 모습이다. 예수께서도 십자가에 달리시기 전 두려움과 괴로움이 찾아왔다. 그 순간 기도의 자리로 올라가 하나님께 간구하셨다. 그러자 예수께서 힘쓰고 애써 간절히 기도하셨던 그때 하나님은 천사를 보내 그를 도우셨음을 보게 된다. 그래서 기도할 때 믿음과 동시에 성령의 도우심을 함께 구하는 기도를 드려야 한다. 기도는 하나님의 뜻이고, 이를 위해 하나님은 성령을 보내셔서 힘써 도우시기 때문이다.

● 4. 감정을 담아 기도하라

구약성경 사무엘상에는 아이를 가지지 못한 어느 여인의 기도에 관하여 나온다. 그녀의 이름은 "한나"이다. 성경 시대에는 여자에게 자식이 없다는 것은 죽은 삶과 같았다. 한나는 자식이 없어 고통 중에 있었다. 이에 여인은 하나님께 기도를 드린다.

"한나가 마음이 괴로워서 여호와께 기도하고 통곡하며 서원하여 이르되 만군의 여호와여 만일 주의 여종의 고통을 돌보시고 나를 기억하사 주의 여종을 잊지 아니하시고 주의 여종에게 아들을 주시면 내가 그의 평생에 그를 여호와께 드리고 삭도를 그의 머리에 대지 아니하겠나이다 …
나는 마음이 슬픈 여자라 포도주나 독주를 마신 것이 아니요 여호와 앞
에 내 심정을 통한 것뿐이오니 당신의 여종을 악한 여자로 여기지 마옵
소서 내가 지금까지 말한 것은 나의 원통함과 격분됨이 많기 때문이니이
다 하는지라" (삼상 1:10-16)

한나의 여러 감정적 모습이 드러나고 있다. 슬픔에 눈물 흘리고, 자
식 없는 것에 대한 주위의 시선과 질책에 원망함과 격분됨을 가지고
있었다. 하지만 한나는 그 감정 그대로 하나님께 가지고 갔다. 하나님
께 모든 감정을 쏟아내고 간절히 기도한 결과, 그녀는 사무엘이라는
이스라엘을 이끌어갈 선지자의 어머니가 되는 영광을 누렸다.

　기도는 하나님을 향해 내 뜻을 발표하거나 선포하는 것이 아니다.
기도는 하나님께 나를 드러내는 것이다. 그래서 기도할 때 장황한 말
은 필요가 없다. 어떤 사람은 장황한 표현을 쓰면서 마치 발표하고 연
설하듯 기도한다. 하지만 그렇게 해서는 안 된다. 기도를 듣는 대상은
하나님이시기 때문이다. 하나님이 들으시는 대화로 우리는 기도를 해
야 한다. 때론 화난 감정에 기도할 수도 있다. 슬픈 감정에 기도할 수
도 있고, 부끄럽고 참담한 심정으로 하나님께 아무 소리도 낼 수 없
는 기도를 드릴 때도 있다. 감사와 찬양으로 기도를 드릴 때도 있고,
믿음의 다짐으로 선포하며 기도 드릴 때도 있다. 이 모든 기도의 모습
에 있어서 중요한 것은 솔직한 감정으로 하나님께 나아가는 것이다.

　상대방과 대화하면서 힘들었던 순간은 상대방이 마치 감정이 없는
로봇처럼 무감정한 모습으로 대화에 임했던 때였다. 마치 벽에 대하

여 이야기하는 것 같은 모습이었고 내가 하는 말이 계속 튕겨져 나오는 것을 경험했다. 하나님 역시 우리가 드리는 기도의 모습이 마치 로봇처럼 습관적이거나, 무감정한 모습으로 기도의 대화에 참여하는 것을 원하지 않으실 것이다. 왜냐하면 하나님 역시 인간의 감정에 대하여 예민하게 관찰하시기 때문이다.

"내가 네 행위를 아노니 네가 차지도 아니하고 뜨겁지도 아니하도다 네가 차든지 뜨겁든지 하기를 원하노라 네가 이같이 미지근하여 뜨겁지도 아니하고 차지도 아니하니 내 입에서 너를 토하여 버리리라 네가 말하기를 나는 부자라 부요하여 부족한 것이 없다 하나 네 곤고한 것과 가련한 것과 가난한 것과 눈 먼 것과 벌거벗은 것을 알지 못하는도다 내가 너를 권하노니 내게서 불로 연단한 금을 사서 부요하게 하고 흰옷을 사서 입어 벌거벗은 수치를 보이지 않게 하고 안약을 사서 눈에 발라 보게 하라 무릇 내가 사랑하는 자를 책망하여 징계하노니 그러므로 네가 열심을 내라 회개하라"(계 3:15-19)

요한계시록에 나오는 일곱 교회 중 라오디게아 교회를 향한 말씀이다. 무감각한 신앙은 우리를 하나님 앞에 위선적인 모습으로 서도록 만든다. 당신의 기도가 혹시 무감정한 기도는 아닌가 살피기 바란다. 솔직한 감정으로 기도의 자리로 나아가라. 하나님은 여전히 세심하게 우리의 감정을 살피시기 때문이다.

● 5. 기도를 확장시켜라

교회 공동체 생활을 하다 보면 사람들이 자주 약속하는 것이 있다. "기도하겠습니다"라는 것이다. 교우 중에 혹시라도 누군가에게 문제가 있음을 알게 되거나 기도의 요청이 있을 때 "기도하겠습니다"라고 대답할 때가 많다. 난 목사로 살아가면서 기도의 요청을 많이 받는다. "목사님 우리 사업장을 위해 기도해 주세요", "목사님 건강을 위해 기도해 주세요" 등 개인의 문제와 기도제목을 가지고 와서 목사인 내게 기도를 요청한다. 어느 날 어느 집사님의 기도 요청을 받았었다. 그런데 그 집사님의 기도 부탁을 받았던 것을 까마득히 잊어버리고 기도의 자리에 나와 나의 문제점만 하나님 앞에 부르짖고 기도하는 내 모습을 발견했다. "기도하겠습니다"라는 나의 대답은 인사치레와 같았던 것이다. 순간 회개하며 떠올렸다. '아, 상대방은 갈급한 심정으로 기도 요청을 한 것인데… 나는 그것에 대해서 무심하게 생각했구나. 이제부터 기도 요청을 받은 그 자리, 그 순간, 즉시 기도해야겠다.' 이후 기도 요청을 받는 즉시 그 자리에서 기도한다. 그리고 그분을 마주칠 때마다 기도제목을 떠올리며 또 기도하게 된다.

우리의 많은 기도가 나의 개인적인 문제나 상황만을 하나님께 말씀드리기 급급한 경우가 많게 된다. 이럴 경우 기도의 영역이 굉장히 제한적이고 좁아지게 된다. '나의 것'만을 생각하며 드리는 기도는 좁은 어항 속에 갇혀 사는 비단잉어 코이(Koi)와도 같다. 비단잉어는 어떤 환경에서 자라는가에 따라 크기가 10cm~1m까지 다양하게 자랄 수 있다고 한다. 같은 물고기지만 어항에서 기르면 피라미 사이즈밖에 크지 못하고, 강물에 놓아두면 대어가 되는 모습에서 "코이의 법칙(Koi's

Law)"이라는 이론이 나오게 되었다. 환경이나 주변에 의해 인간의 성장은 무한대가 될 수도 있고, 아니면 스스로 한계를 정해서 그 이상 성장하지 못한다는 법칙이다. 기도 역시 마찬가지다. 내가 어떤 생각을 품고 기도를 하는가에 따라 기도의 범위가 달라지게 된다. 그래서 '나의 것'만을 생각하는 사람의 기도는 굉장히 범위가 좁은 반면, 하나님의 말씀을 기억하며 드리는 기도는 '하나님의 나라와 의'를 생각하는 무한한 범주의 기도를 드릴 수 있게 된다. 나의 기도가 좁다는 것은 결국 내가 바라보는 생각과 시선이 좁다는 것과 같다. 나 이외에 다른 것들을 생각할 겨를이 없는 모습이기 때문이다. 사도 바울 역시 자신의 기도의 지경을 넓히기 위해 힘썼던 모습을 보게 된다.

> "그러므로 내가 첫째로 권하노니 모든 사람을 위하여 간구와 기도와 도고와 감사를 하되 임금들과 높은 지위에 있는 모든 사람을 위하여 하라 이는 우리가 모든 경건과 단정함으로 고요하고 평안한 생활을 하려 함이라 이것이 우리 구주 하나님 앞에 선하고 받으실 만한 것이니 하나님은 모든 사람이 구원을 받으며 진리를 아는 데에 이르기를 원하시느니라"
>
> (딤전 2:1–4)

바울이 디모데에게 기도에 관하여 말할 때 네 자신을 위해서 먼저 기도하라 말하지 않았다. 대신 "모든 사람을 위하여" 기도할 것을 첫째로 가르쳤다. 이 모습은 에베소 사람들을 향해 기도에 대하여 말할 때도 동일한 가르침을 주었던 것을 보게 된다.

"모든 기도와 간구를 하되 항상 성령 안에서 기도하고 이를 위하여 깨어 구하기를 항상 힘쓰며 여러 성도를 위하여 구하라" (엡 6:18)

모든 사람을 위해 기도한다는 것은 결코 쉬운 일이 아니다. 사실 나 자신만을 놓고 기도하는 것조차도 때론 어렵기 때문이다. 하지만 기도의 범위를 넓혀야 하는 이유는 하나님의 뜻임과 동시에 그만큼 하나님이 일하시는 범위도 커지게 되기 때문이다. 국가를 위한 기도는 하나님께서 국가를 위한 크기만큼 일하시게 된다. 온 세상 열방을 위한 기도는 온 세계를 향해 하나님이 일하게 되는 것이다. 그렇다면 이제 우리는 어떤 범위만큼 기도를 해야 하겠는가? 시편 81:10에서 말씀한다.

"네 입을 넓게 열라 내가 채우리라"

믿음의 사이즈가 클수록 그만큼 하나님께서 크게 채워 주신다는 약속이다. 이제 우리가 기도를 왜 확장시켜 드려야 하는지에 대하여 알겠는가? 이제부터 어떤 범위의 기도를 드리려 하는가? 여전히 나 자신만 대상으로 놓고 하나님께 드리는 기도이겠는가? 나뿐만 아니라 이웃, 그리고 온 열방까지 품을 수 있는 기도이겠는가? 기도를 확장시켜라. 나의 믿음의 기도의 크기만큼 넘치도록 일하시는 하나님의 놀라운 은혜를 경험하게 될 것이다.

미로탈출 5

Q. 당신은 하나님 앞에 어떤 회개의 모습으로 나아갔습니까?

Q. 회개를 통해 자신이 느낀 하나님의 용서와 긍휼, 사랑과 회복, 또
는 어떤 은혜를 받았는지 생각해 보세요.

Q. 회개 이후의 당신의 삶의 변화가 있었다면 어떤 변화였는지 함께
나누어 보세요.

Q. 당신은 하나님 앞에 어떤 기도를 드리고 있는지 여러분의 기도의
내용에 관하여 한번 적어 보세요.

06

믿음의 힘

그리스도인은 스스로 이런 질문을 해 본다.

'과연 나는 어떤 믿음을 가지고 있는가?'
'내가 믿음이 있다면 그것은 과연 올바른 믿음인가?'
'믿음은 어디에서부터 오는 것인가?'

사람들은 자신이 가진 믿음에 관해 궁금증을 가지게 된다. 특별히 성경은 믿음에 관하여 자주 말씀한다.

믿음이란 과연 무엇일까? 믿음은 '신념(信念)'으로 국어사전은 정의하며 그 의미는 바꿀 수 없는 가치체계, 즉 믿고 있는 것에 대한 가치적 확신을 말한다. 믿음이란 '어떤 사실이나 내용 등을 굳게 믿는 가치'라 할 수 있다. 어떤 믿음을 가지고 있는가에 따라 내적 중심가치가 정립된다. 그리고 세워진 가치에 의해 행동하게 된다. 따라서 믿음이란 마음과 행동의 중심축이라 말할 수 있다. 예를 들어, 물질에 대한 가치적 확신이 세워진 사람은 물질을 중심으로 삶을 살게 되고, 종교적 확신이 세워진 사람은 종교를 중심으로 살아가게 되는 것처럼 어떤 믿음을 가지고 살아가는가에 따라 삶의 방향성이 세워지는 것이다. 즉, 믿음을 통해 가치가 세워지고, 이 가치는 행동과 연결이 되어진다.

그렇다면, 성경적 믿음이란 어떤 것일까? 성경적 믿음이란 성경에 나타난 하나님의 말씀에 가치적 확신을 가지고 그것을 사실로 받아들여 삶으로 살아가는 것을 의미한다. 즉, 하나님에 대한 앎(지식)을 전존재적으로 받아들이고 하나님의 진리를 삶으로 연결시키는 것이다. 성경은 하나님이신 예수님에 대해 증거한다. 그리고 성경적 믿음을 가진 사람은 예수를 "주"로 고백함으로써(믿음의 가치에 대한 확신은 신앙고백을 통해 입증하게 되어 있다) 자신의 믿음을 확증하고 그 믿음을 토대로 삶을 살아가게 된다. 예를 들어, '나는 대한민국 국민'이라고 말할 수 있는 것은 대한민국의 국민이라는 확신적 믿음이 있기 때문이다. 마찬가지로 '예수가 나의 주되신다'라는 고백 역시 '예수가 내 삶의 주인이다'는 믿음의 확신이 있을 때 가능한 고백이 된다. 그래서 이 믿음의 고백으로 살아가는 사람은 그의 삶에 예수라는 가치중심적 삶을 살아가게 된다. 성경은 이 가치에 대해 밭에 숨겨진 보화로 비유한다.

> "천국은 마치 밭에 감추인 보화와 같으니 사람이 이를 발견한 후 숨겨 두고 기뻐하며 돌아가서 자기의 소유를 다 팔아 그 밭을 사느니라"
>
> (마 13:44)

천국의 가치를 발견한 사람이 자신의 소유를 모두 팔아 그 가치를 소유했다고 한다. 성경적 믿음에 있어 예수라는 참된 가치의 발견은 삶의 보화를 발견한 것과 같다.

그렇다면, 이런 예수의 가치에 대한 믿음은 과연 어디서 생겨나는 것일까? 성경은 말씀을 들음에서 믿음이 생겨난다고 말씀한다. 그리스도인의 가치체계, 즉 기독교적 신념은 하나님 말씀을 근거로 한다. 성경적 믿음은 이 말씀, 즉 예수님에 관하여 듣고, 보고, 읽고, 배우는 신앙적 경험을 통해 세워지는 것이다. 말씀을 통해 하나님의 존재하심을 알게 되고 그가 하신 성경의 말씀을 신뢰하는 것이다.

또한 믿음은 성령의 인도에 의해 주어지는 가치임을 말씀한다.

"그러나 진리의 성령이 오시면 그가 너희를 모든 진리 가운데로 인도하시리니 그가 스스로 말하지 않고 오직 들은 것을 말하며 장래 일을 너희에게 알리시리라 그가 내 영광을 나타내리니 내 것을 가지고 너희에게 알리시겠음이라"(요 16:13-14)

믿음은 진리에 대한 확고한 신념이다. 믿음이란 신념 체계이므로 믿음을 통해 자신이 믿고 있는 가치와 생각을 발견하게 된다. 믿음을 통해 자신의 가치체계가 무엇에 의해 움직이는지를 확인할 수 있으며, 자신이 지닌 신념을 통해 바라보는 세계관이 달라지는 것이다.

성경은 성령이 예수님에 대한 확고한 진리로 인도하신다고 한다. 그리고 성경적 믿음의 출발점은 예수를 믿는 것을 근거로 함을 말씀한다.

"우리가 믿는 도리를 굳게 잡을지어다"(히 4:14)

"믿는 도리"는 '믿음의 신앙고백(confession)'을 말한다. 기독교 신앙은 마음에 믿는 것을 입술로 고백하는 것을 믿음의 행위로 또한 간주하기 때문이다.

> "네가 만일 네 입으로 예수를 주로 시인하며 또 하나님께서 그를 죽은 자 가운데서 살리신 것을 네 마음에 믿으면 구원을 받으리라" (롬 10:9)

기독교 신앙은 믿는 도리, 즉 신앙고백을 통해 예수님에 대한 믿음을 확증하게 된다. 예수께서도 이런 신앙적 고백을 통해 믿음을 보기 원하셨다.

> "… 너희는 나를 누구라 하느냐 시몬 베드로가 대답하여 이르되 주는 그리스도시요 살아계신 하나님의 아들이시니이다 예수께서 대답하여 이르시되 바요나 시몬아 네가 복이 있도다 이를 네게 알게 한 이는 혈육이 아니요 하늘에 계신 내 아버지시니라" (마 16:15b-17)

예수를 주(Lord)로 고백하는 믿음의 고백을 가지고 살아가는 것이 기독교 신앙의 모습이다. 하지만, 이런 확신의 고백 없이 신앙을 살기도 한다. 가슴으로 인정하지 못하고 머리로만 신앙을 사는 것이다. 난 부모님의 권유로 중학교 1학년 때 처음 교회에 나가게 되었다. 당시에는 교회를 다니면서 도무지 신앙이 자라지 않았다. 왜 다녀야 하는지 이유도 알지 못했고 그저 부모님이 가라고 하니 무작정 교회를 다닌 것이었다. 하지만 시간이 지나도 신앙은 여전히 그대로였다. '서당

개 3년이면 풍월을 읊는다'고 하지 않았던가! 그래도 다행인 것은 부모님 따라 교회를 다니면서 주일을 지켜야 하고 하나님, 예수님, 성령님에 관한 이야기를 들으면서 가슴으로 느끼진 못하지만 머리와 입으로 고백하는 겉치레적인 믿음이 있다는 것을 발견하게 되었다. 그러나 이런 믿음으로는 예수님에 대한 강한 확신을 도저히 가질 수 없었다. 내 안에 잠재해 있는 의심을 물리치기에는 너무나 나약한 믿음이었기 때문이었다.

이런 나에게 잠재된 의심을 물리치고 하나님에 대한 믿음의 확신을 가지게 된 계기가 찾아왔다. 미국에서 공부하는 동안 나를 깨우치게 해 주신 성령의 인도하심이었다. 진리의 성령이 내 영혼을 깨우심으로 인해 하나님을 인격적으로 만나게 되는 경험을 하게 해 주신 것이다. 성령을 체험하자 알 수 없는 눈물이 흘러내렸다. 그리고 지난날 하나님께 무지했던 내 모습에 대한 회개와 기도가 흘러나오게 되었다. 마치 다메섹 도상에서 눈이 먼 사울의 눈에서 비늘이 벗겨지고 하나님을 온전히 바라볼 수 있던 경험이 나에게 찾아온 듯하였다. 이후 성령의 조명하심(illumination)을 통해 하나님의 말씀을 읽으니 모든 것이 새로웠다. 말씀을 통해 하나님을 더욱 확신할 수 있게 되었다. 그동안 의심했던 부분들이 점차 믿어지기 시작했던 것이다.

겉치레적인 믿음을 살았던 나의 모습을 되돌아볼 때 그 삶은 하나님의 주인 되심을 인정하지 못했던 삶이었다. 내가 주인 되었던 삶에 있어서 예수의 존재와 말씀은 내게 전혀 가치가 있지 않았다. 예수라는 가치가 내 안에 온전히 세워져 있지 않으니 성경적 사실을 받아들이는 것과 말씀을 인정하고 따르려는 순종이 삶에서 이루어질 수 없었던 것이다. 믿음은 하나님의 진리에 관하여 받아들이고 인정함을 선포하는 행위이다. 이 행위를 성경은 순종과 연결시켜 또한 말씀한다.

> "네가 만일 네 입으로 예수를 주로 시인하며 또 하나님께서 그를 죽은 자 가운데서 살리신 것을 네 마음에 믿으면 구원을 받으리라" (롬 10:9)

> "그로 말미암아 우리가 은혜와 사도의 직분을 받아 그의 이름을 위하여 모든 이방인 중에서 믿어 순종하게 하나니" (롬 1:5)

믿음은 하나님의 주 되심을 인정하는 것이고 하나님을 주인으로 인정하는 것은 곧 하나님께 우리의 순종을 고백하는 것과 같다. 믿음과 순종은 동격관계 또는 인과관계를 가지고 있다. 그래서 믿음은 순종이라는 행위를 수반하게 된다. A. W. 토저는 "믿음과 순종은 동전의 양면이다"고 말했다. 왜냐하면 믿음과 순종을 분리할 수 없기 때문이고, 어느 한쪽이라도 없으면 이 둘은 그 가치를 잃게 되기 때문이다.

믿음이 무너질 때

믿음은 언제 흔들리고 무너지게 되는 것일까? 그리고 믿음을 무너뜨리는 것은 과연 무엇일까 생각을 해 볼 수 있다. C. S. 루이스는 믿음이 무너지는 결정적 이유에 대해 그것은 "상상력과 감정"이 원인이 된다고 말하였다. 상상력과 불안한 감정으로 인해 자신이 믿고 있던 신념이 흔들리게 된다는 것이다. '만약에… 이렇게 되면 어쩌지' 또는 '혹시… 이런 것 아닐까'와 같은 불확신에서 오는 불안한 감정에 의한 상상력인 것이다. 이스라엘의 처음 세워진 사울왕이 하나님 앞에서 그의 신앙이 무너진 모습이 이와 같았다. 삼상 13장을 보면 이스라엘이 블레셋과의 전쟁을 기다리고 있는 장면이 나온다. 엄청난 규모의 블레셋 병력에 맞서 사울의 군대는 아무것도 할 수 없었다. 전쟁에 나가기 위해 그들은 먼저 사무엘 제사장을 기다려야만 했다. 7일간 기다렸지만 그가 오지 않자 백성들이 요동하며 흩어지기 시작했다. 사울은 엄청난 고민을 했을 것이다. '사무엘 제사장이 오지 않아서 백성들이 다 흩어져 버리면 어떡하지', '블레셋이 지금 공격하면 우린 전쟁에서 패배할 수밖에 없을 텐데' 등 여러가지 생각이 들었을 것이다. 그러자 사울은 결국 선택을 한다. 제사장 사무엘 없이 스스로 번제를 드린 것이다. 이 모습에 사무엘 제사장의 책망이 있게 된다.

만약 사울이 하나님이 하신 말씀에 대해 신뢰를 가지고 좀 더 인내하고 기다릴 수 있었다면 그는 어떻게 되었을까? 아마도 다윗처럼 하나님의 마음에 합한 사람이라는 은혜 가운데 살아갈 수 있었을 것이다. 사울의 행동을 이성적인 측면에서 바라볼 때 전혀 이해할 수 없는 행동은 아니었다. 사울은 분명히 사무엘이 정한 기한대로 7일 동안을 기다렸기 때문이다. 하지만 사무엘은 그 기한에 오지 않았다.

사람은 어떤 문제가 발생하였을 때 감정과 이성으로 먼저 접근하게 된다. 그리고 이성에 의해 그것이 잘못되었음을 판단할 때 자신의 믿음에 대하여 의심을 품게 된다. 의심은 불안한 감정에서 비롯된다. 그리고 감정은 이성과 상관없이 수시로 변하게 된다. 사무엘이 기다려도 오지 않은 것에 관해 사울 역시 이성적으로 접근하여 판단했을 것이다. 백성들이 더 이상 흩어지지 않도록 해야 했기 때문이다. 이성에 의해 현재 상황이 잘못되어 가고 있다고 판단한 사울은 두려움을 느끼게 되고 이제 하나님에 대한 의심을 품게 될 수밖에 없었다.

믿음이 흔들릴 때 과연 어떤 것이 나를 흔들고 있는지에 대한 신앙적 판단이 중요하다. 이성과 감정이 나를 흔드는 것에 대해 신앙적으로 해석하고 통제할 수 있는 능력이 필요하기 때문이다. 이러한 신앙적 통제가 가능하도록 만드는 믿음은 어떻게 훈련할 수 있는지 다음과 같이 살펴보도록 한다.

믿음의 훈련

한 번 세워진 믿음은 영원히 지속될 수 있을까? 믿음은 과연 불변하고 지속가능한 것인가에 대한 질문이 생겨난다. 그런데 사실 믿음은 고정적임과 동시에 유동적이다. 부모와 자식 사이의 믿음도 깨질 수 있다. 부부간에 세워진 믿음도 어느 한순간 오해와 잘못으로도 쉽게 깨질 수 있다. 믿음 역시 조건과 상황에 따라 반응한다는 것이다. 동일한 것에 대해서도 사람들은 제각기 믿음의 정도가 다르다. 개인적 특성에 따라 동일한 것에 관해 믿음이 달라지기도 한다. 그래서 믿음은 불변적이 아니라 가변적이며 상대적이라 할 수 있다.

그렇다면 하나님을 믿는 믿음이 변하지 않도록 하는 것은 없을까? 이를 위해 믿음에 훈련이 반드시 필요하다는 것을 알게 된다. 집을 세우기 위해 터를 다지듯 믿음이 흔들리지 않도록 마음과 영혼을 다지는 훈련이 필요한 것이다. 이것을 골로새서에서는 "믿음의 터"를 세우는 것이라고 말씀한다.

> "만일 너희가 믿음에 거하고 터 위에 굳게 서서 너희 들은 바 복음의 소망에서 흔들리지 아니하면 그리하리라 이 복음은 천하 만민에게 전파된 바요 나 바울은 이 복음의 일꾼이 되었노라" (골 1:23)

히브리서 13:8에서는 하나님은 불변하신 존재이심을 말씀한다.

> "예수 그리스도는 어제나 오늘이나 영원토록 동일하시니라"

예수 그리스도는 영원토록 변함없는 분이시다. 그래서 흔들리지 않는 굳건한 믿음은 예수라는 진리의 터 위에 세워질 때 가능하다.

세상 위에 세워진 진리는 언제든 변할 수 있고 영원하지 못하다. 세상은 수시로 변하기 때문이다. 여러 가지 환경과 조건, 상황에 따라 바뀌고 움직이는 불안정한 것이 세상이다.

진리에 대한 믿음의 가치를 세우는 것은 믿는 자의 몫이다. 이것을 위해 성경은 하나님의 말씀을 들을 것을 지속적으로 강조하여 가르친다. 믿음의 터를 굳건히 세우기 위해 성도는 말씀을 듣는 것에 힘쓰며 하나님 말씀에 대한 신뢰를 키워 나가는 훈련을 해야만 한다.

믿음이 심겨지는 과정

믿음이 심겨지는 여러 과정이 있다. 경험을 토대로 믿음이 세워지기도 하고, 학문적 추구를 통해서 생겨나기도 한다. 또한 어떤 신뢰할 수 있는 초월적 힘에 의해 만들어 지기도 한다. 그런데 성경에서 말하는 믿음이 심겨지는 과정은 하나님의 말씀을 들음에서 비롯된다고 한다. "믿음은 들음에서 나며 들음은 그리스도의 말씀으로 말미암았느니라"(롬 10:17). 성경이 말하는 믿음은 하나님의 말씀에서 시작되기 때문에 말씀을 듣는 것에 대하여 무엇보다도 강조한다.

"들을 귀 있는 자는 들으라"(막 4:22)

"… 너희는 다 내 말을 듣고 깨달으라"(막 7:14)

"이스라엘아 들으라 우리 하나님 여호와는 오직 유일한 여호와이시니"
(신 6:4)

이처럼 듣기를 강조함과 동시에 그리스도의 음성을 잘 듣고 따르는 성도의 모습을 양 떼로 비유하기도 한다.

"예수께서 대답하시되 내가 너희에게 말하였으되 믿지 아니하는도다 내가 내 아버지의 이름으로 행하는 일들이 나를 증거하는 것이거늘 너희가 내 양이 아니므로 믿지 아니하는도다 내 양은 내 음성을 들으며 나는 그

들을 알며 그들은 나를 따르느니라"(요 10:25-27)

양이 목자의 음성을 신뢰하여 그 음성을 듣고 따라가는 모습처럼 성
도의 믿음은 하나님의 말씀을 듣고 온전히 신뢰함과 순종함을 통해 심
어진다. 그래서 기독교 신앙은 하나님 말씀을 듣는 것을 강조하고 가
르치는 신앙 훈련이 뒤따른다.

사람은 무엇을 어떻게 듣는가에 따라 생각의 방향이 결정된다. 그래
서 무엇을 들어야 하는지 분별하는 것이 너무나도 중요하다. 만약 악
한 소리에 귀 기울이면 악한 생각을 따라 믿음이 무너지게 된다. 태초
의 아담과 하와의 모습을 떠올려 보라. 사탄의 음성을 듣자마자 그들
은 하나님에 대한 신뢰가 깨져 버렸다. 주위를 살펴보면 굉장히 불신
앙적 사람을 만나는 경우가 있다. 그들의 특징이 있다면 불신앙적 이
야기에 귀를 자주 기울인다는 것이다. 신앙적 믿음의 소리보다 불신앙
적 대화에 더 흥미를 가진다. 결국 불신앙적 대화로 인해 불신앙적 믿
음이 세워지면 그 영혼의 내면에 의심이 쌓이고 그로 인해 신앙적 불
이익을 당하게 되기도 한다.

반면, 하나님의 말씀에 귀 기울이는 자는 죽었던 신앙도 되살아나게
됨을 보게 된다. 시편 19편을 보면 힘겨운 상황 가운데서도 하나님을
끝까지 신뢰하던 다윗의 믿음의 근원을 볼 수 있다. 다윗이 끝까지 하
나님을 신뢰할 수 있던 것은 어떤 상황 가운데서도 하나님의 음성에
온 마음과 뜻과 힘을 다하여 귀를 기울였기 때문이다.

"여호와의 율법은 완전하여 영혼을 소성시키며 여호와의 증거는 확실

하여 우둔한 자를 지혜롭게 하며 여호와의 교훈은 정직하여 마음을 기쁘게 하고 여호와의 계명은 순결하여 눈을 밝게 하시도다 여호와를 경외하는 도는 정결하여 영원까지 이르고 여호와의 법도 진실하여 다 의로우니 금 곧 많은 순금보다 더 사모할 것이며 꿀과 송이꿀보다 더 달도다 또 주의 종이 이것으로 경고를 받고 이것을 지킴으로 상이 크니이다"
(시 19:7–11)

다윗은 하나님의 말씀을 통해 영혼의 살아남을 경험하였다. 하나님 말씀의 능력을 경험한 사람은 말씀과 함께하는 삶을 살게 된다. 다윗 역시 이 능력을 경험하였기에 말씀에 대한 그의 감정은 연인을 사랑하듯 사랑하는 감정으로 말씀을 다루게 되었다.

"내가 주의 법을 어찌 그리 사랑하는지요 내가 그것을 종일 작은 소리로 읊조리나이다 주의 계명들이 항상 나와 함께 하므로 그것들이 나를 원수보다 지혜롭게 하나이다 내가 주의 증거들을 늘 읊조리므로 나의 명철함이 나의 모든 스승보다 나으며 주의 법도들을 지키므로 나의 명철함이 노인보다 나으니이다 내가 주의 말씀을 지키려고 발을 금하여 모든 악한 길로 가지 아니하였사오며 주께서 나를 가르치셨으므로 내가 주의 규례들에서 떠나지 아니하였나이다 주의 말씀의 맛이 어찌 그리 단지요 내 입에 꿀보다 더 다니이다 주의 법도들로 말미암아 내가 명철하게 되었으므로 모든 거짓 행위를 미워하나이다 주의 말씀은 내 발에 등이요 내 길에 빛이니이다" (시 119:97–105)

또한 하나님을 사랑하고 경외하는 믿음을 심어주는 하나님의 놀라운 능력이 있는데 그것은 바로 성령을 통해서 부어 주시는 믿음이다. 성령은 하나님 나라 백성에게 믿음을 주신다. 그것은 하나님을 "아버지"라 부를 수 있는 '자녀됨의 믿음'과 하나님을 "주"라 고백할 수 있는 '종된 자'로 부름 받은 믿음이다.

> "너희는 다시 무서워하는 종의 영을 받지 아니하고 양자의 영을 받았으므로 우리가 아빠 아버지라고 부르짖느니라 성령이 친히 우리의 영과 더불어 우리가 하나님의 자녀인 것을 증언하시나니 자녀이면 또한 상속자 곧 하나님의 상속자요 그리스도와 함께 한 상속자니 우리가 그와 함께 영광을 받기 위하여 고난도 함께 받아야 할 것이니라" (롬 8:15-17)

> "… 성령으로 아니하고는 누구든지 예수를 주시라 할 수 없느니라"
>
> (고전 12:3)

하나님을 아버지라 부를 수 있는 것은 내가 자녀됨의 확신이 있기 때문이고 이 확신은 성령께서 우리에게 주시는 은혜이다. 한 번도 보지 못한 존재를 과연 아버지라고 쉽게 부를 수 있겠는가? 결코 그렇지 않다. 아버지라는 존재적 확신이 없기 때문이다. 아버지의 존재적 확신을 성령이 주심으로 인해 하나님을 향해 아버지라 부를 수 있는 은혜의 믿음이 주어지는 것이다. 하나님을 아버지라 부를 수 있는 믿음의 확신을 통해 이제 하나님의 자녀로서 누리게 될 상속자의 은혜까지 믿음으로 주어지게 된다. 상속자로 누릴 은혜는 예수 그리스도를 통한 구원뿐 아니라 우리의 죄가 예수 그리스도를 통하여 용서받음으로 인해 누리게 될 영적 자유까지 포함한다.

마지막으로 믿음은 하나님의 선물로 주어지는 것임을 말씀한다. 하나님이 주신 이 믿음의 선물은 구원받는 선물임을 말씀한다.

"너희는 그 은혜에 의하여 믿음으로 말미암아 구원을 받았으니 이것은 너희에게서 난 것이 아니요 하나님의 선물이라"(엡 2:8)

구원받을 만한 믿음을 가지기 원하는 자는 하나님께서 선물로 주시는 이 믿음을 받아들이면 된다. 그러나 또한 이 선물을 거부할 수도 있다. 선물을 받아들인 사람은 구원이라는 놀라운 은혜를 경험하게 되지만, 거부한 사람은 여전히 하나님 주신 구원이라는 은혜를 경험하지 못한 채 살아갈 수밖에 없다.

믿음은 씨앗과도 같다

하나님 나라를 살아가는 성도의 믿음은 천국의 소망이라는 씨앗과도 같다. 많은 사람이 장차 완성될 천국 소망을 가지고 신앙생활을 한다. 왜냐하면 예수께서도 천국의 소망을 가지고 살아갈 것을 말씀하셨기 때문이다. 천국 소망이 성도의 삶에 유익한 점이 있다면 그것은 성도에게 용기와 소망을 준다는 것이다. 현실의 삶이 힘들고 고될지라도 지금의 삶이 끝이 아닌 예수가 함께하실 하나님 나라 믿음을 가지고 신앙을 살아갈 수 있도록 만들기 때문이다. 그래서 천국을 바라보는 눈이 확장되고 하나님 나라에 대한 확신을 가지기 위해서는 믿음이라는 씨앗을 신앙에 뿌려야만 한다.

하나님 나라를 향한 믿음에 따라 신앙의 모습도 달라지게 된다. 천국에 대한 소망이 없으면 너무 현실 집착적인 신앙이 될 수도 있고, 반면 천국에 대한 소망이 너무 지나치면 현실을 벗어나 비이성적이고 미신적인 모습에 빠질 수도 있기 때문에 하나님 나라를 살아가는 신앙인은 천국과 현재라는 균형 잡힌 시각과 믿음이 반드시 필요하다. 1990년대 다미선교회라는 곳에서 지나친 천국에 대한 환상으로 인해 시한부종말론이라는 잘못된 신앙에 빠져들어 집단자살을 했던 뉴스가 있었다. 이처럼 어느 한쪽으로 극단적으로 치우친 신앙은 하나님께서 원하지 않는 방향으로 잘못 걸어갈 수 있게 된다.

작은 겨자씨가 큰 나무로 성장하기까지 그 속에는 잠재된 엄청난 생명력이 숨겨져 있다. 이 생명력은 마치 인간의 육신을 입고 오신 겸손한 종의 모습에서 시작하여 죄 많은 이 땅에 연약한 자, 병든 자를 치유하시고, 하나님 나라를 선포하시고, 하나님 나라 믿음과 삶을 이 땅에 심어 주신 예수 그리스도의 모습과도 같다. 믿음 역시 겨자씨가 큰 나무로 자라나는 성장과정을 거치게 된다. 믿음은 생명력 있게 자라나야 한다는 것이다. 하지만 많은 사람이 처음부터 씨앗이 아닌 다 자라난 큰 나무의 믿음을 가지려 한다. 마치 성경에 나타난 믿음의 사람들처럼 말이다. 하지만 성경에 나오는 믿음의 인물들도 처음부터 큰 믿음에서 시작하지는 못했다는 사실이다.

예를 들어 믿음의 사람이라 불리는 아브라함을 살펴보면 그 역시 처음부터 큰 믿음을 가졌던 것은 아니었다. 아브라함도 갈 바를 알지 못하고 하나님의 약속을 바라보고 걸어가는 믿음부터 시작했다. 그리고 하나님이 약속하신 땅과 자녀의 복을 믿고 기다리기 까지는 오랜 세월이 걸렸다는 사실이다. 이삭이라는 하나님 주신 약속의 자녀를 만나기 위해 25년을 기다렸고, 거기서 더 성장하기 위해 이삭을 바치라는 가시밭길도 지나가야만 했다. 그리고 이삭을 하나님께 드림으로 여호와 이레(예비하신 하나님)를 경험하며 그의 신앙에서 믿음의 영적 최고봉을 만날 수 있었던 것이었다. 처음부터 큰 믿음을 욕심 낼 수도 있다. 하지만 신앙은 마라톤과 같다고 하지 않는가! 히브리서 12:1-2에서도 말씀한다.

> "우리에게 구름같이 둘러싼 허다한 증인들이 있으니 모든 무거운 것과 얽매이기 쉬운 죄를 벗어버리고 인내로써 우리 앞에 당한 경주를 하며 믿음의 주요 또 온전하게 하시는 이인 예수를 바라보자 그는 그 앞에 있는 기쁨을 위하여 십자가를 참으사 부끄러움을 개의치 아니하시더니 하나님 보좌 우편에 앉으셨느니라"

"인내로써 우리 앞에 당한 경주를 하라"는 말씀처럼 마라톤은 처음부터 최고의 속도로 달리지 않는다. 작은 들숨과 날숨을 골고루 내쉬면서 꾸준한 속도로 시작하여 목표를 향해 끝까지 달려가는 것이 마라톤이다. 마찬가지로, 처음부터 큰 믿음을 가진 신앙은 없다. 처음부터 큰 믿음을 가지고 싶겠지만, 그만큼 많은 시험과 힘든 영적 싸움도 기다리고 있다. 아브라함 역시 신앙이라는 마라톤 경주를 하기 전에는 인간적인 생각이 먼저 그를 다스리기도 하였다. 아내 사라를 누이라고 속이기까지 하며 자신의 위험을 회피하려 하기도 했었다. 믿음의 반석이라 불리던 베드로는 어떠했는가? 베드로 역시 세 번씩이나 예수를 부인하며 자신에게 닥쳐온 위험을 회피하였다. 그리고 예수가 죽자 이전의 삶으로 다시 돌아갔던 모습도 있었다.

하나님 나라를 바라보는 믿음은 겨자씨가 자라 새들이 쉴만한 그늘을 만들 만큼 큰 나무로 성장하는 과정을 경험하는 것과 같다. 믿음의 눈은 겨자씨 안의 나무를 바라볼 수 있도록 해 주지만, 하나님 나라 믿음이 없는 세상의 가치는 겨자씨의 작은 외적 형체 밖에 볼 수 없기에 거기에 가치를 그다지 두지 않는다. 숨겨진 하나님 나라의 가치와 그 확장성에 대해 보지 못하는 것이다.

작은 믿음이 큰 나무와 같이 자라기까지 많은 시간과 신앙적 노력이 필요하다. 지금 나의 연약한 믿음과 신앙이 큰 나무처럼 누군가를 쉬게 할 만큼 그늘도 없고 열매를 맺을 능력도 없어 보일지라도 걱정하지 말라. 하나님은 겨자씨 같은 우리의 믿음을 하나님 나라에 심어 장차 그늘을 만들 만큼 큰 나무로 자라도록 하시기 때문이다. 다만 믿음의 인내를 가지고 씨앗이 나무로 자라기까지 하나님 나라의 성도의 삶에 깊은 뿌리를 내리라. 그러면 하나님이 자라도록 하실 것이기 때문이다.

성경이 말하는 믿음은 무엇인가?

● 1. 믿음은 다양한 형태를 지닌다

성경에 나오는 믿음을 보면 다양한 형태를 지니고 있다는 것을 알게 된다. 이것을 로마서 12:3에서는 "하나님께서 각 사람에게 나누어 주신 믿음의 분량대로 지혜롭게 생각하라"고 말씀하기도 한다. 하나님께서 각 사람에게 주신 믿음이 제각기 다르다는 것을 의미한다. 그렇다면 하나님께서 각 사람에게 나누어 주신 믿음의 다양성은 어떤 형태로 나타나는 것일까?

첫째, 성경이 말하는 믿음은 크기에 따라 다양하다는 것을 알 수 있다. 마태복음 6장에는 제자들이 세상 염려에 사로잡혀 고민하고 있는 모습에 예수께서 책망하시는 장면이 나온다.

"오늘 있다가 내일 아궁이에 던져지는 들풀도 하나님이 이렇게 입히시거든 하물며 너희일까보냐 믿음이 작은 자들아 그러므로 염려하여 이르기를 무엇을 먹을까 무엇을 마실까 무엇을 입을까 하지 말라 이는 다 이방인들이 구하는 것이라 너희 하늘 아버지께서 이 모든 것이 너희에게 있어야 할 줄을 아시느니라 그런즉 너희는 먼저 그의 나라와 그의 의를 구하라 그리하면 이 모든 것을 너희에게 더하시리라 그러므로 내일 일을 위하여 염려하지 말라 내일 일은 내일이 염려할 것이요 한 날의 괴로움은 그 날로 족하니라"(마 6:30-34)

세상 염려에 사로잡힌 제자들에게 "믿음이 작은 자들아" 말씀하며 책망하셨다. 믿음을 크기에 비례하여 말씀하신 것이다. 이에 반해, 믿음이 크다 하시며 칭찬하신 모습 또한 성경에서 볼 수 있다. 마태복음 15장을 보면 예수께서 두로와 시돈 지방을 지나가다 한 가나안 여인을 만나게 된다. 그리고 그 여인은 예수께 다가와 소리 질러 외친다.

"… 주 다윗의 자손이여 나를 불쌍히 여기소서 내 딸이 흉악하게 귀신 들렸나이다 하되"(마 15:22)

그녀의 외침에 예수는 아무 대답을 하지 않았다. 하지만 여전히 그녀는 예수를 바라보며 소리를 외친다. "저를 도우소서." 이러면 한번 쳐다보고 도와 줄 만도 하지 않는가! 그런데 예수는 오히려 이렇게 말씀한다. "자녀의 떡을 취하여 개들에게 던짐이 마땅하지 아니하니라." 이에 여자는 다시 대답을 한다.

"주여 옳소이다마는 개들도 제 주인의 상에서 떨어지는 부스러기를 먹나이다 하니." 이에 예수께서는 "여자여 네 믿음이 크도다 네 소원대로 되리라" 말씀한다. 예수님은 그녀의 믿음의 크기를 보셨다. 그렇다면 예수께서는 그녀의 어떤 것을 보시고 믿음이 크다고 하셨을까? 예수께서 보신 것은 그녀의 포기하지 않는 믿음과 예수를 향한 신뢰의 크기였다. 내가 가진 믿음의 크기만큼 붙잡을 수 있는 간절함과 신뢰가 생겨난다.

사실 우리는 무언가 거절에 대하여 쉽게 포기하는 모습이 많다. 더군다나 예수께서는 그녀의 간청에 대하여 무심할 만큼 단번에 거절했었다. 자존심 상할 만한 대답과 함께 말이다. 하지만, 가나안 여인에게 그것은 문제가 되지 않았다. 왜냐하면 예수께서 병을 고칠 힘과 능력이 있다는 믿음의 확신이 그녀에게는 너무나 크게 자리잡고 있었기 때문이었다. 어떤 거절과 부끄러움도 그녀에겐 문제가 되지 않았다. 오직 예수를 향한 확신이 그녀의 믿음을 태산만 한 믿음으로 붙들어 주었던 것이다.

큰 믿음이란 어떤 환경 가운데서도 지속적으로 주님을 바라보며 기다릴 수 있는 믿음이라 할 수 있다. 주님 외에 다른 곳에는 소망이 없다는 것을 깨닫고 바라보는 믿음이다. 마태복음을 보면 물 위를 걷는 베드로의 모습이 나온다.

> "베드로가 대답하여 이르되 주여 만일 주님이시거든 나를 명하사 물 위로 오라 하소서 하니 오라 하시니 베드로가 배에서 내려 물 위로 걸어서 예수께로 가되 바람을 보고 무서워 빠져 가는지라 소리 질러 이르되 주여 나를 구원하소서 하니 예수께서 즉시 손을 내밀어 그를 붙잡으시며 이르시되 믿음이 작은 자여 왜 의심하였느냐 하시고" (마 14:28-31)

베드로가 예수를 바라보았을 때는 바다 위를 걸을 수 있는 믿음을 가졌었다. 하지만 예수께로부터 눈을 돌려 큰 파도를 일으키는 바람을 보았을 때 그의 믿음은 순식간에 무너져 버렸다. 많은 신앙인들이 큰 믿음으로 출발하기 원한다. 하지만 여러 환경 가운데 믿음이 금방 연약해지는 모습을 보게 된다. 믿음의 지속력이 없는 것이다. 지속력이 없다는 것은 그만큼 신뢰의 기반이 다져지지 못한 모습이기도 하다. 작은 믿음은 큰 문제를 넘지 못한다. 하지만 주님을 끝까지 신뢰할 수 있는 큰 믿음은 어떤 거대한 문제를 만날지라도 헤쳐 나갈 수 있도록 한다. 왜냐하면 주님은 세상이 거대하다고 간주하는 어떤 큰 존재보다도 비교할 수 없이 크신 존재이기 때문이다.

'접시물에 코 박아도 죽는다'는 말이 있다. 어떤 사소하고 작은 상황이라도 '내가 죽을지도 모른다'는 의심과 두려움에 빠지면 죽을 상황이 닥쳐오게 된다. 스스로 침체를 자초하는 것이다. 믿음과 의심은 공존한다. 하지만, 내가 어떤 것을 선택하는가에 따라 그 순간 큰 믿음을 지닌 자로 살아가기도 하고, 반면 죽음을 자초하는 믿음으로 전락하게 되기도 하기 때문이다. 그렇다면 당신은 어떤 믿음을 가지고 살아가기를 선택하겠는가? 지금 이 순간 크신 예수를 바라봄으로 큰 믿음을 지닌 자로 하나님 나라를 살아가도록 하라.

둘째, 믿음은 연약한 믿음과 강한 믿음의 모습으로 나타난다. '믿음이 연약하다'라는 것은 무엇인가? 믿음을 건강에 비추어 생각해보면 연약한 믿음은 믿음이 '건강치 못하다'라는 것과 같다. 마음과 몸이 병들면 병원에 가야 한다. 건강 상태에 따라 특별한 치료계획과 관리가 필요하기 때문이다. 반면, 강한 믿음은 믿음이 건강한 모습이라 할 수 있다.

요즘 건강을 위해 운동하는 사람들이 정말 많다. 건강한 체력은 많은 훈련과 꾸준한 관리를 통해 가질 수 있다. 만약 며칠이라도 운동을 하지 않으면 몸에 있던 근력과 근육이 다 빠져 버린다. 전에 암 수술을 하기 전 대장이 막혀 3주간 거의 먹지 못하고 수술을 기다렸던 적이 있었다. 너무나 고통스럽고 힘들었다. 아무것도 먹지 못하고 수술 날짜만 기다리면서 내 몸은 점차 말라가고 쇠약해졌다. 3주 동안 17킬로그램이 빠져 버렸고 몸의 근육은 다 사라져 버렸다. 수술 이후 1년이란 시간 동안 난 엄청난 노력을 통해 수술 이전의 몸처럼 회복시키기 위해 걸음마부터 다시 시작해야만 했고 결국 예전만큼의 근육량을 회복하고 건강한 몸으로 다시 만들었던 경험이 있다. 믿음 역시 운동처럼 매일같이 훈련하고 운동시키는 단련이 필요하게 된다.

성경을 통해 믿음의 훈련을 받은 대표적인 사람을 뽑는다면 욥이 떠오른다. 욥은 그에게 닥쳐온 고난의 이유조차도 몰랐다. 이유도 모른 채 고통의 순간 오직 하나님을 붙잡을 수밖에 없었다. 사실 보이지 않는 하나님의 응답을 현재 처한 고통 가운데 기다린다는 것은 엄청나게 힘들고 두려운 일이다. 오히려 '하나님이 과연 계신 것인가'라는 의심에 사로잡히기 쉬운 상황일지도 모른다. 하지만 욥은 묵묵히 긴 고통의 시간을 견뎌냈다. 하나님의 뜻하신 계획을 볼 것이라는 기대감과 소망으로 자신을 단련시켰다. 욥기 23장을 보면 고통 가운데 그가 어떤 믿음으로 스스로를 다스리고 단련시켰는지 볼 수 있다.

"오늘도 내게 반항하는 마음과 근심이 있나니 내가 받는 재앙이 탄식보다 무거움이라 내가 어찌하면 하나님을 발견하고 그의 처소에 나아가랴 어찌하면 그 앞에서 내가 호소하며 변론할 말을 내 입에 채우고 내게 대답하시는 말씀을 내가 알며 내게 이르시는 것을 내가 깨달으랴 그가 큰 권능을 가지시고 나와 더불어 다투시겠느냐 아니로다 도리어 내 말을 들으시리라 거기서는 정직한 자가 그와 변론할 수 있은즉 내가 심판자에게서 영원히 벗어나리라 그런데 내가 앞으로 가도 그가 아니 계시고 뒤로 가도 보이지 아니하며 그가 왼쪽에서 일하시나 내가 만날 수 없고 그가 오른쪽으로 돌이키시나 뵈올 수 없구나 그러나 내가 가는 길을 그가 아시나니 그가 나를 단련하신 후에는 내가 순금 같이 되어 나오리라"

(욥 23:2-10)

고통이 닥쳐온 순간 욥이 깨달은 것은 온전한 믿음은 뜨거운 불에 연단된 정금과 같다는 것이었다. 하나님을 온전히 신뢰할 수 있다는 것은 이해할 수 없는 고통 가운데서도 이겨낼 수 있는 가장 순전한 믿음을 말한다.

현재 나의 믿음이 연약한가 아니면 강한 믿음인가를 반드시 살펴보라. 만약 연약함 가운데 있다면 성령님의 강권적인 도우심을 구하라. 왜냐하면 성령이 연약한 성도를 돕겠다 약속하셨기 때문이다.

"이와 같이 성령도 우리의 연약함을 도우시나니 우리는 마땅히 기도할 바를 알지 못하나 오직 성령이 말할 수 없는 탄식으로 간구하시느니라 마음을 살피시는 이가 성령의 생각을 아시나니 이는 성령이 하나님의 뜻대로 성도를 위하여 간구하심이니라" (롬 8:26-27)

성령이 우리의 연약함을 살피신다. 그리고 힘써 우리를 위해 하나님께 도움을 간구하신다고 한다. 당신이 강한 믿음 가운데 있다면 믿음이 연약해지지 않도록 날마다 훈련하기를 힘쓰라. 당신의 단련된 믿음은 극한의 상황 가운데서도 하나님을 온전히 바라보고 신뢰할 수 있는 정금의 시간이 되어질 것이기 때문이다.

셋째, 믿음의 형태 가운데 성경은 '죽은 믿음'과 '살아있는 믿음'을 대조적으로 말씀한다. 먼저 죽은 믿음이란 무엇일까? 야고보서에서는 행함이 없는 믿음에 대하여 죽은 믿음이라 말씀한다.

"영혼 없는 몸이 죽은 것 같이 행함이 없는 믿음은 죽은 것이니라"

(약 2:26)

믿음에 있어 '행함이 없다'는 것은 믿음을 '삶으로 살지 않는다'는 것과 같다. 행동으로 연결되지 않는 신념에 대해 믿음이 있다고 말할 수는 없다. 사람은 믿고 있는 것을 통해 삶을 살아가기 때문이다. 신앙을 살면서 믿음의 행실이 보이지 않는 사람들이 있다. 이 모습은 신앙을 삶으로 살지 않는 모습이기도 하다. 신앙을 삶이 아닌 머리와 지식으로만 믿으려 한다.

믿음이란 신념이자 확신이다. 만약 당신이 위중한 질병에 걸렸다고 가정을 해보라. 그런데 마침 어떤 약을 먹으면 살 수 있다는 소식을 듣고 그 약에 대한 믿음의 확신이 있다면? 당연히 그 약을 먹기 위해 온갖 힘을 다 쏟게 될 것이다. 믿음도 마찬가지다. 하나님 말씀에 대한 신념과 확신이 있을 때 성도는 하나님의 말씀을 품고, 말씀대로 살기 위한 믿음의 행동이 반드시 뒤따르게 된다. 믿음이 삶과 연결되어 살아갈 때 그의 믿음은 살아있는 믿음으로 증거되며 살게 될 것이고, 믿음이 삶과 연결되지 않을 때 그 신앙은 생명력 없는 죽은 것과 같게 되는 것이다.

행함이 있는 믿음의 내면을 들여다보면 그 믿음을 움직이는 것은 바로 하나님의 말씀에서 비롯되어진다는 것을 알 수 있다. 왜냐하면 하나님의 말씀에는 살아 움직이도록 하는 생명의 운동에너지가 있기 때문이다.

"하나님의 말씀은 살아 있고 활력이 있어 좌우에 날선 어떤 검보다도 예리하여 혼과 영과 및 관절과 골수를 찔러 쪼개기까지 하며 또 마음의 생각과 뜻을 판단하나니" (히 4:12)

하나님 말씀을 품고 살아가는 신앙은 살아 숨쉬는 신앙이 된다. 하나님 말씀은 우리의 영혼을 움직이도록 만드는 생명력이 있기 때문에 말씀을 품은 신앙은 결코 죽은 신앙이 될 수 없다. 지금 당신의 믿음을 살펴보라. 말씀이 신앙을 이끌어 믿음의 행위가 동반된 믿음인지, 아니면 믿음의 행실이 전혀 보이지 않는 머리로만 믿고 있는 죽은 믿음과 같지는 않은가 반드시 되짚어 봐야만 한다.

넷째, 믿음의 또 다른 형태는 '진실된 믿음'과 '거짓되고 파선한 믿음'의 모습이다. 혹시 플라시보 효과(Placebo Effect)에 대하여 들어 보았는가? 플라시보 효과는 심리학 용어로 '효과가 없는 약제를 진짜 약으로 생각하고 섭취하였을 때 환자의 증상 또는 병세가 호전되는 현상'을 말한다(네이버 발췌). 믿음이 없으면서도 믿음이 있는 것처럼 자신을 속이며 종교를 살아가는 모습이 있다. 어떤 이는 자신이 무엇을 믿고 있는지 제대로 알지 못하며 종교를 살아가기도 한다.

예전에 어느 청년에게 신앙상담을 해 준 적이 있었다. 청년의 고민은 자신에게 믿음이 있는지 잘 모르겠다는 것이었다. 자신이 교회 활동을 하는 것은 믿음이 아니라 사람들과 관계 때문이라는 고백을 한 적이 있다. 많은 사람들이 신앙을 살아가면서 이와 비슷한 고민과 질문을 해 보았을 것이다. 어떤 믿음을 가지고 현재의 신앙생활을 하고 있는지에 관한 고민이다. 어떤 믿음인지에 관해 확신없이 신앙생활을 지속한다면 어느 순간 믿음과 신앙적 삶의 사이에 심각한 괴리감이 생기게 된다. 또한 이런 신앙이 오래 지속될수록 바울이 심각하게 지적한 "위선적 신앙"의 모습으로 변질될 수도 있다. 바울은 이런 상태에 관하여 "거짓되고 파선한 믿음"이라고 말하였다. 믿음이 없으면서도 있는 것처럼 자신을 속이는 위선적 모습에 대하여 지적한 것이다.

예수께서도 스스로 속이는 거짓되고 파선한 믿음의 모습인 "위선"에 대하여 심각하게 꾸짖으셨다.

> "화 있을진저 외식하는 서기관들과 바리새인들이여 회칠한 무덤 같으니 겉으로는 아름답게 보이나 그 안에는 죽은 사람의 뼈와 모든 더러운 것이 가득하도다 이와 같이 너희도 겉으로는 사람에게 옳게 보이되 안으로는 외식과 불법이 가득하도다"(마 23:27-28)

우리도 신앙적 위선의 모양을 가지고 있을 때가 있다. 가짜 믿음이 때론 스스로 진실된 신앙인 것처럼 자신에게 거짓된 위로를 주기도 한다. 여전히 심각한 죄인의 모습임에도 불구하고 거룩한 의인이 된 것 같은 자체 포장을 하는 것이다.

성경은 우리가 의롭게 됨에 관하여 분명히 말씀한다.

> "우리가 믿음으로 의롭다 하심을 받았으니 우리가 그리스도로 말미암아 하나님과 화평을 누리자"(롬 5:1)

의로운 삶은 하나님을 믿는 믿음으로 살아가는 삶이다. 하나님 앞에 의롭다는 것이 무엇인가? 그것은 하나님과 연합된 모습을 말한다. 부끄러운 죄인이지만 하나님과 연합됨으로 인해 나의 죄된 본성이 변화되는 것이다. 즉, 하나님 보시기에 좋은 삶이며 하나님과 화목을 누리는 삶인 것이다. 하지만, 하나님에 대한 믿음이 없이 인간은 스스로 의로운 척 살려고 하는 거짓된 모습으로 인해 죄악의 굴레에서 벗어날 수 없도록 만든다. 따라서 하나님 나라를 살아가면서 우리가 조심해야 할 것은 "자기 의인화(self-justification)"라 할 수 있다. 즉, '거룩한 의인'인 척하는 것이다. 거짓된 거룩은 하나님을 기만하는 모습이다. 하지만 하나님 나라를 살아가는 성도의 모습은 '용서받은 죄인'의 모습이요 '믿음으로 의롭다 칭함 받은 구원받은 백성'의 모습이어야 한다. 하나님 앞에서는 아무것도 감추거나 숨길 수 없기 때문에 하나님 앞에 부끄러운 죄인의 모습으로 나아가는 것이 바로 진실된 믿음이다.

"지으신 것이 하나도 그 앞에 나타나지 않음이 없고 우리의 결산을 받으실 이의 눈 앞에 만물이 벌거벗은 것 같이 드러나느니라" (히 4:13)

따라서 하나님 앞에 중요한 것은 형식이나 외적 모양이 아닌 내가 가진 믿음의 중심이다.

"보소서 주께서는 중심이 진실함을 원하시오니 내게 지혜를 은밀히 가르치시리이다 우슬초로 나를 정결하게 하소서 내가 정하리이다 나의 죄를 씻어 주소서 내가 눈보다 희리이다 내게 즐겁고 기쁜 소리를 들려 주시사 주께서 꺾으신 뼈들도 즐거워하게 하소서 주의 얼굴을 내 죄에서 돌이키시고 내 모든 죄악을 지워 주소서 하나님이여 내 속에 정한 마음을 창조하시고 내 안에 정직한 영을 새롭게 하소서" (시 51:6-10)

하나님 앞에 어떤 믿음으로 나아갈 것인가? 시편 기자가 말한 "정한 마음(pure heart)"을 가지고 하나님께 나아가라. 하나님 앞에 가장 순결하고 순전한 믿음으로 나아가는 모습이다. 어떤 가식이나 숨김, 또는 거짓이 없는 가장 솔직하고 순수함을 가지고 하나님 앞에 서는 것이다. 더 이상 감출 필요가 없다. 하나님 앞에 모든 것이 드러나기 때문이다.

● 2. 믿음은 구체적이다

믿음의 특징이 있다면 그것은 보지 못한 것 그리고 보이지 않는 것을 볼 수 있도록 해주는 능력이 있다는 것이다. '중력의 법칙(Law of Gravity)'을 발견한 뉴턴을 떠올려 보라. 어느 날 뉴턴은 사과나무에서 사과가 떨어지는 것을 보고 중력이라는 힘의 존재를 발견하게 된다. 아래로 떨어지는 운동 에너지가 있다는 것에 대하여 눈에 보이지 않는 힘의 존재에 관해 믿게 되었던 것이다. 아래로 떨어지는 힘, 즉 중력이라는 에너지가 있다는 것에 관한 믿음이었다. 이것이 바로 보이지 않는 믿음에 대한 확신이다.

사람은 보는 관점에 따라 생각이 달라지게 된다. 예를 들어, 시각장애인과 시력이 좋은 사람 중 누가 과연 사물을 더 잘 관찰하고 이해했다고 할 수 있겠는가? 시각장애인은 물건을 관찰할 때 직접 만져 보고 몸으로 사물을 느낀 것에 관하여 이해하게 된다. 반면, 시력이 좋은 사람은 당연히 사물을 꼼꼼히 들여다보고 보여지는 것을 통해 사물에 관한 이해를 발견하게 될 것이다. 그렇다면 성경이 말하는 믿음에 관한 것은 어떻게 보아야 하는 것일까?

"믿음은 바라는 것들의 실상이요 보이지 않는 것들의 증거니" (히 11:1)

눈으로 보지 못한 것과 본 것의 차이는 분명히 다른 결과를 만들어 낼 것이다. 하지만, 성경은 믿음에 관하여 '믿음은 마음에 바라는 것의 분명한 형태'라고 말씀한다. 그리고 보이지 않아도 마음의 확신을 가질 수 있는 것이 믿음이라고 한다. 믿음은 바라는 것, 즉, 내가 소망했던 것들을 실재의 삶으로 가지고 오는 것이다. 믿음은 미래의 것이 아니라 현재의 성취이기 때문이다. 보이진 않지만 그것을 현재의 내 눈에 보고 있는 것처럼 확신을 가지는 것이다. 예수께서도 동일한 말씀을 제자들에게 하셨다. 요한복음 20장을 보면 부활하신 예수께서 제자들에게 나타나신 장면이 있다. 제자들 가운데서도 특별히 의심이 많았던 도마라는 제자는 부활하신 예수에 관해 전혀 믿을 수가 없었다.

"열두 제자 중의 하나로서 디두모라 불리는 도마는 예수께서 오셨을 때에 함께 있지 아니한지라 다른 제자들이 그에게 이르되 우리가 주를 보았노라 하니 도마가 이르되 내가 그의 손의 못 자국을 보며 내 손가락을 그 못 자국에 넣으며 내 손을 그 옆구리에 넣어 보지 않고는 믿지 아니하겠노라 하니라" (요 20:24-25)

의심이 많았던 도마는 예수를 직접 보고서도 만져 보지 않고는 그의 부활에 관하여 믿을 수가 없었다. 의심 많은 도마의 모습을 통해 우리의 믿음 역시 이런 모습은 아니었는가 생각해보게 된다. 인간은 보이지 않는 것보다 보여지는 것에 더욱 신뢰를 가지고 의존하게 된다. 아담과 하와 역시 '어떻게 그리고 무엇을 보았는가'에 의해 하나님을 향한 그들의 믿음이 무너졌다. 사탄이 보여 준 것은 "먹음직도 하고 보암직도" 한 것이었고 그들은 순간 하나님을 향한 시선을 빼앗겨 버렸다. 그리고 하나님을 가장 영화롭고 아름답게 보았던 마음을 상실해 버리게 되었다. 이토록 쉽게 빼앗겨 버리는 것이 인간의 믿음이라면, 그렇다면 아담과 하와는 하나님을 향해 어떤 믿음을 가지고 있었을까? 눈에 보이는 현상에 순간 현혹되어 하나님을 향한 믿음을 저버리는 모습에 대해 과연 우리는 하나님을 믿는 믿음이 있다고 말을 할 수 있겠는가?

과연 우리는 하나님을 보고 믿는 믿음인 것인가 아니면 보지 않고도 믿는 믿음인가 다시 한번 질문을 해 보고 싶다. 사실 하나님은 보이지 않는 것이 결코 아니다. 하나님은 여전히 인간에게 자신을 스스로 계시하시고 보여주고 계시다는 사실을 알아야만 한다. 인간의 영적 눈이 가려져 하나님의 존재하심을 깨닫지 못하는 것이고, 인간의 마음이 하나님을 향하지 않고 둔감하기 때문에 하나님의 계시하심과 존재하심을 보지 못하고 느끼지 못할 뿐인 것이다. 그래서 하나님은 그가 존재한 사실적 역사를 기록하게 하셨다. 보여지는 말씀으로 인간이 깨닫도록 하시기 위함이었다는 사실이다.

"예수의 말씀으로 말미암아 믿는 자가 더욱 많아"(요 4:41)

하나님의 말씀은 '하나님이 누구인가'에 관해 보여준다. 말씀을 통해 하나님 나라의 개념이 세워지고 하나님 나라의 모습이 이미지화 되어진다. 즉, 말씀을 통해 하나님의 형상이 영혼에 각인이 되어지는 것이다. 따라서 하나님의 말씀을 가까이하면 할 수록 성도의 믿음은 더욱 구체적이 되어진다. 또한 말씀에 대한 깊은 묵상을 통해 하나님을 향한 믿음은 우리 삶에 더욱 실체적이고 실제화되어진다.

믿음이 구체적이기보다는 추상적인 믿음에 가까워 보일 때가 있다. 믿음을 인격적으로 경험하지 못하고 머리로 믿는 상태의 모습이다. 믿음이란 하나님 말씀을 들음으로 가치관이 바뀌고, 감정적으로 하나님의 은혜를 느끼고, 마음으로 하나님을 확신하게 되는 것이다. 하지만, 추상적 믿음은 인격적 변화가 동반되지 않는 지식적 수준에 머무르는 믿음이라 할 수 있다. 추상적 믿음이란 신앙을 살면서도 자신이 무엇을 믿고 있는지 구체적이고 경험적 확신이 없는 상태를 말한다. 가슴이 아닌 머리로 믿는 상태라고 볼 수도 있다. 하나님을 알지 못하는 애매한 믿음으로는 하나님 나라를 살아가는 것에 대한 목적과 의미를 가질 수 없다. 이로 인해 교회를 다니고 신앙을 살면서도 삶에 고난이 닥쳐올 때 순간 믿음이 없어 신앙의 기반이 흔들리게 되는 것이다. 그렇다면 어떻게 해야 구체적이고 확신한 믿음을 가질 수 있게 되는 것인가?

"내가 그리스도를 본받는 자가 된 것 같이 너희는 나를 본받는 자가 되라"

(고전 11:1)

바울이 닮고 싶은 롤모델이 있었다. 바로 예수였다. 바울이 회심한 이후 그의 삶의 목표는 예수 그리스도를 닮아가는 것이었다. 닮아간다는 것은 대상과 자신을 동질화시키는 것이다. 예전에 어느 TV 방송에서 '모방가수'에 관한 이야기를 보았던 적이 있었다. 가수 나훈아의 모방가수 이름은 너훈아, 가수 남진의 모방가수 이름은 넘진이란 사람도 있었다. 이름만 비슷하게 작명한다고 그 사람과 똑같아지는 것은 절대 아니다. 그런데 흥미로웠던 것은 그들은 외모뿐만 아니라 대상의 구체적인 동작 하나까지도 너무나 닮아 있었다는 사실이다. 표정, 말투, 복장, 사소한 동작까지도 정말 자세하고 구체적으로 동질화시켰다. 닮고 싶은 사람의 모습으로 똑같이 흉내 내며 살다 보니 그들 스스로도 때론 자신이 누구인지 착각할 정도였다.

바울이 예수를 닮아간다고 말한 것이 이와 같다. 예수의 모든 것에 자신을 동질화시키는 것이었다. 삶의 작은 것 하나까지도 구체적으로 하나님을 닮기 위해 힘쓰는 모습이다. 이를 위해 바울은 예수와 함께 고난을 받고, 예수와 함께 죽고, 예수와 함께 영광에 이르고, 예수와 함께 십자가에 못 박히는 삶을 살았다. 믿음이 구체적이 되는 것이 이와 같다. 우리가 하나님에 관하여 더욱 알기 힘쓸 때, 하나님 나라를 마음에 품고 삶 속에서 하나님 나라를 구체적으로 실천하며 살아갈 때 믿음은 더 이상 추상적이지 않게 된다. 믿음을 구체화시켜 현실에서 살아갈 때 이미 이루어진 하나님 나라의 삶을 이 땅 가운데 경험하며 살아갈 수 있게 된다. 추상적 믿음에서 절대 머물지 말라. 믿음을 구체화시켜 하나님 나라의 실재를 현재의 삶 가운데 경험하도록 하라.

● 3. 자연스러운 믿음: 이치를 따라가는 믿음

어느 날 문득 '몇 초마다 눈을 깜박거리는 것일까' 궁금해서 혼자 테스트해 본 적이 있었다. 그리고 몇 초마다 눈을 깜박이는지 초를 세기 시작했다. 그런데 이상하게도 눈이 깜박거리는 시간이 일정하지 않은 것이다. 게다가 눈 감는 것을 의식해서 그런지 깜박거리는 것이 굉장히 부자연스럽고 힘들었다. 순간 깨닫게 된 것은 내 생각과 의지로 하려고 하니 일상에서 아무렇지 않게 했던 것들이 결코 자연스럽지 않게 된다는 것이었다.

하나님이 창조하신 것들에 인간의 생각과 뜻이 개입되면 하나님의 완전한 조화로움을 깨뜨리게 된다. 인간은 하나님의 형상으로 하나님의 영광을 입고 창조된 창조물이다. 그런데 하나님의 완전하심을 인간의 계획과 방법으로 다스리려 하니 그곳에서 죄가 생겨나고 하나님의 완전한 조화로움이 깨어지고 말았다. 믿음 역시 마찬가지다. '하나님을 어떻게 믿는가'라는 질문에 내 생각과 이성, 가치 등을 계산하고 따져가며 믿으려고 하면 금방 부자연스러워지게 된다. 게다가 더욱 이해할 수 없는 혼란에 빠져들 수도 있게 된다. 왜냐하면 하나님은 내 생각과 지식의 한계를 넘어서 계신 분이기 때문이다.

하나님은 인간에게 "영원을 사모하는 마음"을 주셨다고 한다.

"하나님이 모든 것을 지으시되 때를 따라 아름답게 하셨고 또 사람에게 영원을 사모하는 마음을 주셨느니라 그러나 하나님의 하시는 일의 시종을 사람으로 측량할 수 없게 하셨도다" (전 3:11)

영원을 사모하는 마음은 하나님을 갈망하는 마음을 의미한다. 하나님은 영원한 존재이시다. 시간과 공간을 초월하여 계신 분이기 때문이다. 하나님은 인간에게 하나님을 찾는 마음을 주셨다. 그래서 인간이 하나님을 향하는 것은 너무나도 자연스러운 현상이다. 하나님을 향한 갈급함을 느끼고 있는가? 이 갈급함을 자연스럽게 받아들이라. 그리고 갈급함을 가지고 하나님께 가까이 나아가라. 하나님께 가까이 나아갈 때 하나님 역시 우리와 가까이하시겠다 말씀하셨기 때문이다.

"하나님을 가까이하라 그리하면 너희를 가까이하시리라"(약 4:8)

사람관계 또한 가까이할수록 서로에게 자연스러워진다. 사람관계에 있어서 부자연스러운 사람의 특징은 사람을 멀리한다는 것이다. 즉, 마음의 거리낌이 있다는 것이다. 상대방에 대한 마음의 거리낌이 있을 경우 가까이 다가가는 것이 결코 자연스럽게 되지 않는다. 마음의 거리낌이 있는 상태는 상대방에 대한 의심이 있다는 것과 같다. 마음을 온전히 줄 수 없는 무언가 불편한 것이 있기 때문이다. 이런 상태는 우리가 가까이 다가가려는 대상을 향해 온전한 마음의 확신을 가질 수 없도록 만드는 큰 장애물이 될 수밖에 없다. 믿음의 시작은 마음의 확신, 즉 정함(be fixed)이 있는 그 때부터 시작되기 때문이다.

"오직 믿음으로 구하고 조금도 의심하지 말라 의심하는 자는 마치 바람에 밀려 요동하는 바다 물결 같으니 이런 사람은 무엇이든지 주께 얻기를 생각하지 말라 두 마음을 품어 모든 일에 정함이 없는 자로다"(약 1:6-8)

하나님을 향한 영혼의 사모함 또는 영적 갈급함을 깨달은 이후 필요한 것은 하나님께 다가서는 것을 방해하는 의심이라는 거리낌을 내버리는 것이다. 그리고 의심을 내버린 후 하나님께 마음을 정하는 결단이 필요하게 된다. 즉, 하나님의 존재하심과 그의 말씀을 믿음으로 온전히 받아들이는 "확정함(steadfast)"이 필요한 것이다.

> "하나님이여 내 마음이 확정되었고 내 마음이 확정되었사오니 내가 노래하고 내가 찬송하리이다" (시 57:7)

고난 가운데 있는 다윗이 지은 영혼의 고백이다. 어떤 고난이 있어도 그의 마음은 하나님을 향해 있었음을 보게 된다. 시편 57편을 기록할 당시 다윗의 상황은 가장 비참하고 힘든 환경이었다. 자신을 죽이려는 사울의 수천 명의 군대를 피해 도망 다니던 도망자의 신세였고, 죽음을 피해 어두운 굴 속에 숨어 있어야 하는 비참함과 절망함이 가득한 상황이었다. 이 순간 그에게 절실히 필요한 것은 다른 무엇도 아닌 오직 하나님이었다. 비참함과 절망 가운데 있었지만 그의 영혼은 언제나 하나님을 향해 있었다. 그리고 어떤 순간에도 오직 하나님을 먼저 찾고 붙들었다. 어떤 순간에도 마음을 하나님께 고정시켜야 한다는 것을 다윗은 알고 있었던 것이다.

남녀 사이에도 상대방에 대한 확신과 사랑을 위한 결단적 행동이 없다면 여전히 어색한 사이로 남을 수밖에 없다. 그리고 그 관계는 더 이상 발전할 수 없게 된다. 마음의 확정함이 없는 관계는 서로에 대한 신뢰가 없다는 것과 같다. 여전히 의심이 있고, 확신할 수 없는 불안한 관계로 인해 어색한 관계로 머무를 수밖에 없다. 따라서 정한 마음이 굉장히 중요하다. 하나님 나라 믿음 역시 하나님을 향한 나의 확신과 마음의 정함에서 출발한다. 특별히 이런 마음의 정함은 성령님께서 부어 주시는 은혜됨을 성경은 또한 말씀하고 있으며 성령은 이를 위해 우리를 돕고 계심을 알게 된다.

"성령도 우리의 연약함을 도우시나니 우리는 마땅히 기도할 바를 알지 못하나 오직 성령이 말할 수 없는 탄식으로 우리를 위하여 친히 간구하시느니라" (롬 8:26)

성령이 친히 우리를 위하여 하나님께 간구한다고 한다. 하나님을 향해 당신의 마음을 확정함이 있도록 하라. 그리고 그 이후의 발걸음은 성령께 내어 맡기라. 성령이 인도하는 발걸음을 온전한 확신과 순종함으로 따라가는 것이다. 성령의 인도하심을 믿음의 확신과 함께 걸어갈 때 우리의 믿음과 신앙을 가로막는 장벽은 더 이상 장벽이 될 수 없다. 왜냐하면 하나님은 모든 장벽을 허물고 길을 만드시는 분 되시기 때문이다.

● 4. 신실한 믿음

믿음이란 헬라어로 "피스티스(pistis, Greek: πιστις)"라는 단어를 사용한다. 이 단어의 의미는 "신실한(faithful)"이란 뜻을 가지고 있다. 성경은 하나님의 신실하심을 자주 말씀한다.

"오직 네 하나님 여호와는 하나님이시요 신실하신 하나님이시라 그를 사랑하고 그의 계명을 지키는 자에게는 천 대까지 그의 언약을 이행하시며 인애를 베푸시되" (신 7:9)

하나님은 그가 하신 약속을 끝까지 지키시는 신실한 분이시다. 데살로니가전서 5:24 역시 신실하신 하나님에 관하여 자세히 말씀한다.

"너희를 부르시는 이는 미쁘시니 그가 또한 이루시리라"

"미쁘시다"는 단어 역시 '피스티스'와 같은 어원을 가진 '피스토스 (pistos, Greek: πιστός)'라는 단어를 사용한다. '피스토스'의 의미는 '신실하다,' '한결같다'는 뜻을 지닌다. 하나님은 그의 사랑하는 백성에게 한결같이 신실하며 그가 하신 약속을 성실히 이루시는 분이시다.

요즘 즐겨 시청하는TV 프로그램이 있다. '나는 솔로(I am Solo)'라는 방송인데 결혼 적령기에 들어선 선남선녀가 만나 예비된 짝을 찾는 프로그램이다. 이 가운데서도 상대방 이성을 잘 살펴서 마음을 사로잡는 사람이 있는 반면, 상대방에게 전혀 관심을 끌지 못하고 오히려 마음이 식어 버리도록 만드는 사람도 있다. 그중에서도 마음을 정하지 못해서 오락가락 하는 사람은 이성으로부터 외면당하는 것을 보았다. 이 사람도 좋고, 저 사람도 좋아서 선택을 하지 못하는 사람에게 누가 마음을 주겠는가! 믿음에 있어서도 확정함이 필요하다. 오락가락하는 모습은 믿음이 아니다. 여전히 자신의 마음을 확정하지 못한 선택에 머물러 있는 모습이기 때문이다. 믿음이란 자신이 믿는 것에 대하여 사실을 확정하고 그것에 대하여 흔들림 없이 신실하게 나아가는 모습이다. 믿음은 영원하지 않다. 믿음은 지켜야 하기 때문이다. 내 마음이 여전히 신실하도록, 자신의 믿음의 생각, 생각의 신실함을 확인하며 지켜줘야 한다는 것이다.

신실함은 기다림이라는 인내를 필요로 한다. 신실함을 깨뜨리는 가장 큰 위협은 조급함이다. 조급은 불안을 가져오고 불안은 성실하게 지키려는 마음을 흔들게 된다. 사울이 사무엘을 기다리지 못한 것도 조급함으로 인한 불안이 하나님의 말씀에 순종하는 기다림을 무너지게 했다. 성경을 보면 믿음의 신실함을 위한 기다림의 시간을 통과한 이야기들이 많이 나타난다. 대표적으로 아브라함에게 아들 이삭이라는 약속이 주어지고 그 시간은 25년이라는 긴 기다림을 통과해야만 했다. 애굽을 탈출한 광야의 백성들 역시 가나안이라는 약속의 땅을 만나기 위해 40년의 기다림의 시간이 필요했다. 노아는 홍수 이후 새로운 땅을 밟기 위해 방주 안에서 1년의 시간을 믿음으로 기다려야만 했다. 결국 신실한 믿음은 기다림의 과정 또한 통과해야 함을 보게 된다.

한국 사람의 특성이라고 하면 "빨리빨리"가 아닌가 싶다. 뭐든지 빨리 해야 한국 사회에서는 그것이 미덕이 된다. 음식 기다리는 것 잘 못하고, 마트의 계산대 앞에서 긴 줄 서서 기다리는 것 잘하지 못한다. 컵라면에 물 부어 놓고 3분을 기다리지 못하고 뚜껑을 열었다 닫았다 하는 것도 한국적 특성이기도 하다. 커피 자판기에서 커피가 다 나오기 전에 손을 먼저 집어넣는 것도 기다리지 못하는 특성이기도 하다. 그런데 상황이 어렵게 흘러가면 흘러갈수록 기다린다고 하는 것은 더 어렵게 된다. 하지만 성경을 살펴보면 하나님 나라의 믿음은 기다림을 통한 성도의 신실함이 동반되어진다는 것이다. 어려운 상황 가운데서도 하나님이 선지자들을 통해서 말씀하신 것이 "기다림"이었기 때문이다.

예수께서도 이미 이루어진 하나님 나라를 선포하심과 동시에 또한 장차 완전하게 임할 하나님 나라를 믿음의 신실함 가지고 기다릴 것을 말씀하셨다. 그렇다고 하나님은 막연한 기다림을 말씀하진 않는다. 약속을 주시고 그것을 바라보며 소망 가지고 기다리도록 해 주시기 때문이다. 아브라함에게 이삭을 약속해 주신 것처럼 말이다. 노아에게 새 땅을 약속해 주셨고, 모세에게 가나안 땅을 약속해 주신 것처럼 하나님은 성도가 지켜낼 신실한 믿음을 위해 약속을 먼저 주셨다는 것이다. 포로기를 살았던 이스라엘 백성에게도 하나님은 동일하셨다. 바벨론의 포로로 잡혀갈 것을 말씀하시면서도 그 시간을 믿음을 지키고 여호와 하나님을 온전히 바라보도록 말씀하셨다. 포로된 땅에서 건져내실 것이고, 다시 이스라엘로 돌아오게 될 것이니 믿음을 지킬 것을 명령하셨기 때문이다.

믿음의 신실함을 살아가는 하나님 나라 백성에게 하나님의 약속은 큰 위안과 힘이 되어진다. 막연한 기다림은 기다리는 사람을 지치게 하지만, 하나님은 하나님 나라를 살아가는 성도에게 약속을 주시고, 그 약속을 이루실 것을 알게 하셨기 때문이다. 이런 기다림의 신실한 믿음을 보여준 모습을 성경의 여러 곳에서도 찾아볼 수 있게 된다.

"내가 여호와를 기다리고 기다렸더니 귀를 기울이사 나의 부르짖음을 들으셨도다" (시 40:1)

"우리가 선을 행하되 낙심하지 말지니 포기하지 아니하면 때가 이르매 거두리라" (갈 6:9)

"우리가 환난 중에도 즐거워하나니 환난은 인내를 인내는 연단을 연단은 소망을 이루는 줄 앎이라" (롬 5:3-4)

"너희에게 인내가 필요함은 너희가 하나님의 뜻을 행한 후에 약속하신 것을 받기 위함이라" (히 10:36)

모든 고난과 시험에는 하나님의 뜻이 있음을 보게 된다. 하나님은 어떤 환경 가운데서도 하나님의 약속을 바라보고 신실함을 지키는 믿음을 보기 원하신다는 사실이다. 예수님도 하나님의 뜻을 성취하고 이루기 위해 30년의 기다림을 사셨다. 그리고 때가 이르러 하나님 나라를 선포하고 3년의 공생애 동안 하나님 나라를 성취하셨던 것을 보게 된다. 성숙한 그리스도인은 하나님의 때를 기다릴 줄 아는 신실한 믿음의 소유자이다. 어려움이 닥치고 힘든 고통 가운데 있을지라도 믿음의 신실함을 잃지 말라. 때가 이르러 그 일을 이루실 하나님이 여전히 지금도 일하고 계시기 때문이다.

우리는 흔히 성실하게 신앙 생활을 해 나가는 사람에게 '믿음이 좋다'고 표현을 한다. 믿음은 성실함과 관련이 있기 때문이다. 신실한 믿음이란 내게 불리한 상황에서도 믿음의 신념을 잃지 않고 정직함을 지켜내는 것이다. 이 모습을 성경은 '심지가 견고하다'고 말씀한다.

"심지가 견고한 자를 평강하고 평강하도록 지키시리니 이는 그가 주를 신뢰함이라" (사 26:3)

"그러므로 우리에게 큰 대제사장이 계시니 승천하신 이 곧 하나님의 아들 예수시라 우리가 믿는 도리를 굳게 잡을지어다" (히 4:14)

신실한 믿음이란 믿는 도리, 즉 우리가 예수 그리스도를 하나님의 아들이라 고백하는 그 믿음을 굳건히 붙드는 것을 말한다. 신실한 믿음은 보여지는 믿음이 된다. 신실함은 예수 그리스도를 믿는 믿음의 고백이 행실로 나타나는 것이다. 마태복음 8장을 보면 어느 백부장에 관한 이야기가 나온다. 그는 그의 하인이 병들자 예수를 찾아와 하인의 병 낫기를 예수께 간구한다. 백부장의 신실한 믿음은 예수께서 직접 눈으로 보실 수 있는 믿음이었다. 이처럼 눈에 보여지는 믿음이 있다.

사도행전을 보면 바울과 바나바가 루스드라에서 전도하는 중 태어나면서 걷지 못한 병자를 만나게 된다. 바울이 그의 말하는 것을 듣고는 "구원받을 만한 믿음이 그에게 있는 것"을 보았다고 한다. 믿음의 신실함은 이처럼 보여지는 믿음이 된다. 마지막으로 성경에 나타난 갈렙과 여호수아의 모습을 보자. 그들은 모세와 처음부터 광야의 40년 생활을 함께 했던 출애굽 1세대였다. 출애굽 1세대들은 하나님을 향한 잦은 원망과 불평으로 인하여 가나안 땅에 들어가지 못하고 광야에서 생을 마감했다. 하지만, 광야의 생활 가운데서도 하나님의 약속을 온전히 바라봤던 신실한 믿음의 두 사람은 결국 약속의 땅 가나안으로 들어가게 되었다.

"… 내 나이 사십 세에 여호와의 종 모세가 가데스 바네아에서 나를 보내
어 이 땅을 정탐하게 하였으므로 내가 성실한 마음으로 그에게 보고하였
고 나와 함께 올라갔던 내 형제들은 백성의 간담을 녹게 하였으나 나는
내 하나님 여호와께 충성하였으므로 … 이 산지를 내게 주소서 … 그가
이스라엘의 하나님 여호와를 온전히 좇았음이라"(수 14:6–14)

신실한 믿음을 가지기 원한다면 하나님의 신실하심을 온전히 믿어
야 한다. 여전히 성실하신 하나님이 계심을 믿는다면 어떤 어려움이
닥쳐와도 신실하신 하나님의 약속을 바라봄으로 인내할 수 있게 되
는 것이다.

● 5. 자존감을 높이는 믿음

하나님 나라의 믿음이란 하나님의 자녀로 거듭난 자신을 발견하고
하나님의 자녀 답게 자신을 바꾸어 가는 모습이다. 하나님은 우리를
사랑하셔서 먼저 찾아와 주셨다. '내가 사랑받는다'라는 믿음은 스스로
자존감을 높여주게 된다. 하나님이 우리에게 베푸신 사랑은 이런 믿음
의 자존감으로 하나님 나라를 살아가도록 만드신다.

나는 목사로 살아가면서 다른 무엇보다도 내가 지켜야 한다고 생각
하는 것이 있다면 그것은 믿음의 자부심이다. 다른 것 다 잃어도 목사
로서 자부심을 잃는다면 다 잃게 되는 것이라 생각하기 때문이다. 이
런 자부심을 가지고 목회를 할 때 신앙적 자존감 또한 커지게 된다. 신

앙적 자존감이란 하나님의 기름부음 받은 복음의 사역자로서 거룩한 소명과 사명감을 지켜내는 큰 힘과 거룩한 목적이 되어지기 때문이다. 믿음생활 하면서 상처를 자주 받는 사람들이 있다. 그리고 쉽게 믿음을 저버리거나 포기하는 모습을 보게 된다. 신앙의 자부심이 없는 모습이다. 자신의 신앙에 대한 자부심이 없기 때문에 어려움이 닥쳐왔을 때 신앙을 지키려는 노력이 없는 것이다. 이 모습을 보고 과연 '믿음이 있다'고 말할 수 있겠는가!

쉽게 저버리거나 포기하는 것은 믿음이 아니다. 하지만, 진짜 믿음을 지닌 사람은 쉽게 상처받지 않는다. 예를 들어 가난한 사람에게 가난하다고 말하는 것은 상처가 된다. 하지만 내가 부자인데 나에게 가난하다고 말하는 것에 관해서는 상처가 되지 않는다. 왜냐하면 믿는 바가 다르기 때문이다. 즉 믿음이 세워진다는 것은 자존감 역시 커진다는 것과 같다. 연인 또는 부부간에 사랑한다는 믿음이 없다면 그 순간 둘 사이의 관계에 있어 자존감이 떨어지게 된다. 관계가 흔들리게 되는 것이다. 자녀가 부모의 사랑에 대한 확신과 믿음이 없을 때 자녀로서 자존감이 현저히 낮아지게 된다. 이런 낮은 자존감은 부모에게조차 무언가를 요구하거나 의지할 수 없도록 만든다.

하나님은 우리를 사랑하는 자녀로 삼아 주셨다. 우리가 하나님께 요구할 수 있는 근거가 있다면 그것은 '자녀됨'이다. '하나님의 사랑받는 자녀'라는 믿음의 확신이 하나님께 나아갈 수 있는 믿음의 자존감을 심어준다. 이 믿음의 자존감이 하나님을 아버지라 부를 수 있도록 이끌어 준다. 내가 하나님의 자녀라는 확신과 믿음이 없이 어찌 하나님을 아버지라고 부를 수 있겠는가! 하나님의 자녀됨의 믿음의 확신을 가졌다면 아버지의 이름을 크게 부르라. 자녀된 믿음의 자존감을 가지고 하나님께 가까이 나아가도록 하라.

● 6. 믿음은 두려워하지 않는 것이다

유튜브를 보면 많은 사람들이 익스트림 스포츠(extreme sports)를 즐기는 것을 보게 된다. 100층 건물 외벽을 맨손으로 올라가 그 위에서 사진을 찍기도 하고, 높은 곳에서 떨어지는 스카이다이빙이나 번지점프를 즐기기도 하고, 빠른 속도의 롤러코스터를 타면서 극한의 스릴을 즐기는 것이다. 난 사실 이런 익스트림한 것의 재미를 느끼지 못한다. 두렵기 때문이다. 그런데 어떻게 해서 이런 두려움을 가져다 주는 것을 즐길 수 있을까? 사실 이들이 두려움을 이기고 즐길 수 있는 이유는 '문제가 나에게는 발생하지 않을 것이다'라는 믿음 때문에 할 수 있는 행동들이다. 세상을 살다 보면 너무나도 많은 두려운 상황들을 만나게 된다. 사람에 대한 두려움, 환경, 음식, 질병에 관한 두려움 등 너무나도 예상치 않게 만나는 두려운 것들이 우리 삶 가운데 존재하고 있다. 예를 들어 코로나19가 창궐했던 때를 생각해 보면 강한 전염성으로 인하여 사람들끼리 서로 극도의 조심성을 가지고 거리를 두고 생활을 하기도 했다. 성도의 신앙에 있어서도 두려움이 엄습해 온다.

신앙에 있어 두려움이란 어떤 것일까? 그것은 '하나님이 없다'라는 하나님의 부재를 느끼는 감정일 것이다. 내가 이렇게 고통스러운 환경 가운데 있는데 하나님은 과연 어디에 계신 것인가? 하나님은 과연 내 기도를 듣고 계신 것일까? 아이가 부모와 함께 있을 때는 두려움을 느끼지 않는다. 부모가 함께 있어서 안정감을 느끼기 때문이다. 하지만, 금방이라도 아이의 눈에서 부모가 사라졌을 때 순간 다가오는 두려움에 아이는 울음을 터뜨리게 된다. 엄마 아빠가 없다는 두려움이다. 눈에서 보이지 않는 두려움이다. 마찬가지로 성도 역시 하나님의 존재하심을 느끼지 못할 때 신앙에 두려움은 금세라도 엄습해 오게 된다. 이런 두려움을 없애기 위해 하나님을 찾아가게 된다. 하나님을 바라보아야 하고, 하나님을 마음에 채움으로 두려움을 물리치는 것이다.

하나님을 마음의 중심에 둔 사람은 두려워하지 않게 된다. 문제에 대한 책임과 해결을 하나님께 내어 맡길 수 있기 때문이다. 성도에게 닥쳐온 두려움을 이기는 것은 하나님을 바라보는 것이다. 높은 절벽에서 낭떠러지를 바라보고 있으면 한 발자국도 움직일 수 없다. 왜냐하면 두려움에 사로잡히기 때문이다. 그래서 사람들은 땅 아래 절벽을 쳐다보지 않고 시선을 앞, 또는 하늘에 고정하며 높은 절벽을 걸어갈 수 있게 된다. 성도의 삶에 있어서 두려움이 찾아왔을 때 성도의 믿음은 하늘로 시선을 고정하도록 만든다. '하나님이 하실 것이야', '하나님이 일하고 계셔', '하나님이 나를 지켜 주신다' 이런 믿음으로 시선을 하나님께 두는 것이 바로 두려움을 이기는 믿음이라고 할 수 있다.

열왕기상 16장을 보면 엘리사가 대적에게 둘러싸여 있는 장면이 나온다. 엘리사는 하나님께 기도를 드린다. "하나님 보게 하소서." 그러자 불말과 불병거가 산에 가득하여 엘리사를 둘러 싸고 있는 것을 보게 된다. 즉, 하나님의 군대가 자신을 지키고 있는 것을 보게 된 것이다. 그러니 더 이상 두려워할 수 있겠는가? 그는 두려워하지 않게 되었다. 시편 46편에도 하나님을 바라보는 믿음으로 두려움을 떨쳐버리는 시인의 고백이 나온다.

> "하나님은 우리의 피난처시요 힘이시니 환난 중에 만날 큰 도움이시라
> 그러므로 땅이 변하든지 산이 흔들려 바다 가운데에 빠지든지 바닷물이
> 솟아나고 뛰놀든지 그것이 넘침으로 산이 흔들릴지라도 우리는 두려워
> 하지 아니하리로다" (시 46:1-3)

하나님을 피난처이자 도우실 분으로 바라봄으로 두려움을 떨쳐내
었다. 천지가 흔들리고 삶의 터전이 무너지는 상황이 찾아와도 하나
님이 함께 하시니 두렵지 않다는 믿음으로 하나님을 찬양하며 바라볼
수 있었다. 결국 믿음은 하나님을 바라보는 것이다. 그리고 하나님을
바라볼 때 인간은 두려움을 내쫓을 수 있게 된다. 두려울 때 하나님을
먼저 바라보라. 하나님이 나와 함께 하심을 볼 때 두려움은 사라진다.

● 7. 자유하는 믿음

대학교 시절 미국의 동부지역 여행 중 메사추세츠(Massachusetts)의 보
스톤(Boston)에 있는 하버드대학교에 방문했던 적이 있다. 학교에 도착
하자마자 눈에 띈 것은 하버드대학교의 상징인 빨간색 방패 모양의 로
고였다. 빨간색 방패 모양 안에는 진리(Veritas)라는 글씨가 새겨져 있었
다. 대학은 진리에 관한 끊임없는 추구를 위한 학문을 가르친다. 한국
의 여러 대학교 역시 진리에 관한 탐구하는 장소로서의 교육기관됨을
로고에 많이 새겨 넣었음을 보게 된다.

Veritas vos liberabit "진리는 자유케하리라" *(연세대학교 로고)*

Veritas lux mea "진리는 나의 빛" *(서울대학교 로고)*

사람들은 진리에 관하여 알고자 하는 끊임없는 추구함이 있다. 그래서 대학교에서도 박사학위를 수여할 때 모든 학문에 철학박사학위 (Doctor of Philosophy)를 수여하는 이유가 여기에 있다. 진리를 알기를 추구하기 때문이다. 그렇다면 진리란 과연 무엇일까? 진리는 참됨을 말한다. 변함없는 것이고 드러나는 것이다. 그럼 세상에 드러난 진리에 관하여 이 모든 것이 불변하고 참되다고 말할 수 있을까? 꼭 그렇지만은 않다. 예를 들어 1 + 1 = 2라는 공식은 진리이다. 그럼 물 한 컵에 물 한 컵을 섞으면 그것은 물이 2개로 존재하게 되는가? 물 한 컵에 물 한 컵을 더 부어도 결국 물 한 컵이 된다. 따라서 진리에 관한 명제역시 인간의 기준과 생각, 그리고 조건에 따라 변할 수 있게도 된다.

성경은 예수 그리스도가 진리 되신다고 말한다. 진리 되신 예수 그리스도는 영원토록 동일한 하나님, 변함없으신 분이시다. 그리고 예수를 앎으로 인해 영적 자유를 누리게 된다. 자유는 과연 무엇인가? 자유는 '무엇에 얽매이지 않고 자기 마음대로 행동하는 일 또는 상태'를 말한다. 그럼 여러분은 현재 자유한 삶을 살고 있는가? 어디에도 얽매이지 않고 마음대로 행동하며 살아가고 있는가? 많은 사람이 자유한 삶을 살고 있는 것 같지만 사실 그렇지 않음을 보게 된다. 질병, 건강, 일, 생각 등 세상으로부터, 그리고 죄로부터 결코 자유롭지 못하다. 내 영혼을 속박하는 죄의 사로잡힘, 물질, 질병, 생각 등 몸과 영혼을 속박하는 것들이 세상에 여전히 너무 많이 존재한다. 이로 인해 인간의 삶은 여전히 불안해하며 살아가게 된다. 그래서 자유롭지 못하다.

그렇다면 우리는 어떻게 자유를 누릴 수 있겠는가? 성경은 죄의 문제를 해결할 때 자유할 수 있다고 한다. 왜냐하면 죄에는 죄의 속박이 있기 때문이다. 따라서 인간의 죄를 해결하지 않고는 결코 참자유를 느낄 수 없게 되는 것이다. 그래서 성경은 인간의 자유함을 위해 죄를 해결하는 방법을 알려준다.

> "믿음으로 의롭다 하심을 받았으니 우리 주 예수 그리스도로 말미암아 하나님과 화평을 누리자"(롬 5:1)

> "진실로 진실로 너희에게 이르노니 죄를 범하는 자마다 죄의 종이라 종은 영원히 집에 거하지 못하되 아들은 영원히 거하나니 그러므로 아들이 너희를 자유롭게 하면 너희가 참으로 자유로우리라"(요 8:34–36)

진리되신 예수 그리스도를 믿음으로 말미암아 죄인된 우리가 의롭다 여김을 받는 것이 참 자유이다. 죄로부터 자유하게 되는 자유이다. 진리되신 예수 그리스도를 믿음으로 인하여 누리게 되는 자유다. 죄의 종으로부터 벗어나는 자유이며, 하나님의 아들, 상속자로서 부여받는 참 자유이다. 하나님의 자녀가 되는 신분의 변화와 동시에 의롭게 여겨짐을 받게 된다. 하나님의 의로움을 지니고 살아가는 삶이란 하나님과 바른 관계를 갖는 것이다. 하나님과 바른 관계를 갖는다는 것은 태초의 창조의 질서로 되돌아가는 것이며 죄의 속박 이전의 하나님 창조하신 아름다움으로 되돌아가는 것이다.

많은 이들이 신앙 생활을 하면서도 영적 자유함이 없는 삶을 살기도 한다. 여전히 죄의 속박에 살아가는 모습이다. 하나님 나라를 살아가는데 있어 영적 자유를 위한 싸움이 존재한다. 이것을 성경은 죄와 사망의 법에 맞서 생명과 성령의 법이 싸우는 싸움으로 말한다.

"그러므로 이제 그리스도 예수 안에 있는 자에게는 결코 정죄함이 없나니 이는 그리스도 예수 안에 있는 생명의 성령의 법이 죄와 사망의 법에서 너를 해방하였음이라 율법이 육신으로 말미암아 연약하여 할 수 없는 그것을 하나님은 하시나니 곧 죄로 말미암아 자기 아들을 죄 있는 육신의 모양으로 보내어 육신에 죄를 정하사 육신을 따르지 않고 그 영을 따라 행하는 우리에게 율법의 요구가 이루어지게 하려 하심이니라 육신을 따르는 자는 육신의 일을, 영을 따르는 자는 영의 일을 생각하나니 육신의 생각은 사망이요 영의 생각은 생명과 평안이니라" (롬 8:1-6)

태초에 인간은 하나님의 다스림 아래 있었다. 하지만, 죄를 지음으로 인해 인간은 하나님이 아닌 죄의 다스림 아래 종속되어 버렸다. 또한 죄로 인해 하나님 허락하신 에덴에서 주어진 샬롬의 자유를 잃어버렸다.

인간은 어떤 지배 아래 있는가에 따라 자유함이 달라진다. 북한정권 아래 있는 북한 주민에게는 민주주의 국가에서 살아가는 국민에 비해 자유함이 없다. 북한의 주체사상이라는 지배 아래 자유권을 박탈당하며 살아가고 있는 것이다. 인간의 영혼 또한 마찬가지다. 어느 지배 아래 있는가에 따라 영혼의 자유 또는 박탈을 경험하게 된다. 귀신에 사로잡힌 영혼은 귀신의 지배 아래 살아가듯 말이다. 인간은 자유를 마음껏 누리며 살아가고 있는 듯 보이지만 사실 인간은 죄라는 구속력 아래 여전히 살아가고 있다. 성경은 말씀한다. 우리의 영혼이 쉼을 얻는 것은 주 안에서 자유함을 누리는 것이라 한다.

> "주 안에서 부르심을 받은 자는 종이라도 주께 속한 자유인이요 또 그와 같이 자유인으로 있을 때에 부르심을 받은 자는 그리스도의 종이니라 너희는 값으로 사신 것이니 사람들의 종이 되지 말라" (고전 7:22-23)

하나님의 진리를 품고 살아갈 때 세상의 모든 유혹과 욕망으로부터 자유로울 수 있다.

> "주는 영이시니 주의 영이 계신 곳에는 자유가 있느니라" (고후 3:17)

진정한 자유는 영적으로 부요케 되는 것이다. 영적으로 부요함을 누리며 살아가는 자들의 큰 특징은 믿음을 삶의 큰 자원으로 의지하며 살아간다는 것이다. 세상 속의 결핍과 얽매임에서도 믿음의 영적 자원은 영혼의 자유를 누리게 만든다. 그래서 믿음의 부요함은 성도가 세상을 이기는 자원이다. 전쟁에 있어 가장 중요한 것은 전장의 병사들에게 물자를 얼마나 잘 보급하는가에 달려 있다고 한다. 이 시대의 전쟁은 자원전쟁이기도 하다. 얼마나 자원을 가지고 있는가에 따라 전쟁의 승패가 달라지기 때문이다. 영적 전쟁 또한 마찬가지이다. 얼마만큼의 믿음의 영적 자원을 가지고 영적 전쟁에 맞서 싸우는가에 따라 승패가 달라진다. 따라서 영적 전쟁에서 승리하기 위해 우리 자신의 영혼의 풍성함을 위해 항상 힘써야만 한다.

● 8. 삶으로 드러나는 믿음: 믿음의 역동성

'믿음은 어떤 모습으로 나타나는가' 할 때 '믿음은 행동으로 나타난다'고 말할 수 있다. 기독교 신앙에 있어서 하나님에 대한 믿음은 하나님께 대한 순종의 모습으로 나타나게 된다. 즉 성경적 믿음은 말씀에 순종하여 말씀을 따라 살아감으로 나타나는 것이다. 만약 신앙의 삶에 순종의 모습이 없다면 그것은 믿음이 없는 모습과도 같다. 말씀을 따라 살아가지 못하는 것은 말씀에 대한 믿음이 없다는 것과 같기 때문이다.

사람들은 믿음과 순종의 관계에 관하여 많은 궁금증을 가진다. 믿음이 먼저인가 아니면 행위가 먼저인가 하는 것이다. 구원은 오직 믿음으로 얻어지는가' 아니면 '구원에는 행위가 뒤따라야 하는가'와 같은 질문이다. 믿음 없이 교회를 다니는 사람들이 있다. 반면 행위 없이 믿음만 이야기하는 사람들도 있다. 이 둘 중에 어느 것이 맞다고 생각하는가? 믿음은 역동성을 일으킨다. 믿음의 삶은 결코 조용한 삶이 아니라는 것이다. 믿음은 성도의 가슴에 하나님의 약속이 불붙어서 움직이는 삶이 되기 때문이다. 믿음이 있을 때 믿음은 삶의 실천적 행위로 나타난다. 믿음의 실천적 행위는 어떻게 나타내는가? 삶의 예배, 신앙고백, 열정적인 찬양, 믿음의 헌신 등의 신앙적인 순종의 형태로 나타나게 된다.

믿음은 정적인 것이 아니라 동적인 것이다. 믿음의 삶은 그저 '믿습니다' 하며 말로만 고백하는 삶이 아니다. 믿음은 믿음에 따른 행동을 유발한다. 믿음은 하나님 나라를 살아가는 삶에 역동성을 불러 일으킨다. 믿음이 하나님을 향한 영적 뜨거움을 불러 일으킨다. 기계를 움직이는 엔진의 역동성은 불타는 폭발력에서 시작된다. 뜨거운 불이 에너지를 만들어 엔진의 움직임을 만드는 것이다.

하나님을 믿는 믿음은 성도의 마음에 불을 일으킨다. 하나님을 향한 뜨거움을 가지고 믿음에 근거한 행동으로 움직이도록 만드는 것이다. 여호수아와 갈렙을 보라. 하나님의 말씀, 약속을 끝까지 붙잡는 믿음을 소유하니 85세의 나이에도 여전히 그들의 영적 나이는 청년이었다. 예나 지금이나 여전히 믿음의 힘을 가지고 있다고 고백하였다. 행동하는 믿음을 가지라. 행동하는 믿음을 통해 살아있는 믿음의 능력을 경험하도록 하라. 여호수아와 갈렙처럼 지치지 않는 믿음의 에너지가 하나님 나라를 끝까지 온전한 믿음 가지고 살아가도록 힘을 주게 될 것이다.

미로탈출 6

Q. 당신의 믿음은 어떤 모습입니까?

Q. 믿음이 흔들리도록 나를 위협하는 것은 무엇입니까?

Q. 현재 예수님을 따르는 나의 믿음이 확고하게 되기 위해서 필요한 것은 무엇이라고 생각합니까?

당신은 어떤 믿음으로
신앙을 살아가고 있습니까?

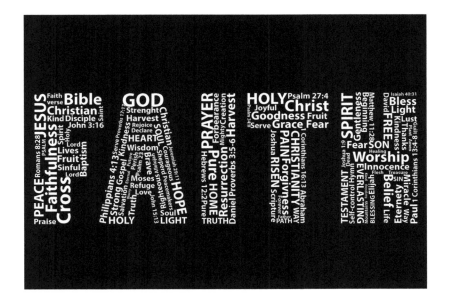

학습

1995년 대학 시절 미국 인디애나(Indiana)에서 뉴욕(New York)으로 자동차로 여행을 다녀온 적이 있었다. 직접 차로 운전해서 가기는 처음이라 어떻게 가야 할지 몰랐다. 지금은 GPS(Global Positioning System)라도 있지만 당시에는 종이로 된 지도 위에 경로를 표시해가며 길을 찾아가는 방법 밖에 없었다. 그래서 주유소에서 ATLAS(미국 전역 지도)를 구매한 후 뉴욕까지 가기 위해 열심히 지도에 경로를 표시해 놓고 여행을 했던 경험이 있다. 미국의 도로 표기 및 지역이름, 교통법규 및 표지 등이 한국과는 많이 달라서 지도를 자세히 이해하고 분석하는 데 시간이 걸렸고 지도를 잘못 해석해서 다른 길로 들어서기도 하고, 때론 지도에 있는 도로명과 도로번호를 잘못 읽어 전혀 낯선 곳으로 들어서서 낭패를 겪던 적도 있었다.

성경은 신앙에 있어 길을 찾아주는 지도와 같다. 하나님 나라를 살아가는 믿음, 성경적 지혜, 예수 그리스도를 닮아가는 삶의 원리와 방법 등을 가르쳐 하나님께 나아가도록 인도하기 때문이다. 그래서 올바른 신앙적 삶을 살기 위해 성경에 대한 바른 해석과 적용이 필요하다. 지도를 잘못 읽으면 엉뚱한 길로 가게 되는 것처럼 성경을 제대로 이해하지 못하면 잘못된 신앙의 길로 들어서게 된다. 잘못된 신앙이란 방향과 목적이 하나님 나라를 향하지 않는 모습이다. 하나님이 원하지 않는 모습이고 하나님 기뻐하지 않는 불신앙의 길이 된다. 따라서 하나님이 기뻐하고 원하는 신앙의 길을 걸어가기 위해 하나님 나라의 지도인 성경의 말씀을 올바르고 정확하게 이해하는 것이 필수요건이 되어진다.

그렇다면 성경을 이해하기 위해서 우리에게 필요한 것은 무엇일까? 먼저 성경적 세계관과 성경 속 역사와 문화에 대한 이해를 가지고 출발을 해야 한다. 성경은 현재의 나와 다른 지역과 문화, 환경, 역사, 언어와 시간 등을 통해 기록되었기 때문에 나의 세계관과 현재 내가 살아가는 역사-문화적 형식과 이해와 충돌을 일으킬 수 있기 때문이다. 또한 시대적 상황에 따라 하나님 말씀이 선포되고 가르쳐진 방식도 다르기 때문에 - 예를 들어 비유(예수님은 비유를 자주 사용하셨다), 시적 표현, 대조와 비교, 명령, 은유와 직유, 평행법, 문학적 장르, 상징과 의미 등 다양한 방식으로 성경은 기록되었으므로 - 여러 다양한 언어적 표현과 문법의 형식까지 살펴보아야만 한다. 그리고 시대에 따라 사용하고 적용된 해석방법이 다양하기 때문에 어떤 해석방법이 사용되고 적용되었는지 찾아야 한다.

성경에 쓰여진 다양한 표현과 기록을 왜곡하지 않음과 동시에 올바른 하나님의 뜻을 찾아내고 이해하도록 해석하기 위해서는 많은 시간과 노력, 적절한 해석방법의 선택이 반드시 필요하다. 성경해석 방법에 관하여 이 책에서 논의하기에는 너무 많은 분량과 시간이 필요하기에 먼저 일상에서 하나님 말씀을 학습하는 목적과 이로 인하여 얻게 되는 영적 유익에 관하여 살펴보도록 한다.

배워야 말씀이 생각난다

오랫동안 교회를 출석하며 신앙을 살던 어느 청년의 고민이 있었다. 그는 교회를 아무리 다녀도 하나님을 알지 못하겠고 신앙을 살아가는 목적에 대해 무의미함을 느낀다는 것이었다. 신앙은 점차 습관적이 되고 목적 없는 의무감으로 교회를 나가게 되고 이로 인해 점차 신앙생활이 무기력해지고 있었던 것이다. 청년이 고민하던 모든 문제는 결국 교회를 다니면서도 성경에 대해서 제대로 배우지 못하고 하나님을 온전히 알지 못한 것에서 비롯되었음을 보게 된다. 청년의 신앙은 오랫동안 교회를 다니고 있었음에도 불구하고 성경에 대해서는 초보적 지식에만 머물러 있었던 것이다. 하나님에 대한 이해와 성경적 삶, 신앙, 믿음, 기도 등 성경이 말씀하는 하나님 나라에 대한 개념적 이해와 지식이 너무나도 부족했고 이로 인해 말씀을 삶과 연결할 수 없었던 것이었다.

영적 훈련의 목적은 그 사람의 전존재적인 변화에 있다. 하나님에게서 멀어진 세상적 사고방식을 하나님 중심 방향으로 바꾸는 것이다. 영적 훈련이 되지 않은 사람은 자기 중심적 사고방식으로 살아가게 된다. 세상의 중심이 자신이기 때문이다. 자기 중심적 사고방식에 기초한 신앙의 삶은 영적 변화를 이끌어내지 못한다. 그래서 기독교 신앙의 기초는 하나님 중심으로 살아가는 것을 배우는 것이다.

그런데 기독교 신앙을 살아감에도 불구하고 이 방식을 배우려 하지 않는 사람들이 있다. 그 이유는 현재 자신의 신앙에 대하여 이미 알고 있다고 착각하기 때문이다. 주일 예배를 드리는 것만으로도 성경과 하나님 나라에 대한 앎(Knowing)이 충분하다고 생각하기도 한다. 그런데 말씀을 배우지 않으면 하나님 나라를 살아가는 믿음이 어떤 것인지 알 수 없다. 말씀에 대한 배움이 없이 세상적 지식과 감정으로 교회를 다님으로 인해 그 삶에는 여전히 세상 나라와 하나님 나라의 대립적 충돌이 존재하게 된다. 하나님 나라를 살아가려면 하나님의 말씀, 하나님의 다스림이 어떤 것인지 배워야 할 것 아닌가! 이 다스림을 제대로 배우지 않으면 여전히 세상적 지식과 가치를 기반으로 하나님 나라 안에 또 다른 자신의 나라, 즉 자신의 기준을 세우고 자신만의 방식으로 하나님 나라와 말씀을 평가하려 한다. 따라서 올바른 신앙을 살아가기 위해 말씀에 대한 정확하고 올바른 해석과 적용, 그리고 말씀을 통한 신앙교육이 시급하다.

'교육은 백년지대계'라 한다. 100년 앞을 내다보며 교육을 시킨다는 말이다. 성경의 신명기를 읽어 보면 자녀의 신앙교육을 어떻게 해야 하는지 보게 된다. 유대사회의 부모는 어린 자녀들에게 신앙교육을 통해 신앙이 삶이 되고 문화가 되는 가르침의 훈련을 하였다. 자녀들 삶의 기준이 하나님 중심적 가치관이 되도록 신앙교육에 힘을 썼던 것이다. 신앙을 살아가면서 하나님을 잊어버리고 살아갈 때가 많다. 일상에서 하나님이 생각나지 않는 것이다. 그렇다면 일상을 살아가면서 어떻게 하나님의 말씀을 떠올릴 수 있을까? 하나님의 말씀을 배우지 않고는 하나님에 대한 생각이 나지 않는다. 하나님을 알지 못하는데 그가 하신 말씀이 어찌 기억나겠는가? 따라서 하나님 나라를 살아가는 데 있어 말씀을 위한 학습훈련의 특징은 '생각나도록 하는 훈련'이다. 신명기에 나타난 자녀들의 신앙교육에 있어서도 하나님의 말씀이 생각나도록 하기 위해서 자녀들을 향해 외친다.

"이스라엘아 들으라 우리 하나님 여호와는 오직 유일한 여호와이시니 너는 마음을 다하고 뜻을 다하고 힘을 다하여 네 하나님 여호와를 사랑하라 오늘 내가 네게 명하는 이 말씀을 너는 마음에 새기고 네 자녀에게 부지런히 가르치며 집에 앉았을 때에든지 길을 갈 때에든지 누워 있을 때에든지 일어날 때에든지 이 말씀을 강론할 것이며 너는 또 그것을 네 손목에 매어 기호를 삼으며 네 미간에 붙여 표로 삼고 또 네 집 문설주와 바깥 문에 기록할지니라" (신 6:4-9)

하나님 말씀을 부지런히 가르치라고 한다. 언제 어디서든, 항상 보이는 곳에 말씀이 눈에 띄도록 '힘써 가르치고 강론하라'고 한다. 자꾸 봐야 생각난다. 연애 초기의 남녀는 자꾸 보고 싶어서 서로에게 기웃기웃한다. 자꾸 보니까 많이 생각이 나는 것이다. 그러니 안 볼 수 있겠는가! 게다가 보기 싫은 것도 계속해서 보다 보면 정이 든다고 한다. 자주 보니까 생각이 나고 그것에 익숙해지는 것이다. 하나님 말씀이 우리에게 이처럼 다가와야 한다. 잘 이해되지 않고 어려울지라도 말씀을 가까이 대하고 마음에 새기려는 노력이 있다면 어느새 말씀이 삶에 익숙해지게 되고 생각나게 되는 것이다.

"내 아들아 내 말에 주의하며 내가 말하는 것에 네 귀를 기울이라 그것을 네 눈에서 떠나게 하지 말며 네 마음속에 지키라 그것은 얻는 자에게 생명이 되며 그의 온 육체의 건강이 됨이니라"(잠 4:20–22)

하나님 말씀에 귀를 기울이고, 말씀을 향해 언제나 시선을 고정하고, 말씀으로 내 마음을 채움으로 인해 하나님 나라가 매일의 삶 속에 들어오도록 하는 것이다.

또한 하나님께서 말씀이 생각나도록 도우신다고 말씀하셨다. 성령님을 통하여 말씀을 가르치고 생각나도록 하시겠다고 하셨기 때문이다.

"보혜사 곧 아버지께서 내 이름으로 보내실 성령 그가 너희에게 모든 것을 가르치고 내가 너희에게 말한 모든 것을 생각나게 하리라"(요 14:26)

성령께서 하나님 말씀하신 것을 가르치고 생각나게 하신다고 한다. 성령은 우리 안에 내주하는 영이다. 성령이 임하면 하나님의 깊은 것까지 알게 하며 세상의 통치가 아닌 하나님의 인도하심을 따르게 된다. 성령이 말씀의 스승(teacher)이 되어 주시는 것이다. 성령은 말씀을 깨닫게 하며 세상적인 것과 영적인 것을 분별하도록 한다. 그리고 성령은 무엇이 진리를 향한 길인지 알려 주고 보여 준다. 성령을 통한 말씀의 깨달음은 영적인 눈을 밝혀 장래의 일을 알게 하고, 하나님의 영광을 바라보도록 한다. 그리고 성령의 기름 부음이 우리를 가르친다고 또한 말씀한다.

성령의 기름 부음은 굳은 영혼을 부드럽게 해 주는 능력이 있다. 인간은 고집이 있다. 고집이 센 사람에게 무언가를 가르친다는 것이 참 힘들 때가 있다. 새로운 것을 받아들이는 유연성이 적기 때문이다. 고집은 굳은 마음이다. 굳어진 것에는 부드럽게 해 주는 유연함이 필요하다. 기계의 톱니바퀴가 잘 돌아가도록 윤활제를 발라 주는 것처럼 말이다. 성령의 기름부음은 영혼의 굳은 마음이 하나님의 말씀을 향해 유연해지도록 만들어 주는 능력의 부으심이다. 이런 모습을 성경의 에스겔 선지자 역시 이스라엘 백성의 모습을 통해 발견했던 것 같다.

"나의 영으로 너희 속에 두고 육신에서 굳어 있는 마음을 제하시고 부드러운 마음을 줄 것이며 나의 신을 너희 속에 넣어두고 법도와 율례를 행하게 하리니"(겔 36:26-27)

말씀을 주시기 전 먼저 인간의 굳은 마음을 제거하신다고 한다. 굳은 살은 제거해야 한다. 그리고 제거된 부분에 새 살이 돋아야 다시 부드러운 피부를 가질 수 있게 된다. 성령의 기름부으심(anointing)이 이와 같다. 받아들일 수 있는 부드러움을 영혼에 가져다주는 것이다. 아무리 좋은 가르침이 있어도 받아들이지 않으면 아무 소용이 없다. 예수께서 이 땅에 하나님 나라 복음을 전했어도 기름 부음이 없는 굳은 영혼은 말씀을 믿지 않았다. 그리고 결국 그의 생명의 복음을 받아들일 수 없었던 것이다. 따라서 말씀에 대한 학습훈련을 통해 우리 안의 굳은 마음을 제거하고 하나님의 말씀을 온전히 받아들이고 학습할 수 있는 영적 유연함을 기르는 훈련이 반드시 필요한 것이다.

밥을 먹듯이 말씀을 먹으라

성경은 하나님의 말씀을 우리가 먹어야 할 음식, 즉, 살아가는 생명의 에너지로 말씀한다.

> "예수께서 대답하여 가라사대 기록되었으되 사람이 떡으로만 살 것이 아니요 하나님의 입으로부터 나오는 모든 말씀으로 살 것이라" (마 4:4)

사도 베드로 또한 하나님의 말씀을 갓난 아기가 반드시 먹어야 할 엄마의 "젖"으로 표현하기도 하였다.

> "그러므로 모든 악독과 모든 기만과 외식과 시기와 모든 비방하는 말을 버리고 갓난 아기들 같이 순전하고 신령한 젖을 사모하라 이는 그로 말미암아 너희로 구원에 이르도록 자라게 하려 함이라" (벧전 2:1-2)

먹지 않고 살 수 있는 사람이 있는가? 인간은 의식주가 해결되어야 살아갈 수 있다. 입고 먹고 자는 것이 반드시 필요하기 때문이다. 의식주 가운데서도 음식에 관해서 말하자면 사람은 먹는 음식에 따라 건강이 달라지게 된다. 인간 몸 속의 세포는 매일 생겨나고 또 죽는다고 한다. 세포가 매일 살아나기 위해서는 필요한 영양소를 제때 공급받아야만 한다. 그리고 세포에도 좋은 세포, 나쁜 세포가 함께 공존한다. 예를 들어 암(cancer) 같은 세포는 나쁜 세포다. 스트레스나 잘못된 식습관 등이 나쁜 암세포를 증식시키고 이로 인해 인간의 몸이 망가지게 된다. 반면 좋은 식습관은 몸의 영양 밸런스를 지켜주고 건강한 세포의 증식을 촉진시킨다.

하나님 말씀은 우리에게 '생명의 양식'이라 말씀한다. 인간이 살기 위해서 반드시 먹어야 할 매일의 음식과 같다. 좋은 음식이다. 인간의 영과 육을 건강하도록 만드는 음식이기 때문이다. 말씀을 먹어야 영적으로 성장한다. 아기가 엄마의 젖을 먹어 성장에 필요한 모든 좋은 양분을 섭취하듯 그리스도인에게 말씀은 영적으로 건강하도록 성장시키는 반드시 먹어야 할 가장 훌륭한 음식이 된다.

나는 암이라는 질병을 다스리기 위해 식재료를 구입할 때 음식 성분을 자세히 살펴본다. 암이라는 질병은 아무 음식이나 먹어서는 안 된다. 최대한 암이 자라지 못하도록 하는 음식을 먹어야 하기 때문이다. 그런데 음식을 구매할 때 성분을 살펴보면 암환자들이 먹을 만한 것이 극히 적다는 것을 알게 되었다. 세상에 있는 음식 종류는 수를 헤아릴 수 없이 많이 존재하지만 정작 건강하게 먹을 만한 음식은 그다지 많지 않다는 것이 아이러니하다. 더욱 다양하고 새로운 맛을 만들어 내기 위해 여러 가지 화학성분이 추가된 음식들이 계속 개발되고 있다. 사람들의 다양한 입맛을 만족시키기 위해 그리고 좀 더 쉽고 빠르게 음식을 만들어 먹을 수 있는 것들을 개발하다 보니 과거와 비교할 수 없이 많은 화학적 성분들이 음식에 첨가될 수밖에 없게 된다. 그런데 이런 성분들이 몸에 유익하면 좋겠지만 대부분 그렇지 않다는 사실이다.

하나님 나라를 살아가는 백성에게 있어 말씀은 매일 섭취해야 할 음식과도 같다. 살아가기 위해 반드시 먹어야 할 음식이고, 우리의 영혼을 건강하게 해 줄 영양분이기 때문이다. 그런데 이 양식을 먹지 않고 살아가려는 사람들이 너무나도 많다. 대신 본인의 입맛을 만족시켜 줄 음식을 찾고 선호하며 살아간다. 그 음식이 건강을 해치는 음식인지, 건강하도록 해주는 것인지에 관해서는 별로 신경 쓰지 않는다. 그저 자신의 입맛을 만족시켜 주면 되기 때문이다. 그래서 하나님의 말씀을 받아들이고 학습하는 것에 있어서도 입맛에 맞지 않으면 먹으려 하지 않는다. 말씀을 편식하고 있다는 것이다. 좋은 약은 입에도 쓰다고 하지 않았는가! 하나님 말씀을 자기 주관적 편견과 지식, 감정에 맞추어 해석하고 적용하여 먹으려 하다 보니 말씀의 맛을 제대로 느끼지 못한다.

> "여호와의 율법은 완전하여 영혼을 소성시키며 여호와의 증거는 확실하여 우둔한 자를 지혜롭게 하며 여호와의 교훈은 정직하여 마음을 기쁘게 하고 여호와의 계명은 순결하여 눈을 밝게 하시도다 여호와를 경외하는 도는 정결하여 영원까지 이르고 여호와의 법도 진실하여 다 의로우니 금 곧 많은 순금보다 더 사모할 것이며 꿀과 송이꿀보다 더 달도다" (시 19:7–10)

꿀보다 더 단 것이 하나님의 말씀이라 한다. 하지만 여전히 이 단맛을 느끼지 못하며 말씀을 보는 사람들이 있다. 말씀의 진정한 맛을 아직 못 본 것이다. 난 어릴 적 김치를 전혀 먹지 못했다. 김치가 입에 들어가면 구역질이 나왔다. 김치의 냄새와 배추의 아삭거리는 식감이 너무 싫어서 맛도 보기 싫었다. 그래서 성인이 되어서도 김치의 맛을 제대로 알지 못해 김치가 가져다주는 맛과 영양을 경험할 수 없었다. 나이가 들어가면서 김치를 조금씩 먹어 보려 시도를 했고 그 시작은 볶음김치였다. 조금씩 계속 먹다 보니 김치의 특별한 맛을 조금씩 알게 되었고 지금은 김치를 즐겨 먹을 수 있게 되었다.

말씀의 참된 맛을 알기 위해서 먼저 해야 할 것은 조금씩이라도 계속 먹어봐야 한다는 것이다. 제대로 맛도 보지 않고 어찌 진정한 맛을 평가할 수 있겠는가? 그런데 많은 사람들이 하나님의 말씀을 제대로 맛보지 않고도 자신의 감정과 생각으로 말씀을 해석하고 평가하려 든다. 말씀의 깊은 맛을 알지도 못한 채 말이다.

"너희는 여호와의 선하심을 맛보아 알지어다 그에게 피하는 자는 복이 있도다 너희 성도들아 여호와를 경외하라 그를 경외하는 자에게는 부족함이 없도다" (시 34:8-9)

시편기자는 하나님을 먼저 경험해 보라 말씀한다. 하나님이 어떤 분이신지 맛부터 보라는 것이다. 음식도 맛을 봐야 알 수 있듯이 하나님을 정확히 알려면 말씀을 읽고 삶으로 경험해 봐야 한다. 하나님의 말씀을 그저 내 생각과 감정, 지식과 상상력으로 평가하지 말라. 대신 진정한 하나님 말씀의 맛을 느끼고 경험하기 위해 말씀의 깊은 맛에 빠져들라. 그리고 숨은 맛을 찾기 위해 오래 씹으라. 그렇다면 경험하지 못했던 진정한 참된 말씀의 맛을 발견하게 되고 꿀송이보다 달고 영양가 있는 하나님의 말씀의 맛에 빠져들 것이기 때문이다.

함께 먹는 음식이 더 맛있다

기독교의 특징이 있다면 '함께 나눔'이다. 예수께서 행한 오병이어 (the miracle of the five loaves and two fish)의 기적을 보라. 떡 다섯 개와 물고기 두 마리로 5천 명이 함께 먹고도 남음이 있는 기적을 예수께서 보여주셨다. 보리떡 다섯 개와 물고기 두 마리는 한 아이가 가지고 온 작은 음식이었다. 하지만 이 작은 것도 예수의 은혜가 임하면 엄청나게 풍성한 은혜의 나눔이 되어짐을 보았다. 예수는 언제나 함께 나눔의 생활을 하셨다. 말씀을 나누고, 아픔을 나누고, 기도를 나누고, 식사를 나누고, 그의 모든 삶을 사람들과 함께 나누셨던 것이다.

나눔이 있는 곳은 따뜻함과 은혜가 있다. 특별히 연약하고 아픈 사람들에게 사랑과 위로를 나누어 보라. 작은 것일지라도 그 어떤 것보다도 그들에게는 힘이 되어지기 때문이다. 그런데 기독교인들이 나눌 수 있도록 하나님이 공급하신 무한한 자원이 있는데 그것은 바로 하나님의 말씀이다. 하나님의 말씀은 생명의 양식이다. 그리고 하나님 말씀은 살아 있고 운동력이 있다고 히브리서에서 말씀하지 않았는가! 죽은 영혼을 살릴 수 있는 영적 운동력이 말씀 속에 있다. 굶주리고 배고픈 영혼이 배부르고 만족할 영적 자양분이 말씀 속에 있다. 말씀을 먹을 때 영혼이 살아난다. 말씀을 통한 나눔은 없는 자나 있는 자나 구별과 차별 없이 나눌 수 있는 양식이 된다. 초대교회의 모습을 살펴보라. 있는 자나 없는 자나 그들은 나눔에 힘썼던 모습이었다.

"믿는 무리가 한마음과 한 뜻이 되어 모든 물건을 서로 통용하고 자기 재

물을 조금이라도 자기 것이라 하는 이가 하나도 없더라 사도들이 큰 권
능으로 주 예수의 부활을 증언하니 무리가 큰 은혜를 받아 그 중에 가난
한 사람이 없으니 이는 밭과 집 있는 자는 팔아 그 판 것의 값을 가져다
가 사도들의 발 앞에 두매 그들이 각 사람의 필요를 따라 나누어 줌이라"
(행 4:32-35)

예수의 부활을 증언하니 그 증언을 들은 무리들은 하나님의 큰 은혜
를 받았다고 한다. 그리고 그중에 가난한 사람이 없었다고 한다. 하나
님의 말씀, 즉 복음이 함께 하는 자리에는 하나님이 채워주시는 풍성
한 은혜가 있게 된다. 그리고 그 은혜를 누리는 자들은 결코 가난하지
않다. 하나님 주시는 은혜의 부요함을 누리기 때문이다.

"그리스도의 말씀이 너희 속에 풍성히 거하여 모든 지혜로 피차 가르치
며 권면하고 시와 찬송과 신령한 노래를 부르며 감사하는 마음으로 하나
님을 찬양하고 또 무엇을 하든지 말에나 일에나 다 주 예수의 이름으로
하고 그를 힘입어 하나님 아버지께 감사하라" (골 3:16-17)

"하나님이 능히 모든 은혜를 너희에게 넘치게 하시나니 이는 너희로 모
든 일에 항상 모든 것이 넉넉하여 모든 착한 일을 넘치게 하려 하게 하
려 하심이라" (고후 9:7)

하나님의 은혜는 혼자 간직하도록 주신 은혜가 아니다. 함께 나눌
수 있도록 모든 것에 넉넉히 부어주시는 은혜임을 말씀한다. 넘치는
은혜를 통해 하나님의 선하심을 세상에 나눌 수 있도록 우리를 향한

계획이 있으신 것이다. 우린 많은 것을 가지고도 항상 부족함을 느낀다. 나 혼자 쓰고 누리기에도 부족하다고 생각한다. 그래서 작은 것도 나눌 여유가 없다고 느낀다. 하지만, 하나님이 주시는 은혜는 넘치도록 주시는 은혜됨을 다시 한번 기억하라. 그리고 하나님이 나눌 수 있는 가장 좋은 것을 우리에게 주셨다는 사실이다. 바로 생명의 양식인 말씀이다. '함께 나눌수록 기쁨은 배가 된다'는 말이 있듯이 복음을 세상과 나누어 보라. 복음이 가져다주는 기쁨의 은혜는 더욱 커질 것이기 때문이다.

말씀을 알면 삶에 웰빙(well-being)이 찾아온다

사람들은 모두 잘 살기를 원한다. 건강하게 살기 원하고, 물질적으로 부요하게 살고 싶어하고, 이쁘고 재미있게 살기 원한다. 잘 산다는 것을 요즘 말로 '웰빙(well-being)한다' 표현한다. 웰빙에 관심이 많은 사람들은 그래서 웰빙다이어트, 웰빙관광, 웰빙운동, 웰빙음식 등을 추구하며 살아간다. 음식도 유기농을 찾아 먹고, 웰빙을 위해 운동도 꾸준히 하고, 건강하고 잘 사는 삶을 위해 현대인들은 좋은 것을 찾기에 바쁘다. 웰빙한다는 것, 즉, 잘 산다는 것은 좋은 것이다. 이것은 성경적이기도 하다. 왜냐하면 하나님께서 우리 몸과 삶을 웰빙하도록 말씀하셨기 때문이다.

많은 현대인들은 외모 가꾸기에 관심이 많다. 더 아름다워지기 위해 성형수술도 많이 한다. 그래서인지 성형수술에 대해서 이제는 너무나도 자연스럽게 받아들이게 되었다. 아름다운 몸매를 가지기 위해 운동에도 관심이 많다. 더 날씬한 몸매를 가지기 위해 과감히 다이어트도하고, 다양한 운동요법을 통해서 건강한 체형을 만들어 간다. 그래서일까? 길거리를 나가 보면 이쁘고 건강해 보이는 사람들이 굉장히 많다. 이처럼 외적인 모습에 관심이 많은 반면에, 그럼 내적인 면에 있어서 우린 얼마나 잘 가꾸고 살아가고 있을까 생각해 보게 된다. 성경에서도 특별히 내면을 가꾸는 삶에 관해서 말씀하고 있다. 이것을 성경은 '속사람의 강건'이라 표현하고 있다.

> "그의 영광의 풍성함을 따라 그의 성령으로 말미암아 너희 속사람을 능력으로 강건하게 하시오며" (엡 3:16)

사도 바울이 에베소 교인들을 향해 하나님께 기도를 드린다. 그의 기도는 인간의 '속사람(inner being)'에 초점이 맞추어져 있었다. 하나님 기뻐하시는 속사람을 지닌 존재, 그런 교회가 되게 해달라는 기도였다. 성경에서 말하는 겉사람(outer being)은 세상이 좋아하는 모습을 말한다. 좋은 학벌, 아름다운 외모, 비싼 자동차, 커다란 집 등과 같은 인간의 눈으로 보기에 좋은 것들이다. 그렇다면 속사람은 무엇을 말하는가? 우리 내면의 모습, 즉 우리의 심령을 말한다. 영적으로 건강한 사람, 영적으로 아름다운 모습이다.

그렇다면 우리의 눈은 과연 어느 쪽에 맞추어져 있을까? 겉사람인가 속사람인가? 솔직히 말하면 겉사람이 여전히 더 많을 것이다. 겉은 밖에서 잘 보이고 사람들의 눈에 잘 띄지만, 속사람은 겉으로 잘 보이지 않기 때문이다. 게다가 사람들은 외적인 겉모습을 가지고 먼저 판단하기 때문에 남들 시선을 의식해서라도 겉사람을 외면할 수가 없는 시대를 살아간다. 하지만, 우리의 겉을 가꾸듯 내면을 잘 관리하고 살피는 일이 반드시 필요함을 성경은 말씀한다.

먼저, 속사람의 강건함을 위해서 성경은 그리스도 안에 있으라 말씀한다.

"그런즉 누구든지 그리스도 안에 있으면 새로운 피조물이라 이전 것은 지나갔으니 보라 새것이 되었도다"(고후 5:17)

그리스도 안에 있다는 것은 말씀 안에 거하는 삶을 말씀한다. 예수는 말씀으로 오셨기 때문이다.

"말씀이 육신이 되어 우리 가운데 거하시매 우리가 그의 영광을 보니 아버지의 독생자의 영광이요 은혜와 진리가 충만하더라"(요 1:14)

말씀이 내 속에 있을 때 그리스도의 영광을 바라보게 된다. 그리고 말씀을 통해 은혜와 진리의 삶을 살아가게 된다. 말씀으로 오신 예수께서는 자신 안에 거하라는 말씀으로 하나님 나라를 살아갈 것을 계속 말씀하셨다.

"내 안에 거하라 나도 너희 안에 거하리라 가지가 포도나무에 붙어 있지 아니하면 스스로 열매를 맺을 수 없음 같이 너희도 내 안에 있지 아니하면 그러하리라 나는 포도나무요 너희는 가지라 그가 내 안에, 내가 그 안에 거하면 사람이 열매를 많이 맺나니 나를 떠나서는 너희가 아무 것도 할 수 없음이라" (요 15:4-5)

말씀되신 예수 안에 거한다는 것은 어떤 것인가? 그것은 말씀으로 살아가는 것, 즉, 말씀과 삶이 일치되는 모습이다. 말씀이 곧 내 모습인 것이다. 말씀이 우리를 예수께로 가까이 이끌어 준다. 모든 삶의 힘과 능력의 원천이 예수로부터 공급받는 삶을 살도록 한다. 가지가 나무에 붙어 열매 맺을 영양분을 공급받듯이 말씀이 곧 하나님 나라를 살아갈 모든 에너지의 공급원이 된다.

영적성장은 말씀을 통해 이루어진다. 마치 갓난 아기가 엄마의 젖을 먹으면서 자라나듯 영적 성장이 이루어지는 것이다. 이것을 성경은 '그리스도를 아는 지식에까지 자라난다'고 표현한다. 갓난 아기 때는 면역력이 없다. 아주 조심해야 할 때다. 때에 맞는 예방 주사를 접종시키며 아이의 면역을 키워 주어야 한다. 예수를 믿는 것도 마찬가지다. 예수 믿었다고 한 순간에 믿음이 자라나지 않는다. 영적으로 싸울 만한 힘을 키워 나가야 한다. 솔직히 교회는 연약한 존재들이 모여 있는 집합체다. 다만 연약한 자들이 하나님을 의지함으로 하나님의 능력으로 강함을 입는 것이다. 이 강함은 예수의 말씀에서 비롯되며 말씀 안에는 예수의 능력이 있기 때문이다.

말씀은 또한 자기의 상태를 진단하도록 만들어 준다. 말씀에 빗대어 내 모습을 들여다보게 되기 때문이다. 질병을 치료하기 위해서는 '내가 병에 걸렸다'는 인식에서부터 치료가 시작된다. 알코올 중독자 모임에 나가면 가장 먼저 하는 것이 '나는 알콜중독자입니다'라고 고백하는 것이라 한다. 스스로 중독된 것을 인지시키는 것이다. 자신이 병들고 아프다는 것을 알지 못하고, 인지하지 못한 상태로 세상을 사는 사람들이 많다. 속은 병들고 있는데 그것을 인지하지 못하고 자기가 하고 싶은대로 살아가면 어떻게 되겠는가? 결코 웰빙을 살 수 없다. 어느 순간 결국 병이 악화되어 무너지게 되기 때문이다.

예전에 『지선아 사랑해』라는 책을 읽어 보았다. 이 책을 쓴 이지선 씨는 꽃다운 20대의 나이에 온몸의 50%에 3도 화상을 입는 참혹한 경험을 하게 되었다. 정말 끔찍하고 고통스러운 경험을 한 그녀가 절망과 아픔을 이겨낸 이야기였다. 너무 참혹한 절망 가운데서 그녀가 할 수 있는 일이 단 두 가지였다고 한다. 아파트 옥상에 올라가거나 아니면 하나님을 찾는 일…. 그녀의 삶에는 하나님을 원망하는 기도밖에 나오지 않았다고 한다. 그런데 어느 날 '사랑하는 딸아, 사랑한다'라는 음성이 들렸다. 이 음성을 듣고 그녀의 기도가 바뀌었다고 한다. 세상에 병들고 연약한 자들에게 희망이 되고 싶은 마음이었다. 이 마음을 하나님이 주셨다고 한다. 죽고 싶은 마음 밖에 들지 않고 겉과 속이 모두 죽어 있던 그녀는 이 음성에 힘입어 차츰 건강해지기 시작했다. 그리고 자신의 경험을 간증으로 책을 내고 용기와 희망을 주는 일들을 하고 있다.

우리 삶에 있어서 과연 웰빙이란 무엇일까? 더 나아가 크리스찬에게 있어서 웰빙은 어떤 삶을 살아야 하는 것일까? 온몸에 화상을 입어 겉사람이 약해질대로 약해진 이지선 씨 같은 사람은 이제 웰빙을 할 수 없는 것일까? 이지선 씨 같은 경우 겉사람의 많은 부분을 잃어

버렸지만, 그녀의 속사람을 예수 그리스도로 채웠더니 예전보다 더욱 강건한 새로운 삶을 살아가고 있다는 사실이다. 웰빙의 근원은 예수 그리스도이다. 이 모습을 사도 바울은 '십자가의 사랑에 뿌리내림'으로 설명해 주었다.

> "그의 영광의 풍성함을 따라 그의 성령으로 말미암아 너희 속사람을 능력으로 강건하게 하시오며 믿음으로 말미암아 그리스도께서 너희 마음에 계시게 하시옵고 너희가 사랑 가운데서 뿌리가 박히고 터가 굳어져서 능히 모든 성도와 함께 지식에 넘치는 그리스도의 사랑을 알고 그 너비와 길이와 높이와 깊이가 어떠함을 깨달아 하나님의 모든 충만하신 것으로 너희에게 충만하게 하시기를 구하노라" (엡 3:16-19)

'뿌리를 내린다'는 것은 그 속의 영양분을 받아들인다는 것이다. 식물이 어느 곳에 뿌리를 내리는가에 따라 어떤 양분을 먹게 되는가 결정이 된다. 즉, 뿌리 내리는 곳이 자라날 삶의 터전이 되는 것이다. 좋은 옥토에 심겨진 나무가, 그리고 수분이 풍부한 땅에 심겨진 나무가 더 잘 자라고 많은 열매를 맺게 된다. 마찬가지로 하나님 나라를 살아가는 성도가 뿌리 내릴 곳은 예수 그리스도이다. 예수 그리스도의 말씀이 삶의 뿌리를 내릴 터전이 되는 것이다. 하나님 말씀에는 하나님의 사랑이 온전히 담겨있다. 우리를 위해 직접 피 흘리신 사랑이 묻어 있는 것이 바로 하나님 말씀이다. 이 말씀에는 십자가의 사랑뿐만 아니라 회복, 치유, 위로, 능력, 지혜, 감사, 소망 등이 또한 포함되어 있다. 예수 그리스도로부터 공급되는 모든 양분을 잘 받아 흡수하라. 이로부터 맺어지는 엄청난 은혜의 열매가 당신의 삶을 채우기 때문이다.

> "예수 그리스도로 말미암아 의의 열매가 가득하여 하나님의 영광과 찬
> 송이 되기를 원하노라" (빌 1:11)

예수 그리스도를 통해 웰빙을 살아가야 한다. 예수의 말씀으로 당신의 영혼을 채우고, 말씀되신 예수의 모습이 내 삶의 모습이 되도록 살아가는 것이다. 예수 그리스도로 말미암은 의의 열매가 하나님 나라를 살아가는 당신의 영혼과 삶을 채우고 이로 인해 영광의 풍성함을 누리는 참된 웰빙을 발견하게 될 것이기 때문이다.

학습은 하나님을 기억하도록 만든다

성경을 보면 하나님을 잊어버린 이스라엘 백성에 대한 말씀이 나온다. "하나님을 잊어버린 이스라엘아" 하며 백성을 부르며 탄식하는 하나님의 모습이 많기 때문이다. 출애굽 광야 백성의 모습에서 한 예를 들어본다면, 광야의 백성들은 어려움을 만날 때마다 하나님에 대한 불평과 불만이 끊이질 않았다. 게다가 하나님이 언제나 함께 하셨음에도 불구하고 하나님을 순간 잊어버리는 모습을 자주 보게 된다. 더군다나 하나님이 함께 하신다는 기쁨보다는 애굽의 노예로 살았던 그 시절을 오히려 더욱 그리워하였다. 조금만 의심스럽고 어려운 상황이 닥쳐와도 그들은 하나님보다 애굽의 신을 찾았다. 어쩌면 저리도 쉽게 하나

님을 잊을 수 있을까 할 정도였다. 민수기를 보면 백성들은 고난을 당할 때마다 하나님을 악한 말로 원망하기도 했다.

> "여호와께서 모세에게 이르시되 이 백성이 어느 때까지 나를 멸시하겠느냐 내가 그들 중에 많은 이적을 행하였으나 어느 때까지 나를 믿지 아니하겠느냐" (민 14:11)

게다가 하나님이 광야의 백성들을 위해 먹이고 입히신 은혜의 공급에 대해 '하찮다'고 말하기까지 한다.

> "백성이 하나님과 모세를 향하여 원망하되 어찌하여 우리를 애굽에서 인도해 내어 이 광야에서 죽게 하는가 이 곳에는 먹을 것도 없고 물도 없도다 우리 마음이 이 하찮은 음식을 싫어하노라 하매" (민 21: 5)

"하찮은 음식"을 NIV 성경에서는 "miserable food(비참한 음식)"으로 해석하는데, 하나님께서 공급하신 은혜를 백성들은 '비참하다'고 느꼈다는 것이다. 하나님의 은혜를 모두 잊어버린 인간의 비참함이 여실히 드러나고 있다. 그래서 하나님은 모세를 통해 하나님을 쉽게 잊어버리는 이스라엘 백성에게 하나님에 대하여 다시 가르칠 것을 신명기를 통해 말씀한다.

> "이는 곧 너희의 하나님 여호와께서 너희에게 가르치라고 명하신 명령과 규례와 법도라 너희가 건너가서 차지할 땅에서 행할 것이니 곧 너와 네

아들과 네 손자들이 평생에 네 하나님 여호와를 경외하며 내가 너희에게 명한 그 모든 규례와 명령을 지키게 하기 위한 것이며 또 네 날을 장구하게 하기 위한 것이라 이스라엘아 듣고 삼가 그것을 행하라 그리하면 네가 복을 받고 네 조상들의 하나님 여호와께서 네게 허락하심 같이 젖과 꿀이 흐르는 땅에서 네가 크게 번성하리라" (신 6:1-3)

특별히 신명기 8장을 살펴 보면 하나님을 잊지 말라는 메시지를 더욱 강조하는데, 모세는 광야의 40년 역사를 되돌아보면서 백성들에게 말씀한다.

"내가 오늘 명하는 모든 명령을 너희는 지켜 행하라 그리하면 너희가 살고 번성하고 여호와께서 너희의 조상들에게 맹세하신 땅에 들어가서 그것을 차지하리라 네 하나님 여호와께서 이 사십 년 동안에 네게 광야 길을 걷게 하신 것을 기억하라 이는 너를 낮추시며 너를 시험하사 네 마음이 어떠한지 그 명령을 지키는지 지키지 않는지 알려 하심이라 너를 낮추시며 너를 주리게 하시며 또 너도 알지 못하며 네 조상들도 알지 못하던 만나를 네게 먹이신 것은 사람이 떡으로만 사는 것이 아니요 여호와의 입에서 나오는 모든 말씀으로 사는 줄을 네가 알게 하려 하심이니라 이 사십 년 동안에 네 의복이 헤어지지 아니하였고 네 발이 부르트지 아니하였느니라 너는 사람이 그 아들을 징계함 같이 네 하나님 여호와께서 너를 징계하시는 줄 마음에 생각하고 네 하나님 여호와의 명령을 지켜 그의 길을 따라가며 그를 경외할지니라 네 하나님 여호와께서 너를 아름다운 땅에 이르게 하시나니 그 곳은 골짜기든지 산지든지 시내와 분천과 샘이 흐르고 밀과 보리의 소산지요 포도와 무화과와 석류와 감람

나무와 꿀의 소산지라 네가 먹을 것에 모자람이 없고 네게 아무 부족함이 없는 땅이며 그 땅의 돌은 철이요 산에서는 동을 캘 것이라 네가 먹어서 배부르고 네 하나님 여호와께서 옥토를 네게 주셨음으로 말미암아 그를 찬송하리라" (신 8:1-10)

위의 말씀을 주면서 11절에 결국 여호와 하나님을 잊지 말라는 당부를 백성들에게 준다.

"내가 오늘 네게 명하는 여호와의 명령과 법도와 규례를 지키지 아니하고 네 하나님 여호와를 잊어버리지 않도록 삼갈지어다" (신 8:11)

모세는 백성들에게 신신당부하듯 하나님을 잊어버리지 않기를 말씀을 통해 가르치고 또 가르쳤다.

하나님을 잊어버린 백성의 모습은 출애굽 광야의 백성의 모습 외에도 이사야 43장에도 하나님을 잊어버린 백성의 모습이 어떠한지 말씀해 준다.

"그러나 야곱아 너는 나를 부르지 아니하였고 이스라엘아 너는 나를 괴롭게 여겼으며 네 번제의 양을 내게로 가져오지 아니하였고 네 제물로 나를 공경하지 아니하였느니라" (사 43:22-23a)

하나님을 잊어버린 백성들은 하나님을 죄악으로 괴롭게 하고 힘들게 하는 삶을 살았다. 하지만 하나님은 이런 모습에도 불구하고 여전히 그의 백성들을 사랑하셨고 그를 잊어버린 백성들에게 하나님의 하나님되심을 다시 바라보고 기억할 수 있도록 반복적으로 말씀하고 계심을 알 수 있다.

> "너희의 구속자요 이스라엘의 거룩한 이 여호와가 말하노라 … 나는 여호와 너희의 거룩한 이요 이스라엘의 창조자요 너희의 왕이니라 나 여호와가 이같이 말하노라 바다 가운데에 길을, 큰 물 가운데에 지름길을 내고 병거와 말과 군대의 용사를 이끌어내어 그들이 일시에 엎드러져 일어나지 못하고 소멸하기를 꺼져가는 등불 같게 하였느니라 너희는 이전 일을 기억하지 말며 옛날 일을 생각하지 말라 보라 내가 새 일을 행하리니 이제 나타낼 것이라 너희가 그것을 알지 못하겠느냐 반드시 내가 광야에 물을, 사막에 강들을 내어 내 백성, 내가 택한 자에게 마시게 할 것임이라 이 백성은 내가 나를 위하여 지었나니 나를 찬송하게 하려 함이니라"
>
> (사 43:14-21)

하나님께서는 백성들이 하나님의 하나님되심을 알기를 원하셨다. 어찌보면 사실 굉장히 슬픈 모습이기도 하다. 자식이 부모를 알아 주지 못하고, 부모로서 인정을 하지 않는다고 생각을 해 보라. 부모의 마음이 얼마나 비참하고 슬픈 모습인가! 하나님을 향한 이스라엘 백성의 모습이 이와 같았다. 하나님을 알지 못했던 것이다. 하나님을 잊어버리고 기억하지 못했던 모습이었다. 그래서 하나님은 백성들에게 몇 번이고 다시 말씀하셨다.

"나 곧 나는 여호와라 나 외에 구원자가 없느니라" (사 43:11)

하나님께서는 그가 곧 여호와이심을 백성들에게 반복해서 말씀하셨다. '나는 여호와라.' 성경을 읽다 보면 하나님이 여호와 되심을 계속해서 말씀하신다. "여호와"라는 칭호는 히브리 성경에 대략 5,500번이나 나온다고 한다. 그토록 하나님의 여호와 되심을 말씀하셨지만 아쉽게도 백성들은 하나님을 여전히 잊어버리고 살았다는 사실이다.

그래서 하나님을 잊고 사는 우리에게 말씀의 외침이 여전히 필요하다. 큰 소리는 자각시켜 주는 능력이 있다. 잠에서 깨어나지 못하는 아이를 깨울 때도 큰 소리를 사용한다. "일어나! 늦었어!" 또는 알람시계의 소리를 키워 깨우기도 한다. 하나님의 말씀은 잠자는 영혼을 깨우는 큰 울림이 있다. 예수께서도 그의 공생애를 시작하기 전 큰 외침으로 잠자는 영혼을 먼저 깨우셨다. "회개하라 천국이 가까이왔느니라." 말씀을 통해 하나님을 잊어버리고 무뎌진 잠자는 영혼을 깨워야 한다. "정신차려, 하나님이 여기 계시잖아!" 말씀에 힘입어 스스로 깨어나는 것이다. 아무리 큰 소리가 있어도 내가 일어나려 하지 않고 결국 울리는 알람을 꺼 버리고 다시 잠을 청하는 자가 되지 말아야 한다. 외침이 있을 때 우리는 그 소리를 듣고 벌떡 일어날 수 있는 깨어남이 성도의 삶에 있어야만 한다. 이스라엘이 영적 침체의 시간을 살아갈 때 호세아 선지자 역시 백성들을 향해 큰 외침을 주었다.

"오라 우리가 여호와께로 돌아가자 여호와께서 우리를 찢으셨으나 도로 낫게 하실 것이요 우리를 치셨으나 싸매워 주실 것임이라" (호 6:1)

스스로 깨어나 여호와께 돌아가자는 것이었다. 하나님께 돌아가면 그곳에 회복이 있고 은혜가 있기 때문이었다. 여전히 나의 영혼에 어떤 외침의 소리가 없다면 지금 말씀을 통해 나의 영혼을 깨우라.

"내 영광아 깰지어다 비파야, 수금아, 깰지어다 내가 새벽을 깨우리로다"
(시 57:7)

학습은 고난을 통과시킨다

북아메리카에는 굵고 높은 나무가 아주 많다. 특별히 잎이 큰 활엽수 종류가 많다고 한다. 북아메리카의 활엽수는 땅이 비옥하다보니 나무가 깊이 뿌리를 내리지 않아도 영양분을 쉽게 얻어 나무가 빠른 속도록 높이 자라난다. 하지만 강한 폭풍이라도 온다면 아무리 덩치가 큰 나무라 할지라도 뿌리채 쉽게 뽑혀 버리고 만다. 나무의 크기와는 달리 뿌리가 그다지 깊지 않기 때문이다. 반면에 섬이나 해변지역의 나무들을 살펴보면 높고 굵은 나무가 그렇게 많지 않다. 그런데 키가 작아 보이는 나무일지라도 나이는 수백 년씩 되는 나무가 많다고 한다. 겉으로 보기에는 아주 작고 약해 보이는 나무이지만 그 뿌리는 수백 년 동안 땅 속 깊이 뿌리를 내리고 있는 것이다. 북아메리카의 비옥한 환경과 달리 척박하고 더운 땅 그리고 바람이 강하게 부는 곳에서 살아남기 위해서는 뿌리를 땅 속 깊이 내려야 했던 것이다. 이 두 다른 지역의 나무를 보면서 신앙도 이와 같지 않을까 생각이 든다. 은혜와 축복으로 누리는 넉넉함도 좋지만, 고난이 없고 편안한 삶은 믿음의 뿌리가 약해질 수 있다는 것이다.

하나님 나라를 살아가면서 닥쳐오는 고난은 영적인 뿌리를 깊이 내리도록 만드는 은혜의 배움터가 된다. 토마스 아켐피스(Thomas A Kempis)는 신앙에 닥쳐오는 고난에 대하여 "성도는 고난을 당해도 감사해야 한다"라고 말했다. 보통 환난과 핍박이 닥쳐오면 기뻐할 수 있는 것이 없다. 더욱이 믿음이 없다면 환경을 탓하거나, 자신의 운을 탓할지도 모른다. 게다가 하나님을 원망할 수도 있다. 하지만 하나님을 믿는 성도됨의 능력은 이런 때에 나타나게 된다. 즉, 하나님의 구원을 바라보는 성도는 고난 가운데서도 하나님을 기다리고 기대하며, 감사와 찬양할 수 있는 은혜를 배우게 된다는 것이다.

고난 가운데서도 하나님의 약속을 신뢰하는 하나님 나라 백성은 결코 쉽게 무너지지 않는다. 성경에 보면 씨뿌리는 자의 비유에서 4가지 형태의 땅(길가, 돌밭, 가시밭, 옥토)이 나온다. 그런데 이 땅들의 차이는 무엇일까? 길가, 돌밭, 가시밭은 씨앗이 뿌려졌지만 제대로 열매를 맺지 못한 땅이었다. 그런데 옥토는 어떠한가? 옥토에 뿌려진 씨앗은 뿌리를 잘 내려 열매를 맺게 되었다. 옥토의 특징이 있다면 옥토는 잘 갈아지고 흙이 뒤집어진 땅을 말한다. 즉, 곡괭이, 호미, 삽 등을 이용해 메마르고 딱딱했던 땅을 깨고 부수고 갈아엎는 고난의 과정을 거친 땅이다. 이런 과정을 통해 불필요한 것들은 다 제거되고, 결과적으로 남은 것이 옥토가 되어지는 것이다.

땅의 입장에서 보면 옥토는 고난과 고통, 아픔을 겪은 땅이다. 곡괭이로 찍고 호미로 파헤칠 때마다 얼마나 찢기고 으스러지는 고난과 고통이 있었겠는가! 반면 고난을 외면한 길가, 돌밭, 가시밭은 여전히 그 모습 그대로 있을 뿐이다. 그래서 씨앗이 자라나지 못하고 열매를 맺지 못한다. 여전히 메마르고 딱딱해서 씨앗이 뿌리 내리지 못하는 그 모습 그대로다. 그래서 여전히 상처를 주는 땅이고 열매가 없는 땅으로 지낼 수밖에 없는 것이다.

사람의 마음도 마찬가지이다. 주님의 말씀을 듣고 예배를 드려도 변화되지 않고 여전히 그 모습 그대로인 것은 내 모습이 깨어지고 으스러지는 고난을 받아들이지 않았기 때문이다. 오히려 고난과 아픔을 피하는 신앙, 즉, 축복만을 추구하는 신앙을 살려는 모습이기도 하다. 돌밭에는 아무리 물을 많이 주어도 여전히 돌밭이다. 돌을 제거하지 않고는 그 땅이 변화되지 않는다. 가시나무에 아무리 물을 많이 주어도 가시나무는 여전히 가시나무로 존재한다. 가시밭이 열매 맺는 밭이 되기 위해서는 가시라는 뿌리를 제거해야만 하고, 돌밭이 꽃을 피우기 위해서는 땅속의 돌덩이들을 골라서 버려야만 하는 것이다.

교회를 다니고 말씀을 듣고 예배를 드려도 변화되지 않고 여전히 그 모습 그대로인 것은 내 모습이 깨어지고 으스러지는 고통을 받아들이지 않았기 때문이다. 고난과 아픔을 피해 신앙을 살려고만 한다. 그리고 엉뚱한 것 가지고 고난이라고 치부하기도 한다. 가시나무에 물을 많이 안 주었다고 그것이 고난인 줄 알지만 사실 가시나무엔 아무리 물을 많이 주어도 가시만 무성해질 뿐이다.

아무리 말씀을 들어도 변화되지 않는 나의 모습을 되돌아보라. 나의 모습을 성경에 비추어 돌덩이 같이 딱딱하고 가시나무같이 따가운 내 마음을 부수고 으스러 뜨려야 하는 것이다. 하나님 말씀은 돌같이 굳은 우리의 마음을 부수고 쪼개뜨릴 힘과 능력을 가지고 있다. "좌우에 날 선 검"과 같이 말씀이 내 안에 들어오면 돌같이 굳은 내 마음을 찌르고 쪼갤 수 있기 때문이다. 현재 자신의 마음 상태를 살펴보라. 너무나도 딱딱한 돌멩이와 같은가? 큰 바위처럼 깨뜨릴 수 없을 만큼 거대한가? 지금 이 순간 말씀을 통해 고난의 순간을 통과하라. 당신의 삶이 정금이 되어지는 그 순간까지 말이다.

이런 과정을 거치도록 하는 것이 바로 고난의 유익이다. 삶에 고난이 있다는 것은 결국 우리의 마음을 일구는 것과 같다. 고난이 우리의 삶과 방향을 바꾸어 준다. 듣지 못했던 하나님의 음성을 듣게 해주고, 믿음을 더욱 깊고 성숙하게 해 준다. 그리고 고난을 경험함으로써 하나님의 말씀을 더욱 인격적으로 신뢰하게 된다. 하나님의 말씀을 삶으로 살아가는 것이 이와 같다. 형통의 삶을 통해 하나님의 약속을 학습하고 배우는 것도 있지만, 고통의 시간을 통해 하나님의 일하심과 긍휼을 배우는 학습 또한 그 배움의 크기가 엄청나게 크기 때문이다. 고난 가운데 백성들은 하나님을 기억하고 그에게 돌아가는 것이 유일한 회복의 길인 것을 알게 되었다. 이를 알게 하기 위해 하나님은 계속해서 백성들을 향해 말씀을 주시고 외치셨다. 그래서 하나님이 생각나도록 하셨고 그가 베푸신 은혜를 다시 바라볼 수 있게 하셨다.

하나님의 은혜를 경험하고 기억하는 성도는 고난 가운데 있을지라도 눈빛이 다르고 고난을 해석하는 방법이 다르다. 왜냐하면 고난 가운데서도 하나님 주시는 소망을 바라볼 수 있는 생명력을 가지고 있기 때문이다.

"생각하건대 현재의 고난은 장차 우리에게 나타날 영광과 족히 비교할
수 없도다"(롬 8:18)

하나님의 약속과 소망의 말씀을 기억하고 떠올릴 수 있는 사람은 고
난 가운데서도 소망을 바라볼 수 있다. 고난의 상황과 조건이 변하지
않더라도 말씀은 그것을 바라보는 해석이 달라지도록 만들기 때문이
다. 하나님 말씀이 주는 믿음이 들어오면 고통의 상황이 바뀌지 않더
라도 그 상황을 바라보는 해석이 바뀌게 된다. 로마서 5장을 보면 믿음
으로 현재의 상황적 해석이 어떻게 바뀌어지는가를 보게 된다.

"그러므로 우리가 믿음으로 의롭다 하심을 받았으니 우리 주 예수 그
리스도로 말미암아 하나님과 화평을 누리자 또한 그로 말미암아 우리
가 믿음으로 서 있는 이 은혜에 들어감을 얻었으며 하나님의 영광을 바
라고 즐거워하느니라 다만 이뿐 아니라 우리가 환난 중에도 즐거워하나
니 이는 환난은 인내를, 인내는 연단을, 연단은 소망을 이루는 줄 앎이로
다 소망이 우리를 부끄럽게 하지 아니함은 우리에게 주신 성령으로 말미
암아 하나님의 사랑이 우리 마음에 부은 바 됨이니 우리가 아직 연약할
때에 기약대로 그리스도께서 경건하지 않은 자를 위하여 죽으셨도다"
(롬 5:1-6)

왜 환난이 결국 소망으로 바뀌게 되었을까? 그것은 바로 고난 중에
하나님께서 주시는 위로를 바라보는 믿음이 생기기 때문이다. 믿음이
없이는 하나님께서 우리에게 부어 주시는 위로의 능력을 바라보는 해

석의 능력을 가질 수 없기 때문이다. 하나님을 믿지 않는 사람들은 믿음이 없어서 하나님의 위로를 받지 못하므로 그 능력을 보지 못한다. 성경에 나오는 욥을 생각해 보라. 욥은 절망적 상황 가운데서도 하나님의 다스리심을 발견하였다. 모든 것이 타 버릴 듯한 뜨거운 고난의 용광로 속에서도 그는 믿음을 통해 정금이 되어지는 소망을 가졌다. 고난의 상황 가운데 있다면 지금 당장 하나님의 말씀을 당신 영혼에 펼쳐야 하는 순간이다. 왜냐하면 그곳에 고난을 통과시키는 하나님 은혜의 설명서가 들어있기 때문이다.

학습은 진리를 살피는 일이다

인간은 길을 걸어갈 때 똑바로 걸어가듯 하지만 사실 그렇지 않다. 순간 방향을 조절하면서 걸어가니까 앞으로 똑바로 걸어갈 수 있는 것이다. 눈을 한번 감고 앞을 향해 걸어 보라. 눈을 감고 원하는 방향으로 똑바로 걸어갈 수 있는 사람은 거의 없을 것이다. 어떤 사람은 왼쪽으로, 어떤 사람은 전혀 다른 방향으로, 어떤 이는 오히려 뒷걸음질 쳐 있는 모습을 발견하게도 된다. 인생을 살아가는 것도 이와 같다. 올바르고 곧은 삶을 살아가기 위해서는 그때 그때 나의 발걸음을 수정해주는 인도자가 필요한 것이다.

잠언 1:7에서는 "여호와를 경외하는 것이 지식의 근본"이라 말씀한다. 이 지식은 사람을 지혜롭게 하고, 공의롭게 하며, 정의롭게 그리고 정직하게 행할 일을 알게 하는 지식이라고 한다. 어리석은 자가 슬기롭게 되고 젊은 자에게 지식과 근신함을 주기 위한 것이며, 하나님을 아는 그 지식으로 인해 학식이 더할 것이고 더 명철해지도록 하는 지식이 바로 여호와를 알고 그를 경외하는 것을 아는 지식에서 비롯된다는 것이다.

하나님의 말씀에는 하나님을 알도록 가르치는 하늘의 모든 지혜와 지식이 담겨있다. 그래서 하나님 나라를 살아가는 성도는 말씀을 배우기에 더욱 힘써야 한다. 왜냐하면 성도는 하나님의 다스림을 받고 살아가는 백성이기 때문이다. 하지만 많은 사람들이 하나님을 알지 못해서 그를 멸시하고, 그의 말씀을 듣기 싫어한다. 하나님 입장에서는 굉장히 슬픈 일이다. 창조물이 창조주 되신 하나님을 무시하는 모습은 마치 자식이 부모의 부모됨을 인정하지 않는 모습과도 같기 때문이다. 하지만 하나님은 인간이 비록 이런 모습일지라도 이들을 그냥 내버려두시지 않는다. 왜냐하면 하나님은 우리를 끝까지 사랑하시기 때문에 사망의 음침한 골짜기로 다니는 그의 백성들을 부르시고 여전히 찾고 계신다는 사실이다.

"하나님은 모든 사람이 구원을 받으며 진리를 아는 데 이르기를 원하신다"

(딤전 2:4)

그래서 하나님은 여전히 외치신다. 광장에서, 길목에서, 어느 곳에서나 그의 음성을 들을 수 있도록 말이다. 이 시대 가운데도 여전히 이런 외침이 있다. '여호와를 알라', '복음을 들으라', '하나님은 구원자이시다.' 하지만 여전히 그 소리에 눈이 가리워지고, 귀가 어두운 영혼들이 너무나 많다. 마치 건물에 불이 나서 사람들에게 '불이야! 어서 피하세요' 아무리 외쳐도 내 일이 아닌 것처럼 강 건너 불 구경하듯 보는 시선들이 많다. '설마 죽기야 하겠어'라며 절박한 하나님의 음성을 여전히 무시하기 때문이다.

많은 현대인들은 정보의 홍수 시대를 살아간다. 배워야 할 것도 많고 알아야 할 것도 많은 시대이다. 보고 듣는 정보가 너무 많다 보니 정작 중요한 것을 기억하지 못하고 놓치고 살 때도 많다. 배우고 기억해야 할 것이 너무 많고, 복잡하고 다양한 시대 속에서 무언가 기억한다는 것이 쉽지 않기 때문이다. 사도 베드로가 복음을 전했던 시대도 이와 비슷했던 것 같다. 베드로 역시 복음을 전할 때 성도들을 향해 '생각하라'라는 외침을 자주 던졌기 때문이다.

"그러므로 너희가 이것을 알고 이미 있는 진리에 서 있으나 내가 항상 너희에게 생각나게 하려 하노라 내가 이 장막에 있을 동안에 너희를 일깨워 생각나게 함이 옳은 줄로 여기노니 이는 우리 주 예수 그리스도께서 내게 지시하신 것 같이 나도 나의 장막을 벗어날 것이 임박한 줄을 앎이라 내가 힘써 너희로 하여금 내가 떠난 후에라도 어느 때나 이런 것을 생각나게 하려 하노라" (벧후 1:12-15)

베드로는 계속 '생각해내라'고 권면을 준다. 그렇다면 무엇을 생각해낼 것인가? 알고 있는 진리에 서 있는 것, 바로 그 진리를 늘 기억해내라는 것이었다. 즉, 베드로는 성도들에게 말씀의 진리 가운데, 말씀에 견인된 삶을 살아갈 것을 강조하는 것이었다. 말씀이 성도와 교회의 삶을 견인한다는 것은 신앙생활에 있어서 참으로 중요하다. 말씀의 진리 가운데 서 있을 때 교회와 성도는 힘을 잃지 않는다. 그리고 진리를 흔드는 어떤 공격 가운데서도 흐트러지지 않는 삶을 살아갈 수 있는 중심을 지킬 수 있게 된다. 많은 사람들이 세상 가운데 휘둘려 방황할 때 힘을 잃고 중심을 잃고 넘어진다. 삶의 구심점이 흔들리기 때문이다. 하지만 진리 되신 하나님 말씀이 삶의 구심점이 되어질 때 성도와 교회는 중심을 지킬 수 있다.

하나님의 뜻은 이미 우리에게 다 선포되고 말씀 되었다. 그리고 성경은 이를 증거하고 있다. 하나님은 이미 그의 뜻을 우리에게 보이시고 말씀하셨지만 하나님에 대한 우리의 관심과 사랑의 부족이 그 뜻을 온전히 인식하지 못할 뿐이다. 오히려 하나님 말씀보다 다른 것에 더 관심이 많다. 즉, 우리의 마음을 하나님이 아닌 다른 곳에 다 빼앗겨 버렸기 때문이다. 그래서 하나님의 마음을 알지 못한다. 그리고 하나님의 마음이 내 마음이 되지 못하기 때문에 그 뜻을 수시로 잊어버리고 살 뿐이다. 이사야 46장을 보면 하나님은 이미 그의 뜻을 우리에게 다 알게 하셨다고 말씀한다.

"내가 시초부터 종말을 알리며 아직 이루지 아니한 일을 옛적부터 보이고"

(사 46:10)

하나님은 그의 뜻을 한 번도 숨기거나 알리지 않으신 적이 없었다. 즉, 세상에 참된 진리가 무엇인지 이미 선포하셨다는 것이다. 하나님께서 직접 계시하시고, 선지자를 보내시고, 결국 예수까지 보내셨던 것은 이 세상을 향한 하나님 구원의 계획이 드러나도록 하신 하나님의 진리의 선포였다. 또한 그 이후로도 성령을 보내셔서 우리 안에 성령의 임재와 조명하심(illumination)을 통해 여전히 하나님의 뜻과 계획을 알도록 하신다는 사실이다.

따라서 말씀에 대한 학습이란 하나님의 뜻, 즉 그의 진리를 알아가는 것이다. 진리된 하나님의 말씀을 알게 되고 그 뜻을 따라 살아가려는 순종의 믿음을 키우는 것이 학습의 훈련이다. 하나님 나라 믿음은 하나님 말씀에 대한 진리를 추구하며 지키는 믿음이다. 이를 위해 '하나님이 누구신가'에 대한 올바른 지식과 이해를 가지고 있어야 한다. 하나님의 성품, 특성, 하나님의 존재하심, 하나님의 계획과 약속 등 성경에서 발견되는 하나님에 관한 것에 대해 앎의 영역을 넓혀가는 것이다.

남녀간의 교제에 있어서 연애시절 서로에 대해서 잘 알기 위해 많은 노력을 하게 된다. 상대 이성의 관심을 끌고 서로의 마음을 얻기 위해 편지도 쓰고, 카페에서 만나 대화도 많이 나누고, 전화통화도 자주 하고, 맛있는 것을 함께 먹으러 가기도 하고, 취미생활도 공유한다. 이런 함께하는 시간을 통해 서로 가까워지면서 결국 결혼까지 이르게 된다. 마찬가지로 하나님의 뜻을 알아가기 위해서는 하나님과의 깊은 교제 가운데 머무르며 사모하는 마음으로 그의 뜻을 알아가기에 힘써야 한다. 성경은 하나님의 말씀이다. 그리고 이 말씀 안에 하나님의 뜻과 계획이 담겨 있다. 따라서 우리가 하나님의 뜻을 더욱 깊이 알아가기 위해서는 성경말씀에 대한 깊은 탐구와 이해가 필요한 것이다.

학습은 하나님을 끝까지 신뢰하도록 만들어 준다

인생의 길을 걸어가다 장애물을 만나면 쉽게 좌절하거나 낙담할 때가 있다. 성경을 보면 쉽게 좌절하고 낙담하는 대표적인 모습을 광야의 이스라엘 백성들의 삶 속에서 발견하게 된다. 400년의 노예 생활을 마치고 이스라엘 백성들은 모세의 인도로 광야를 향해 행진하게 된다. 하지만 애굽의 바로는 군대를 보내서 이스라엘 백성들을 쫓아간다. 쉽게 보내주지 않으려는 속셈이 있기 때문이다.

광야의 백성들은 애굽의 군대를 피해 이제 홍해 앞에 서게 된다. 큰 물결이 앞을 가로막고 있었고 뒤에는 애굽의 군대가 말병거를 이끌고 쫓아오고 있었다. 큰 바다, 즉 막힌 길이 앞을 가로 막고 있었다. 하나님을 알지 못하고 신뢰하지 못하는 백성은 불평과 원망이 먼저 나왔을 것이다. '여기서 죽게 하다니, 차라리 애굽에 있을 것을….' 하나님을 신뢰하지 못하는 백성의 원망이 터져나오기 시작한다.

원망하는 이스라엘 백성의 모습을 볼 때마다 참 안타깝다. 저리도 하나님을 신뢰할 수 없었을까? 하나님이 그토록 기적을 보여 주시고 여전히 함께 동행하셨음에도 불구하고 말이다. 당장에 막힌 벽을 만나기라도 하면 하나님을 향한 원망이 하늘을 찔렀기 때문이다. 동시에 나의 모습이 이스라엘 백성의 모습과 같지 않을까 내 신앙에 대한 의심도 해보게 된다.

우린 한 치 앞도 보지 못하고 인생을 살아간다. 그 길에 구덩이가 있는지, 막힌 길인지, 잘못된 길인지 알지 못하고 자기 확신을 통해 그 길을 걸어간다. 그러다 행여라도 어려움을 만났을 때 우린 또한 그 길에서 쉽게 좌절하고 낙심을 하기도 한다. 그러다 자기의 인생에 대한 후회와 의심이 생기고 자신이 현재 걷고 있는 길에 대한 신뢰가 무너지기도 한다. '과연 지금의 인생이 맞는 것일까?' 다시 인생을 거꾸로 돌아갈 수도 없다. 이미 너무 많이 지나왔기 때문이다. 후회해도 이미 늦었다.

우린 모두 자신의 길을 개척하며 살아가는 개척자 인생이기도 하다. 그 길에서 실패도 만나고 때론 성공(내가 원하는 성공)을 만나기도 한다. 하지만 여전히 자신 앞에 어떤 길이 놓여 있을지 한 치 앞도 모르고 또 길을 개척하며 걸어가게 된다. 길을 개척하는 것에 있어서는 어느 정도 목적과 방향, 그리고 확신이 있어야 한다. 무턱대고 절벽이 있을지도 모를 길을 걸어가서는 안 되기 때문이다. 그래서 안전한 인생의 길을 걸어가기 위해서는 이미 앞서서 길을 내다보는 인도자가 필요하다. 인생의 길안내자인 것이다. 사람들은 이를 위해 책에서, 아니면 경험을 통해, 그리고 인생선배들의 이야기를 듣고 미리 앞서서 길을 예측해 보기도 한다. 하지만 그럼에도 불구하고 그 길에는 여전히 막힌 장벽도 있고 길을 가다 넘어뜨리는 장애물도 존재한다. 하지만 하나님의 말씀에 순종하며 따라가는 자는 두려워하거나 의심할 필요가 없다. 하나님은 길을 만드시는 분이시라 성경은 말씀하기 때문이다.

"네가 물 가운데로 지날 때에 내가 너와 함께 할 것이라 강을 건널 때에 물이 너를 침몰하지 못할 것이며 네가 불 가운데로 지날 때에 타지도 아니할 것이요 불꽃이 너를 사르지도 못하리니 대저 나는 여호와 네 하나님이요 이스라엘의 거룩한 이요 네 구원자임이라" (사 43:2-3a)

"주의 길이 바다에 있었고 주의 곧은 길이 큰 물에 있었으나 주의 발자취를 알 수 없었나이다 주의 백성을 양 떼 같이 모세와 아론의 손으로 인도하셨나이다" (시 77:19-20)

애굽을 탈출한 이스라엘 백성이 막힌 길을 만났을 때 하나님이 이미 예비하셨던 것이 있었다. 바로 주가 예비하신 "곧은 길"이다. 여기 "주의 길이 바다에 있었다"라고 말씀한다. 홍해 속에 곧은 길, 즉 큰 길을 이미 준비하고 계셨다는 사실이다. 하나님의 예비하신 길을 이스라엘 백성이 먼저 볼 수 있었다면 하나님을 향해 절대 원망할 수 없었을 것이다. 오히려 하나님에 대한 큰 확신과 신뢰로 두려움 속에서도 하나님께 감사와 찬양, 영광을 돌릴 수 있었을 것이다.

우리 인생 역시 마찬가지다. 우리 삶 가운데 어려움을 만날 때 하나님이 우리를 위해 예비하신 길을 찾아야 한다. 앞에 길이 막혔다고 되돌아 가고 원망해서는 안 된다. 왜냐하면 하나님이 우리를 위해 그의 길, 즉 "곧은 길"을 준비하고 계시기 때문이다. 우리가 보지 못하는 그 길, 바로 바닷속의 큰 길을 하나님은 보고 계신다. 절망 속에서 소망을 보시는 분이시고, 불가능에서 가능을 보고 계신 분이 내가 의지하는 하나님이라면 우리는 어떤 환경 속에서도 하나님을 100% 의지하며 나아갈 수 있다.

예수님은 성경에 말씀하셨다. '내가 곧 그 길이라.' 우리가 사는 길은 예수 밖에 없다. 그리고 예수를 따라 살아가는 그 길에 결국 영광의 승리가 존재한다. 그래서 하나님 나라를 살아가는 백성, 하나님의 말씀을 순종하며 신앙의 길을 걸어가는 자는 염려할 필요 없다. 어려움이 닥쳐도 끝이 보이지 않아도, 이해할 수 없어도 하나님의 인도하심을 믿고 순종하며 걸어가는 길에 우리의 믿음을 맡겨야 한다.

> "보라 내가 새 일을 행하리니 이제 나타낼 것이라 너희가 그것을 알지 못하겠느냐 반드니 내가 광야에 길을 사막에 강을 내리니 장차 들짐승 곧 승냥이와 타조도 나를 존경할 것은 내가 광야에 물을, 사막에 강들을 내어 내 백성, 내가 택한 자에게 마시게 할 것임이라 이 백성은 내가 나를 위하여 지었나니 나를 찬송하게 하려 함이니라" (사 43:19-21)

광야에 길을 사막에 강을 만드시는 하나님이시다. 현재 내가 막힌 길에 서 있는 듯한 막연함과 두려움에 있다면 그 길을 하나님께 물으라. 하나님은 나를 위해 오늘도 길을 만들고 계시기 때문이다.

학습은 부흥을 위한 일이다

이 시대 교회가 가진 문제점 중의 하나는 하나님의 말씀이 교회 안에 머물러 있다는 것이다. 하지만 초대교회를 보라. 뜨거운 부흥이 있던 초대교회의 특징이 있다면 그것은 한 곳에 머무르지 않았다는 것이다. 즉 초대교회는 흩어지는 교회의 모습을 지니고 있었다. 말씀이 교회에만 머무르지 않았던 것이다. 말씀에는 운동력이 있다. 그래서 말씀을 듣고 믿는 자들에게는 불길이 퍼져 나가듯 말씀의 뜨거움을 품고 세상을 향해 나아갔다. 고인 물은 썩기 마련이다. 맑은 물이 되려면 물은 순환해야 한다. 움직여야 산소가 공급되고 물은 청정함을 유지할 수 있는 것이다. 하나님께서 말씀의 부흥을 위해 강제적으로 세상을 향해 흩어지도록 만드신 것은 생명력 있는 말씀이 더욱 살아나도록 하신 부흥의 방편이었다. 그리고 이것을 교회의 사명으로 명령하셨다.

> "예수께서 나아와 말씀하여 이르시되 하늘과 땅의 모든 권세를 내게 주셨으니 그러므로 너희는 가서 모든 민족을 제자로 삼아 아버지와 아들과 성령의 이름으로 세례를 베풀고 내가 너희에게 분부한 모든 것을 가르쳐 지키게 하라 볼지어다 내가 세상 끝날까지 너희와 항상 함께 있으리라 하시니라" (마 28:18-20)

많은 교회가 부흥을 꿈꾼다. 그런데 부흥은 언제 일어나는 것일까? 부흥은 말씀에 사로잡힌 자들이 말씀을 듣고 순종하는 때부터 일어나게 된다는 것을 알 수 있다.

> "어떤 사람들은 마음이 굳어 순종하지 않고 무리 앞에서 이 도를 비방하거늘 바울이 그들을 떠나 제자들을 따로 세우고 두란노 서원에서 날마다 강론하니라 두 해 동안 이같이 하니 아시아에 사는 자는 유대인이나 헬라인이나 다 주의 말씀을 듣더라" (행 19:9-10)

바울은 에베소에서 2년 동안 하나님의 말씀을 가르쳤다. 바울의 가르침에 유대인이나 헬라인 모두 주의 말씀을 듣게 되었다고 한다. 요한계시록에는 바울이 가지도 않았던 도시에 교회들이 세워져 있었다.

바울로부터 말씀을 들은 사람들이 흩어져 말씀을 증거했고, 말씀이 있는 곳에는 하나님의 역사하심이 있었기 때문이다.

엠마오로 내려가던 두 제자가 있었다. 예수께서 죽으시고 제자들은 낙심과 의심에 빠져 있었다. '예수님이 과연 메시아였는가!' 예수의 죽음을 보고 제자들은 엄청난 실망에 사로잡혀 있었다. 그래서 현실의 문제에 빠져 그들은 부활하신 예수님이 눈 앞에 나타났음에도 불구하고 보고도 알지 못했다. 이에 부활하신 예수께서 말씀하신다.

"이르시되 미련하고 선지자들이 말한 모든 것을 마음에 더디 믿는 자들이여 그리스도가 이런 고난을 받고 자기의 영광에 들어가야 할 것이 아니냐 하시고 이에 모세와 모든 선지자의 글로 시작하여 모든 성경에 쓴 바 자기에 관한 것을 자세히 설명하시니라" (눅 24: 25–27)

현실의 막힌 상황은 영적 미련함을 가져다준다. 바라봐야 할 것을 보지 못하도록 눈을 가리우고, 마음을 어둡게 만드는 것이다. 그래서 예수께서 "모든 성경에 쓴 바" 말씀으로 제자들의 눈이 떠지도록 말씀을 주셨다. 그리고 이 말씀을 주셨을 때 제자의 마음은 뜨거워졌다. 말씀의 능력은 말씀을 받아들이는 이로 하여금 가슴에 뜨거움을 가져준다. 말씀에 불이 있는 것이다.

"여호와의 말씀이니라 내 말이 불 같지 아니하냐 바위를 쳐서 부스러뜨리는 방망이 같지 아니하냐" (렘 23:29)

"그들이 서로 말하되 길에서 우리에게 말씀하시고 우리에게 성경을 풀어 주실 때에 우리 속에서 마음이 뜨겁지 아니하더냐 하고" (눅 24:32)

"내가 다시는 여호와를 선포하지 아니하며 그의 이름으로 말하지 아니하리라 하면 나의 마음이 불붙는 것 같아서 골수에 사무치니 답답하여 견딜 수 없나이다" (렘 20:9)

하나님의 말씀을 품은 영혼은 불같이 뜨거운 마음을 지니게 된다. 그리고 하나님을 향한 뜨거움은 영적 부흥을 통해 교회의 부흥을 일으킨다. 많은 한국교회가 부흥을 꿈꾸고 있다. 하지만 먼저 살펴야 할 것은 '가슴에 말씀을 품은 뜨거움을 가지고 있는가'이다. 여전히 신앙을 살면서 냉랭하고 차가운 모습으로 살아가고 있는 사람들이 있다. 말씀을 통해 당신의 영혼에 부흥의 불꽃을 피워야 한다. 그리고 그 뜨거움을 통해 세상을 향해 나아가라. 그때부터 지금껏 경험하지 못했던 하나님의 이끄시는 부흥이 어떤 것인지 만나게 될 것이기 때문이다.

미로탈출 7

Q. 당신은 어떤 때 하나님의 말씀을 떠올리고 생각합니까?

Q. 당신은 하나님의 말씀에 대하여 어느 정도 학습하고 있습니까?

Q. 당신은 교회를 다니면서 말씀에 대한 이해와 깊이가 어느 정도라고 생각을 하나요? 또한 당신이 알고 있는 말씀이 삶에 많은 부분에 있어서 실천과 적용이 잘 이루어지고 있는가 생각하며 나누어 보세요.

Q. 매 주일 예배를 통해 듣는 설교가 당신의 삶에 어떤 영향을 미치고 있을까요?

08

예배

하나님께서 가나안 땅에 들어가기 전 모세에게 하나님 앞에 드릴 제사(Offerings)에 대하여 광야의 이스라엘 백성에게 가르칠 것을 말씀하신다. 하나님께 제사를 드리는데 화제(Burnt offering)로 드리는 것은 일 년 된 흠없는 숫양을 매일 두 마리씩 드리는데 어린양 한 마리는 아침에 또 다른 어린양 한 마리는 해 질 때 드리라 한다. 그리고 고운 가루를 빻아 낸 기름을 섞어서 소제(Grain offering)로 드리고 포도주나 독주로 제물 위에 부어 전제(Drink offering)를 드리고, 안식일 제사에는 수송아지 두 마리, 숫양 한 마리, 일 년 되고 흠없는 숫양 일곱 마리로 드리고, 거기에 기름을 섞어 바르고 제물을 태워 향기로운 번제로 드릴 것을 말씀한다. 이것으로 다 끝난 것이 아니다. 아직도 하나님 말씀하신 제사의 방식이 많이 남아 있기 때문이다. 지금 말씀한 것도 복잡해서 기억하기 힘든데 아직도 많이 남아 있다고?

어릴 적 우리 집은 불교를 믿었다. 때마다 조상에게 제사를 드리는데 홍동백서, 어동육서 등 말만 들어도 어려운 순서로 정확히 음식을 놓고 제사상을 차려 놓았다. 대문을 활짝 열어놓고 어서 자정이 되기를 기다린다. 졸리는 잠을 깨워 자정이 되기까지 기다렸다가 조상에게 제사를 드렸던 것이 기억이 난다. 그리고 제사가 끝나면 그때서야 제사상에 차려진 음식으로 늦은 저녁을 먹곤 하였다. '왜 이토록 제사에는 복잡하고 지켜야 할 것이 많았을까' 생각해 보면 그것은 아마도 죽은 조상을 위해 자손들이 드리는 정성을 보여주기 위한 것 때문이었을 것이다. 기독교는 죽은 조상에게 제사를 드리지 않지만 살아 계신 하나님께 예배를 드린다. 구약에서는 이것을 제사의 형식으로 드렸고, 신약에 와서는 예수 그리스도께서 산 제물(Living Sacrifices)이 되신 이후로 구약의 제사 형식은 지금의 예배로 대체가 되었다.

성경에서 하나님께 드리는 제사에 있어서도 이처럼 복잡하고 많은 것으로 준비토록 하신 이유가 있다면 그것은 바로 하나님 나라 백성은 예배 드리는 자로 부름을 받았기 때문이다.

"이 백성은 내가 나를 위하여 지었나니 나를 찬송하게 하려 함이니라"

(사 43:21)

그리고 하나님은 우리가 드리는 예배를 통해 예배자의 중심을 보기 원하신다. 시간이 걸려도, 느릿느릿해도, 온 마음과 뜻과 힘을 다하여 드리는 예배자의 모습과 마음을 하나님께서는 보신다는 것이다.

현대 사회는 빨리빨리 하는 것이 미덕인 사회를 살아가기에 복잡하고 비효율적인 것들에 관해서는 단순화하여 축소시키고, 때론 불편한 것들은 없애기도 한다. 그래서인지 예배에 있어서도 효용성과 능률을 따지게 된다. 예배가 재미있어야 하고, 음향, 영상장비가 좋아야 하고, 예배의 장소가 콘서트홀처럼 웅장해야 좋은 예배라고 생각하기도 한다. 예배의 형식에 있어서도 정해진 예배 순서에서 조금 벗어나기라도 하면 큰일나는 줄 알고 기계적으로 예배의 순서를 정확히 맞추려 한다.

　설교를 듣는 것에 있어서도 성도들이 임의로 정해 놓은 설교의 적정시간이 있기도 하다. 대략 주일 설교는 25-30분이 적당하다고 생각해서 그 시간 동안 열심히 설교를 참아내기도 한다. 혹시라도 정해 놓은 시간을 넘어서 설교가 길어지기라도 하면 성도들은 점차 초조해지기 시작한다. 언제 말씀이 끝날지 자꾸 시계를 보게 되고, 결국 길어지는 설교에 대해 왠지 모를 짜증이 나서 듣기를 힘들어하기도 한다. 전에 어느 목사님이 설교를 15분만에 끝낸 적이 있다. 그랬더니 성도들이 다가와 설교자에게 '은혜 받았습니다'라며 인사를 하는 것이다. 이유인 즉 설교를 일찍 끝내서 좋았다는 것이다. 예배가 하나님께 드리는 중심보다 사람의 감정과 편의, 그리고 시간적 효율과 문화적 트렌드를 따라가는 모습이 되어서는 안 된다는 것이다.

　예전에 TV 방송에서 전통장인을 찾아가는 프로그램을 본 적이 있었다. 조상에게 배웠던 옛 전통을 지키며 묵묵히 대장간의 역사를 이어가는 어느 대장장이가 있었다. 그는 더운 여름에도 하루 종일 뜨거운 불길 속에서 땀을 흘리며 오랜 시간 망치로 두들겨 칼과 곡괭이 같은 도구를 단조를 한다. 현대적 기계를 사용하지 않고 옛 전통방식으로 단조해서 만들다 보니 하루에 몇 자루밖에 만들지 못했다. 게다가 그가 만든 칼과 곡괭이는 사람들에게 단 몇천 원에 팔리고 있었다. 지금의 효율성으로 따지자면 얼마나 비효율적인 생산방식인가! 하지만 대장장이는 이 전통에 자부심을 가지고 그가 배워 왔던 생산방식과 대장장이의 삶을 지켜 나가기 위해 힘쓰고 있었다는 사실이다.

현대 사회의 관점에서 본다면 이 대장장이의 전통과 단조기술은 꽹장히 비효율적으로 보일지도 모른다. 하지만, 이 장인이 만든 칼과 농기구에는 현대의 기계적 기술로 뽑아낸 도구들과는 비교할 수 없는 예스러운 멋과 자부심, 그리고 그 어떤 칼보다도 단단하여 오래 사용할 수 있는 효율성이 그 안에 들어있었다. 투박하고 느려 보이지만 자신이 하는 일에 장인의 전통과 정신을 담아내었고 그가 만든 것은 단순한 도구가 아닌 예술작품으로 승화될 수 있었던 것이다.

효율의 시대에서 비효율을 살아가며 전통과 멋을 지켜가는 장인(匠人)의 모습처럼 하나님 나라를 살아가는 성도로서, 그리고 교회와 기독교 신앙인들로서 지켜내야 할 예배의 전통과 자부심이 있다면 그것은 과연 무엇일까 생각을 해 보게 된다. 현대사회는 전통을 지키는 모습보다는 "개혁"이라는 슬로건을 외치며 살아가고 있다. 개혁, 해체, 가상현실, 메타버스, AI, 비트코인, 전기자동차, 반도체 등 전통보다는 개혁과 혁신 그리고 기술과 과학적 지식 위주로 현대사회는 빠르게 돌아가고 있다. 현대 사회를 살아가는 교회가 마주해야 할 새로운 도전들인 것이다. 이런 도전과 트렌드에 발 맞추다 보니 하나님 중심된 교회의 모습을 잃어버리게 되고 사람 또는 문화가 중심이 된 모습으로 변질되어 버리기도 한다. 이런 변질은 현대 교회의 예배에도 많은 영향을 미치고 있다. 하나님 중심이 아닌 현대 사회가 추구하는 편리와 효율을 따지는 예배가 중심이 되어지는 것이다.

이 시대를 살아가는 예배자로서 장인의 정신으로 예배를 지켜 나가야 할 절실함이 필요하다. 장인들은 자신이 추구하고 지켜 나가는 전통과 자부심을 가지고 있다. 그것이 느리고 불편해서 시대적으로 맞지 않을지라도 장인이 추구하고 지켜 나가는 그들의 전통에는 한 땀 한 땀 그들이 힘쓰고 쏟아붓는 정성이 들어가 있게 된다. 그리고 정성을 들인 만큼 그들의 자부심도 커져만 가게 된다. 성도에게 있어서 신앙을 지키고, 예배를 지켜 나감에 있어서도 이런 장인들이 쏟아붓는 정성과 자부심이 필요한 때이다. 이 시대 예배가 굳이 현대의 빠른 속도와 트렌드를 따라가야 할 필요는 없다. 다만 하나님을 향한 예배자의 중심과 순종의 모습으로 예배를 지켜 나가도록 힘쓰는 것이 필요하다. 이 모습을 통해 하나님 나라를 살아가는 예배자의 모습은 더욱 빛을 발하게 되어질 것이기 때문이다.

예배는 세상을 향하여 승리케 하는 능력의 원천이다

"여호와 외에 누가 하나님이며 우리 하나님 외에 누가 반석이냐 이 하나님이 힘으로 내게 띠 띠우시며 내 길을 완전하게 하시며 나의 발을 암사슴발 같게 하시며 나를 나의 높은 곳에 세우시며 내 손을 가르쳐 싸우게 하시니 내 팔이 놋 활을 당기도다 또 주께서 주의 구원하는 방패를 내게 주시며 주의 오른손이 나를 붙들고 주의 온유함이 나를 크게 하셨나이다 내 걸음을 넓게 하셨고 나를 실족하지 않게 하셨나이다" (시 18:31-36)

성경을 보면 분명히 그리고 자주 말씀하시는 것이 있는데 그것은 '하나님을 의지하라'는 메시지다. 특별히 시편 18편을 통해 '하나님을 어떻게 의지하는가'에 관하여 살펴보려 한다(시편 18편을 먼저 읽고 묵상해보라). 먼저 하나님을 의지하는 자에게 주시는 축복이 있는데 그것은 하나님이 능력의 힘을 주신다는 것이다. "하나님이 힘으로 내게 띠 띠우시며(You armed me with strength) 내 길을 완전하게 하셨다(시 18:32)"고백을 한다. 여기서 "띠 띠우다"는 것은 무장을 시킨다는 것을 의미한다. 시편 18편을 쓴 다윗의 현재 상황은 블레셋과의 전쟁을 앞둔 상황이었다. 이를 위해 하나님은 하나님만 의지하는 다윗을 위해 그가 전쟁에 임할 수 있도록 강하게 무장시키셨다. 올림픽에 출전한 역도선수들을 보면 허리를 벨트로 꽉 조여 매고 나오는 모습을 보게 된다. 무거운 힘을 쓸 때 허리의 축이 무너지지 않도록 지탱해 주는 역할을 벨트가 해주기 때문이다. 성도에게 있어 허리에 띠를 매는 것은 세상을 향해 하나님으로 강함을 입도록 무장하는 것과 같다. 영적 전쟁을 위해 하나님으로 무장하는 것이고, 하나님 나라를 살아가는 힘, 그리고 세상을 이기는 힘이 바로 하나님으로 띠를 매는 것에서 시작되기 때문이다. 성도가 띠를 매는 행위의 시작은 예배에서 비롯된다. 예배를 통해 하나님 나라를 살아갈 힘을 얻게 되기 때문이다.

"나의 힘이신 여호와여 내가 주를 사랑하나이다 여호와는 나의 반석이시요 나의 요새시요 나를 건지시는 이시요 나의 하나님이시요 내가 그 안에 피할 나의 바위시요 나의 방패시요 나의 구원의 뿔이시요 나의 산성이시로다 내가 찬송 받으실 여호와께 아뢰리니 내 원수들에게서 구원을 얻으리로다 사망의 줄이 나를 얽고 불의의 창수가 나를 두렵게 하였으며 스올의 줄이 나를 두르고 사망의 올무가 내게 이르렀도다 내가 환난 중에서 여호와께 아뢰며 나의 하나님께 부르짖었더니 그가 그의 성전에서 내 소리를

들으심이여 그의 앞에서 나의 부르짖음이 그의 귀에 들렸도다" (시 18: 1~6)

"그의 성전에서 내 소리를 들으신다"고 한다. 그리고 "그의 앞에" 나와 부르짖는 음성이 그의 귀에 들린다고 말씀한다. 예배의 자리는 하나님의 임재하심이 있는 곳이다. 그리고 하나님의 음성을 듣고, 그의 임재 앞에 나아가는 것이 예배의 시간이다. 하나님 앞에 나아가면 하나님 주시는 힘을 얻을 수 있다. 예배를 통해 하나님께 받은 힘을 가지고 세상으로 나아갈 영적 담대함으로 무장하는 것이다.

또한 다윗은 18편에서 하나님께서 '내 길을 완전하게 하셨다' 고백을 한다. 이 말씀의 의미는 다윗이 가는 길에 모든 방해나 장애물을 '하나님께서 친히 제거해 주셨다'는 것과 같다. 성경은 하나님을 일컬어 "길"로 표현을 한다. 바다에 길을 내시고, 광야에 길을 내시고, 하나님께서 친히 길이요 진리요 생명 되신다고 말씀을 한다. 하나님 나라를 살아가는 성도의 삶에도 신앙이라는 길이 있다. 현재 내 삶의 길을 스스로 개척하며 걸어가고 있는 것 같지만 이 길 또한 하나님의 인도하심이 있을 때 완전하게 되는 것이다. 예배는 성도가 어떻게 살아가야 할지 알려 주는 길 안내자가 되어 준다. 이 길을 온전히 걸어갈 수 있도록 힘과 계획, 방법이 예배를 통하여 우리에게 주어진다. 그리고 이 길을 걸어갈 수 있도록 다리에 힘까지 주시는 것이 바로 예배이다.

시편 18:33을 보면 "나의 발을 암사슴 발 같게 하시며"라고 말씀한다. 여기 '암사슴 발같이'라는 말은 세상에 맞서 싸울 영적 전쟁에 있어서 필요한 힘과 에너지, 그리고 민첩함까지 주셨다는 것을 의미한다. 이스라엘 당시 전쟁은 '보병전'이었다. 그래서 전쟁에서 용사들이 잘 달리는 것이 필수였다. 전쟁에 나설 다윗의 발을 '암사슴 발같이' 하신 것은 적을 향해 빠르게 공격할 수 있고, 다가오는 공격에 민첩하게 피할 수 있도록 힘을 주심과도 같았다.

그리고 18:34에는 "내 손을 가르쳐 싸우게 하신다"고 말한다. 힘과 민첩함뿐 아니라 하나님은 맞서 싸울 전략까지 가르쳐 주신 것이다. 아무리 힘 세고 민첩하다 할지라도 전략이 없다면 전쟁에서 패배하게 된다. 그래서 하나님은 이 싸움을 이기도록 하시기 위해 모든 지혜와 방법까지 주신 것이다. 게다가 35절을 보면 "구원하는 방패를 내게 주시며"라고 한다. 전쟁에 맞서 싸울 공격뿐만 아니라 방어하는 것까지도 하나님이 책임져 주신다. 싸움은 공격도 중요하지만 어떻게 방어하느냐 또한 중요하다. 그리고 마지막으로 36절을 보면 "다윗의 걸음을 넓게 하셨다"고 한다. 이것은 군사적 행동을 자유롭게 할 수 있도록 싸움에 있어 넓은 길을 열어 주심을 말한다.

시편 18편을 전체적으로 살펴볼 때 하나님은 다윗의 승리를 위해서 모든 준비를 하고 계셨음을 알게 된다. 다윗은 이 싸움을 위해 특별히 한 것이 없어 보인다. 그저 하나님을 온전히 신뢰하고 모든 것을 내어 맡긴 것뿐이었다. 예배가 이와 같다. 내 생각, 내 뜻과 계획을 내려놓고 하나님을 온전히 신뢰하고 그에게 내어 맡기는 시간이 예배이다. 사람들은 예배 드리는 시간에 다른 무엇이라도 하면 더 효율적이지 않을까 생각을 한다. 하지만 하나님 나라를 살아가는 성도에게 있어서 예배의 시간은 다른 무엇보다도 중요한 시간이다. 내 삶의 방향이 하나님의 계획 가운데 올바르게 가고 있는지 방향을 살피고, 세상에 맞서 싸울 힘을 예배를 통해 재무장하는 시간이 되기 때문이다. 전쟁터에 나가는 병사가 총알도 없이, 무장 없이 나가서 잘 싸울 수 있겠는가? 얼마 버티지 못하고 전쟁에서 패배할 것이다.

다윗의 승리는 하나님으로부터 시작되었다. 그가 하나님을 바라보았을 때 이미 그는 전쟁에서 승리하게 되었다. 하나님 나라를 살아가는 성도는 세상을 향해 맞서 싸워 승리하기를 소망한다. 우는 사자와 같이 삼킬 자를 찾는 죄악에 맞서 여전히 승리하기 원하고, 나를 넘어뜨리기 위해 수시로 찾아오는 죄의 유혹과 공격에 능히 맞서 싸워 이길 믿음을 지니기 소망한다. 그렇기 때문에 성도는 세상을 이길 방법을 세상의 방법을 통해 찾는 것이 아니라 예배 가운데 하나님의 힘과 능력, 그리고 지혜를 얻어가는 것이다.

> "하나님을 사랑하는 것은 이것이니 우리가 그의 계명들을 지키는 것이며 그의 계명들은 무거운 것이 아니로다 무릇 하나님께로부터 난 자마다 세상을 이기느니라 세상을 이기는 승리는 이것이니 우리의 믿음이니라"
>
> (요일 5:3-4)

세상을 이길 힘이 하나님께로 나오며 그 승리는 우리의 믿음이라 한다. 예배는 우리의 믿음을 하나님께 확정하고 믿음의 크기를 증폭시키는 시간이다. 또한 예배를 통해 우리가 왜 찬양하고 감사를 드리는가? 이미 그리스도를 통해 승리가 믿음으로 고백하는 하나님 나라 백성의 삶에 확정되었음을 믿기 때문이다. 예수 십자가의 승리가 그를 믿는 자마다 하나님 나라의 승리로 확정되어 살아갈 수 있도록 한다. 그리고 예배자는 예배를 통해 승리의 영광을 하나님께 되돌려 드리는 것이다. 그래서 예배에는 감사와 은혜가 언제나 넘쳐나야만 한다. 하나님은 모든 영적 싸움에서 그를 예배하고 의지하는 자에게 이미 승리케 하도록 하셨기 때문이다.

예배를 통해 성결을 입으라

여호수아 3장을 보면 이스라엘 백성이 약속의 땅 가나안을 눈 앞에 두고 요단강(Jordan River)을 건너는 이야기가 나온다. 당시 요단강은 바지만 걷고 걸어서 건널 수 있는 장소가 아니었다. 물이 언덕에 넘쳐 흐르는 유수량이 많은 강이었기 때문이다. 그런데 하나님이 요단강을 걸어서 건너라고 말씀한다. 하지만 강을 건너기 전 하나님께서 백성들에게 먼저 요구하신 것이 있었다. 그것은 바로 이스라엘 백성들의 성결한 모습이었다.

"여호수아가 또 백성에게 이르되 너희는 자신을 성결하게 하라 여호와께서 내일 너희 가운데에 기이한 일들을 행하시리라 여호수아가 또 제사장들에게 말하여 이르되 언약궤를 메고 백성에 앞서 건너라 하매 곧 언약궤를 메고 백성에 앞서 나아가니라"(수 3:5-6)

왜 강을 건너기 전에 "성결"을 먼저 요구하셨을까? 성경을 읽다 보면 하나님은 성결하고 깨끗한 백성의 모습을 위해 많은 훈련과 가르침을 주셨음을 알 수 있다. 레위기만 살펴봐도 그 속에 나오는 복잡한 절기법, 제사법, 율법 등 하나님이 말씀하신 거룩을 위해 지켜야 할 것들이 수없이 많이 나오기 때문이다. 그리고 이 훈련을 위해 광야의 40년이란 시간을 사용하셨다. 사실 이스라엘 백성이 훈련받은 성결의 모습을 현 시대를 살고 있는 우리에게 적용하여 살라고 하면 아마도 잘 지켜 살아갈 수 있는 사람이 그다지 많지 않을 것이다. 그만큼 하나님이 말씀하신 성결함을 위한 믿음과 신앙의 삶을 지키기 쉽지 않기 때문이다. 그럼에도 불구하고, 하나님은 또 다시 말씀하신다. "성결하라."

어떤 성결을 계속해서 말씀하시는 것일까? 하나님은 먼저 이스라엘의 내적 성결을 말씀하셨다. 하나님이 말씀하신 내적 성결에 관해 야고보서를 읽어보면 그 의미에 대하여 알 수 있다.

> "하나님을 가까이하라 그리하면 너희를 가까이 하시리라 죄인들아 손을 깨끗이 하라 두 마음을 품은 자들아 마음을 성결하게 하라" (약 4:8)

야고보가 말하는 마음이 성결한 것은 '두 마음을 품지 않는 것'이다. 하나님은 섞인 것을 싫어하신다. 그래서 이를 알게 하기 위해 옷감의 재질도 섞이지 않은 것을 입도록 말씀하셨다. 섞이지 않도록 이방인과 결혼하지 않을 것을 말씀하기도 하셨고, 하나님과 우상을 동시에 섬기지 않을 것을 말씀하기도 하셨다.

마음이 깨끗한 사람은 한 마음을 가지고 살아간다. 두 마음을 품지 않는 것이다. 부부의 관계에 있어서도 배우자를 향한 한 마음으로 사랑을 해야 한다. 배우자 외에 다른 사람에게 애정의 마음을 품는 순간 부부의 사랑은 무너지기 때문이다. 마찬가지로 하나님을 향한 내적 성결은 하나님을 향해 한 마음을 가지는 것이다. 실존주의의 선구자인 키에르케고르(S. Kierkegaard)는 "마음의 청결은 오직 하나만 원하는 것이다"고 말하기도 했다. 불교와 같은 타종교는 마음의 성결을 위해 무념무상을 말하기도 한다. 마음을 비우는 것을 깨끗한 상태로 말하는 것이다. 하지만, 성도가 가지는 마음의 성결은 마음을 비우는 것이 아니라 마음을 오직 하나님만으로 채우는 것이 된다. 하나님 외에 다른 것이 들어오지 않도록 하나님을 향한 마음을 지켜내는 것이다.

인간의 마음에는 다양한 것들로 채워져 있다. 물질이 채워져 있기도 하고, 이기적인 마음도 있고, 때론 교만함도 채워져 있고, 욕심도 있다. 그런데 이스라엘 백성이 건너야 할 가나안 땅이 이처럼 혼잡함이 있는 곳이었다. 이스라엘 백성의 마음이 하나님으로부터 다른 곳으로 향하도록 마음을 유혹하고 빼앗을 만한, 마치 아담과 하와가 사탄의 유혹에 마음을 쉽게 빼앗겨 버린 것과 같은 먹음직스럽고 탐스러운 것들이 많았던 장소가 가나안 땅이었다. 그래서 하나님께서 요단강을 건너기 전 이스라엘 백성에게 요구하셨던 것은 하나님을 향한 마음의 성결함, 즉 마음에 하나님 한 분만으로 가득 찬 사람만이 강을 건널 수 있게 하셨던 것이다. 하나님을 향한 마음이 다른 곳으로 빼앗기지 않도록 말이다. 백성들의 마음을 빼앗을 만한 우상과 혼잡함이 있는 가나안 땅일지라도 그곳에서 오직 하나님만을 예배하는 백성으로 마음을 지키고 살아가기를 하나님은 원하셨다.

마음의 성결함은 하나님을 볼 수 있도록 해 준다. 마음이 나뉘어 지지 않은 자, 곧 오직 마음이 하나님께로 향한 자가 하나님을 볼 수 있다고 성경은 말씀했기 때문이다.

"마음이 청결한 자는 복이 있나니 그들이 하나님을 볼 것임이요" (마 5:8)

예배를 통해 우리의 마음을 오직 하나님 한 분만으로 채워가야 한다. 그래서 예배 가운데 하나님을 만나야만 한다. 왜냐하면 하나님을 만나는 것이 성도에게는 복된 자리이고 영광의 모습이기 때문이다. 예배를 드리기 전 하나님을 만나기 위해 우리의 마음이 청결한 상태인지 언제나 먼저 살피도록 하라. 혹시라도 세상의 것으로 가득 채워져 있다면 당장 내려놓고 비우는 연습을 해야 한다. 하나님 외의 것에 마음이 빼앗기지 않도록 말이다. 예배의 자리로 달려나가기 전 반드시 당신의 마음을 살피라. 그리고 하나님으로 가득 채우라. 그럼 하나님을 볼 수 있게 된다.

예배는 하나님을 의뢰하고 하나님의 말씀을 듣는 시간이다

이스라엘 백성이 요단강 앞에 머뭇거리고 있다. 요단강을 흐르는 거센 물살 앞에 백성들은 좀처럼 건너갈 생각을 할 수가 없었다. 이에 하나님은 백성을 향해 명령하신다.

"백성에게 명령하여 이르되 너희는 레위 사람 제사장들이 너희 하나님 여호와의 언약궤 메는 것을 보거든 너희가 있는 곳을 떠나 그 뒤를 따르라…여호수아가 또 제사장들에게 말하여 이르되 언약궤를 메고 백성에 앞서 건너라 하매 곧 언약궤를 메고 백성에 앞서 나아가니라" (수 3:3,6)

여호와의 언약궤를 앞에 두고 백성은 그것을 따라가라고 명령한다. 언약궤는 무엇인가? 언약궤에는 말씀이 적혀 있는 두 돌판, 지팡이, 그리고 만나가 들어있었다. 언약궤를 앞에 두고 백성들이 그것을 따라가라는 것은 바로 하나님의 말씀을 따라가는 모습이다. 그래서 여호수아 3:9을 보면 강을 건너기 전 "말씀을 들으라" 명령을 한다.

> "여호수아가 이스라엘 자손에게 이르되 이리 와서 너희의 하나님 여호와의 말씀을 들으라 하고" (수 3:9)

하나님이 백성들에게 명령하신 "성결하라" 외에 또 다른 명령은 "와서 하나님의 말씀을 들으라"는 것이었다. 거센 물살이 흐르는 요단강을 당장 건너야 할 위기의 상황이다. 그래서 이것을 해결할 수 있는 다른 방법을 찾아야 하는데 하나님은 다른 어떤 것보다 먼저 하나님의 말씀을 들으라 하신다. 세상의 어떤 지식과 지혜보다 더 지혜로운 것이 하나님의 말씀이다. 이 말씀에 순종하는 믿음으로 나아갈 때 세상에서 겪어보지 못한 놀라운 하나님의 은혜와 섭리를 볼 수 있게 된다. 그래서 하나님 앞에 성결함과 말씀에 순종함으로 나아갔을 때 이스라엘 백성은 이전에 보지 못했던 것을 경험하게 되었음을 보게 된다.

> "그러나 너희와 그 사이 거리(언약궤와의 거리)가 이천 규빗쯤 되게 하고 그것에 가까이하지는 말라 그리하면 너희가 행할 길을 알리니 너희가 이전에 이 길을 지나보지 못하였음이니라 하니라" (수 3:4)

하나님 말씀에 순종하여 온전히 따라갔더니 그들은 한 번도 가 보지 못한 길을 걸어갈 수 있게 되었다. 요단강의 물이 양쪽으로 갈라지며 백성들은 강 밑의 마른 땅을 걸어갔던 것이다. 어떻게 이런 놀라운 기적을 경험할 수 있었을까? 바로 하나님의 말씀을 듣고 그 말씀을 믿고 온전히 순종했기 때문이다.

'하나님을 경험하는가 경험하지 못하는가'의 결정적인 차이는 순종의 모습에 달려 있다. 예배에는 말씀에 관한 순종의 모습이 담겨 있어야만 한다. 하나님은 순종하는 사람을 사용하시고 그들에게 하나님의 숨겨진 능력을 보여주시기 때문이다. 말씀을 순종한 이스라엘 백성들이 이전에 가보지 못한 길, 바로 요단강에 숨겨진 마른 땅을 건너간 것처럼 말이다.

예배는 그리스도로 옷 입는 시간이다

인간의 개성과 선호도는 여러 모양으로 표현되는데 특별히 자신이 좋아하는 패턴과 성향은 자신이 즐겨 입는 옷으로 표출되고는 한다. 예를 들어 힙합(Hip-hop) 음악을 좋아하는 사람은 힙합스러운 헤어스타일과 패션으로 자신을 연출하고, 캠핑을 좋아하는 사람은 캠핑에 맞는 편안한 복장의 옷과 아이템에 관심을 보이고, 좋아하는 스포츠팀이 있으면 그 팀의 유니폼을 입고 경기장에 가서 응원을 하기도 한다. 옷만 봐도 그 사람의 라이프스타일을 볼 수 있고, 옷을 통해 어떤 사람인지 어떤 일을 하는지 알게 되기도 한다. 의사 가운 입으면 의사임을 알게 되고, 학교 교복을 입으면 학생임을 알게 되는 것처럼 옷은 자신의 존재에 관하여 이미지화, 형상화하는 중요한 매개체가 되기 때문이다. 그리고 옷을 통해 그 사람의 성격, 생각, 행동, 스타일 등 삶의 모습이 옷으로 표현되기도 한다.

성도는 구원받은 하나님 나라의 백성이다. 그리고 그리스도인의 모습이 세상에 비추어지기를 원한다. 성경은 이 모습에 대하여 "그리스도로 옷을 입는다"라고 표현한다. 혹시 「벌거벗은 임금님」이라는 동화를 읽어보았는가? 어떤 나라의 한 왕이 벌거벗은 줄도 모르고 자신이 입은 옷이 가장 좋은 옷인 줄 알고 다니다가 부끄러운 일을 경험했다는 이야기이다. 세상 가운데 우리 모습이 벌거벗은 임금의 모습일 때가 있다. 내가 입지도 않은 것을 입은 줄 알고 다니다가 부끄러운 일을 당하는 모습이다. 거룩한 성도인 것처럼 거룩한 옷을 입은 줄 착각하며 신앙을 사는 모습이고, 믿음이 없는데 믿음이 있는 것처럼 위선적으로 사는 모습이기도 하다. 남들은 보지 못하는데 나 스스로만 '기독교인이다', '그리스도인이다' 외치며 사는 삶인 것이다.

드레스코드(dresscode)라는 것이 있다. 때와 장소, 격에 맞는 옷이 있다는 말이다. 졸업식에는 졸업식을 위한 드레스코드가 있고, 어떤 식당이나 운동장에도 드레스코드가 있다. 즉, 지켜야 할 최소한의 품격이 있다는 것을 말하는 것이다. 그리스도인에게 있어서도 지켜야 할 드레스코드가 있다. 그것을 성경은 그리스도로 옷 입어야 한다고 말하고 있는 것이다.

그렇다면, 그리스도로 옷 입는 것은 어떤 모습일까? 첫째, 그리스도로 옷 입은 것은 내 삶의 중심이 내가 아닌 그리스도가 되는 것이라 할 수 있다. 옷을 입는 것은 그 사람의 정체성을 나타내 준다. 의사가 의사가운 입음으로써 의사의 역할을 감당하고, 학생이 교복을 입음으로써 학생의 삶을 산다. 우리가 예수로 옷 입으면 예수의 생각, 행동, 그리고 예수의 가치가 우리의 정체성을 대표하게 된다. 예수를 알기 전에는 비록 내가 입고 싶은 대로 자신의 가치관과 성향대로 옷을 입고 살았을지라도 이제는 예수를 믿고, 예수로 옷 입었다면 더 이상 자기중심주의로 살지 않고 예수 중심주의로 살아야 한다는 말과도 같다.

예수 중심주의로 산다는 것은 바로 우리 삶에서 예수를 나타내는 삶이다. 우리는 무언가 성취하려고 할 때 자기를 나타내려고 한다. 내가 어떤 사람인지, 내가 하는 것을 증명하기 위해 살지만, 그런데 그리스도로 옷 입은 사람은 자신을 가리고 그리스도를 드러내는 것이 먼저가 된다.

"나의 간절한 기대와 소망을 따라 아무 일에든지 부끄러워하지 아니하고 지금도 전과 같이 온전히 담대하여 살든지 죽든지 내 몸에서 그리스도가 존귀하게 되게 하려 하나니 이는 내게 사는 것이 그리스도니 죽는 것도 유익함이라"(빌 1:20-21)

둘째, 그리스도로 옷입은 사람은 그리스도를 본받는 삶을 살아가게 된다.

"그러므로 사랑을 받는 자녀 같이 너희는 하나님을 본받는 자가 되고"
(엡 5:1)

자녀는 부모의 모습을 닮는다. 부모의 얼굴, 행동, 말투, 가치관까지 자라면서 닮아가는 것이다. 자녀들이 닮아가는 것은 부모를 보면서 그것을 모방하는 것과도 같다. "본받는 자가 되라"는 말은 영어로 "imitate Your God"이라고 번역된다. 즉 하나님을 "모방하라"고 말씀하는 것이다. "모방하다"라는 단어는 헬라어로 "미메오마이(Greek: μιμέομαι)"를 사용하고 의미는 "흉내 내다, 하던 대로 똑같이 하다"라는 뜻을 지닌다. 예수로 옷 입기 시작하면 우리는 예수를 닮게 되어 있다. 이전의 나의 생각, 행동, 모습이 변화되어 예수의 모습, 행동, 말투, 가치관을 바라보며 따라서 행동할 때 그것이 나의 가치관으로 변화되는 것이다.

우리는 다 죄인의 모습이다. 부족한 모습이고 때묻고 세상 가운데 죄로 얼룩진 옷을 입고 여전히 살아가고 있을지 모른다. 하지만, 하나님은 우리가 입고 있는 더럽고 얼룩진 옷을 벗겨 주신다. 그리고 예수로 옷 입고 살라고 새 옷을 입혀 주시는 것이다. 이 모습을 에베소서 4:22-24에서 자세히 말씀한다.

"너희는 유혹의 욕심을 따라 썩어져 가는 구습을 따르는 옛 사람을 벗어 버리고 오직 너희의 심령이 새롭게 되어 하나님을 따라 의와 진리의 거룩함으로 지으심을 받은 새 사람을 입으라"(엡 4:22-24)

그리스도의 옷을 입고 살면 우리의 관심이 달라진다. 세상적 가치나 눈에 보이는 것에 집착하지 않고 세상과 타협하며 살지 않는다. 왜냐하면 예수로 옷 입은 사람에게는 그것들이 그렇게 중요한 것이 아니기 때문이다. 하나님 나라 백성은 예수로 옷 입은 사람들이다. 세상의 옷들은 더 이상 그들에게 만족을 주지 못한다. 세상의 옷과 그리스도의 옷은 가치관 자체가 다르기 때문이다. 세상 옷은 유행과 취향 따라 입다가 유행이 지나면 못 입게 된다. 하지만 그리스도로 옷을 입는 것은 그렇지 않다. 광야의 이스라엘 백성을 떠올려 보라. 그들은 광야의 40년 동안 하나님이 입혀 주시는 옷을 입고 지냈다. 하나님이 입혀 주신 옷은 닳지도 해지지도 않는 옷 한 벌, 신발 한 짝으로 살게 하셨다. 그리고 그들은 그 옷의 정체성을 가지고 하나님을 온전히 바라보며 광야를 통과할 수 있었다.

하나님이 입혀 주시는 옷은 우리의 부끄러움과 수치를 덮어 주는 옷이다. 아담과 하와가 죄를 짓고 눈이 밝아져 자신들의 수치와 부끄러움을 발견한 후 나무 뒤에 숨어 버렸다. 하지만, 하나님은 그들의 수치와 부끄러움을 덮어 주기 위해 가죽옷을 준비하셨고 그 옷으로 그들을 입혀 주셨다. 하나님이 입혀 주는 옷은 우리의 부끄러운 죄와 수치를 덮어 주는 옷이다. 그래서 우리가 여전히 이 세상에서 고개 들고 살아갈 수 있는 것은 하나님이 우리의 부끄러움을 그의 은혜로 덮으셨기 때문임을 기억해야만 한다.

우리의 수치와 부끄러움을 덮어 주는 자리가 바로 예배의 자리이다. 예배를 통해 우리의 부끄러움을 하나님의 영광으로 덮는 것이다. 하나님의 임재가 우리의 죄를 그의 의로움으로 가리워 준다. 마치 유월절 어린 양의 피를 문설주에 바르고, 피가 묻은 곳은 하나님이 넘어가 주신 것처럼 말이다. 하나님의 임재가 우리를 덮을 때 우리는 하나님의 충만한 은혜를 경험하게 된다. 그리고 그 은혜 가운데 거룩의 옷을 입고 하나님의 성소에서 그를 찬양하고 경배할 수 있게 되는 것이다.

또한 하나님이 입혀 주는 옷은 무거운 옷이다. 그리스도로 옷을 입은 사람은 '하나님의 영광'이라는 무거운 옷을 입은 자들이다. 하나님의 영광은 장엄하고 무겁다. 그래서 하나님의 영광을 위해 살아가는 자들의 삶은 무거운 책임을 가지고 신앙을 살아갈 수밖에 없다. 그래서 하나님의 영광을 입은 자들은 거룩한 사명을 가지고 있고 무거운 장엄함(magnificence)을 가지고 예배의 자리로 나아간다. 그렇기에 예배의 자리에서 우리는 자신의 목소리를 크게 낼 수 없다. 하나님의 영광의 장엄함이 가득 차 있기 때문이다. 예배의 자리에서 혹시 자신의 목소리를 크게 내는 자[2]들이 있다면 이것을 반드시 기억해라. 예배의 자리는 내 목소리를 내는 자리가 아니라는 사실이다.

"오직 여호와는 그 성전에 계시니 온 땅은 그 앞에서 잠잠할지니라"
(합 2:20)

하나님의 영광 앞에 잠잠하라! 예배 가운데 하나님의 장엄하고 무거운 은혜의 음성에 온 힘과 정성을 다하여 귀를 기울이라.

---

2) 목소리를 크게 낸다는 것은 내 생각, 의견, 감정 등 나를 드러내는 모든 행위를 뜻한다. 하나님의 영광이 아닌 자신을 위한 시간으로 채우는 것과 같다.

예배는 하나님 나라의 길잡이다

사람의 인생은 선택과 결정의 연속이다. 인생의 성공은 지혜로운 선택과 결정으로 이루어진다 할 수 있다. 그래서 중요한 것은 인생에서 어떻게 지혜로운 선택과 결정을 하는가 일 것이다. 연령별로 선택과 결정하는 모습도 다르다. 20대는 혈기왕성함으로 선택과 결정을 한다면 나이가 들면 경험에 의한 판단으로 하기도 한다. 어떤 모습이 지혜롭고 현명한 선택과 결정일 것인가 우리는 항상 고민하며 인생을 살아간다. 그렇다면 과연 하나님 나라를 살아가는 성도에게 있어 인생의 길을 옳은 선택과 결정으로 걸어갈 수 있을까 고민해 본다.

> "여호와여 내가 알거니와 사람의 길이 자신에게 있지 아니하니 걸음을 지도함이 걷는 자에게 있지 아니하니이다" (렘 10:23)

인생 살면서 내 뜻대로 되지 않는 것이 많다. 하루의 일도 내가 계획한 대로 되지 않을 때가 많기 때문이다. 성경은 말씀한다. 내가 걸어가는 발걸음조차도 계획하신 이가 있다고 한다. NIV는 이것을 "a man's life is not his own; it is not for man to direct his steps"라고 표현한다. 즉, 인간의 인생이 그의 소유가 아니라는 것이다. 하나님이 인간을 창조하셨다. 우리를 창조하셨다는 것은 우리의 소유권이 창조주, 즉, 하나님께 있다는 것이다. 따라서 인간의 삶의 목적, 계획, 방향 등이 하나님의 뜻 안에 포함되어야 한다. 이것을 에베소서 2:10에서는 다음과 같이 말한다.

"우리는 그가 만드신 바라 그리스도 예수 안에서 선한 일을 위하여 지으심을 받은 자니 이 일은 하나님이 전에 예비하사 우리로 그 가운데서 행하게 하려 하심이니라"

인생의 주인 되신 하나님의 지도(guidance)하심을 따라 그 길을 순종하며 걸어간다면 우리는 인생을 성공적으로 걸어갈 수 있게 된다. 모든 것에 있어 완전하신 하나님이 인생을 지도하는데 어찌 실패가 있을 수 있겠는가! 그렇다면 하나님의 완전하신 지도를 받기 위해 우리는 어떻게 해야 하는가?

첫째, 그분의 지도가 필요하다는 사실을 인정하는 것이 필요하다. 나는 심각한 길치(not good with direction)다. 방향감각이 없다는 말이다. 예전에 차량용 GPS가 없을 때는 운전할 때마다 길을 헤매고 다녔다. 그런데 아이러니한 것은 길을 모르면서도 다른 사람에게 방향을 잘 묻지 않는다는 것이다. 끝까지 고집을 세우면서 '이쪽으로 가다 보면 나오겠지' 하며 나의 감각과 추측을 믿고 모르는 길을 운전하며 다녔던 기억이 있다. '그냥 한번 물어보면 될 것을.' 나의 고집 때문에 많은 불편함을 겪었다. 이런 인간의 고집스러운 모습에 대해 성경은 인간의 본성이 양과 같다고 말한다.

"우리는 다 양 같아서 그릇 행하여 각기 제 길로 갔거늘 여호와께서는 우리 모두의 죄악을 그에게 담당시키셨도다" (사 53:6)

이것이 인간의 본성적 모습이다. 각기 자기 가고 싶은 길로 고집을 부리며 가다가 어느새 길을 잃어버린다. 방향감각 없는 나의 모습처럼 말이다.

양과 같은 우리에게는 푸른 초장으로 안내해줄 인도자가 필요하다. 즉, 인생의 올바른 방향과 길을 제시해줄 존재가 필요하다는 것이다. 양은 어떤 존재인가? 양은 순한 외모와 달리 고집이 세고 제멋대로인 동물이다. 양은 성격도 좋지 않다. 그래서 때론 사람을 머리로 들이 받기도 한다. 또 양은 시력도 좋지 않아서 근시에 가까운 시력은 가까운 것도 제대로 보지 못하도록 한다. 여러 가지로 안 좋은 면을 많이 갖고 있는 동물이 바로 양이다.

우리는 너무나도 양과 닮아 있다. 인간은 성공적인 미래를 내다보며 자신의 삶을 계획하고 추진하며 살아가는 것 같지만 사실 인간 역시 자신의 앞날에 대하여 한 치 앞도 내다보지 못하며 살아간다. 사람은 일 분에 20번 정도 눈을 깜박인다고 한다. 한 번 깜박일 때마다 0.1-2초의 시간이 지나간다. 그런데 깜박이는 시간이 순간 지나감으로 인해 그것을 의식하지 못할 뿐이다. 눈을 뜨고 있지만 사실 상당한 시간을 눈을 감고 살아가고 있다는 것이다. 우리는 다 보며 살아가고 있는 것 같지만 한편으로는 보지 못하고 살아갈 때가 인생에 있어서 참 많다. 순간을 지나치며 살아가고 있는 것이다.

인간은 보지 못하며 살아가는 것이 많다는 것을 스스로 자각해야 한다. 그렇기 때문에 인생에 있어 길을 잃어버릴 경우도 많다는 것을 알아야 한다. 그래서 내 눈과 생각을 의지하며 세상을 살아가는 것이 그렇게 안전한 것은 아니다. 보지 못하고 알지 못해서 닥칠 어려운 순간들이 많기 때문이다. 그러니 우리는 겸손히 하나님 의지하면서 살아야만 한다. 하나님이 인생의 길 안내자가 되어 주시기 때문이다.

"너는 범사에 그를 인정하라 그리하면 네 길을 지도하시리라"_(잠 3:6)

여기 "지도하신다"는 의미를 NIV에서는 "make your paths straight"로 번역한다. 즉, 우리의 길을 '곧은 길'로 만드신다는 것이다. 내 생각과 뜻대로 살았던 인간의 삶은 수많은 굽은 길과 미로를 만들어 내었다. 그로 인해 복잡하게 막혀 있는 길을 수없이 만나 왔다. 하지만, 하나님께 순종하며 따라가는 길은 곧은 길이다. 막힌 곳이 없다. 하나님께 드리는 예배는 하나님께 곧은 길로 나아갈 수 있게 만들어 주는 직진 통로다. 하나님을 인정할 때 우리는 그에게 바로 나아갈 수 있다. 예수님께서 이를 위해 곧은 길의 통로가 되어 주셨다. 막힌 담을 허무셨고, 지성소로 들어가는 휘장을 찢으셨던 것이다. 이를 기념하고 예배하는 것이 바로 예배다. 그래서 죄 많은 세상에서 갈 길을 잃고 방황했던 내가 예배의 자리에 나아올 때 하나님께 직접 나아갈 수 있는 길을 만나게 된다. 복잡한 세상에서 좋은 길을 찾지 말라. 하나님을 예배하는 삶이 가장 좋은 길이며 예배자가 살아갈 자리 되기 때문이다.

둘째, 하나님의 지도를 추구하는 삶이 예배자의 삶이 된다.

"너희 중에 누구든지 지혜가 부족하거든 모든 사람에게 후히 주시고 꾸짖지 아니하시는 하나님께 구하라 그리하면 주시리라"_(약 1:5)

만약 당신이 하나님의 지도를 받으며 살기 원한다면 이 시간 즉시 하나님께 구해야 한다. 그분의 지도와 계획, 그리고 뜻을 구하는 것이다. 내 앞길이 오리무중이고 갈 바를 알지 못하는데 그럼 어떻게 해야 하는가? 그때 그분의 뜻을 구해야 하는 것이다. 그분의 뜻을 구하는 시간은 기도의 시간이다. J. I. Packer는 우리가 하나님의 지도하심을 구할 수 있는 두 가지 근거가 있는데 첫째, 하나님이 우리 인생을 향한 계획을 가지고 계시기 때문이고, 둘째, 우리가 그분과 대화할 수 있다는 것을 말하였다. 기도는 하나님과의 소통, 그리고 대화의 시간이 된다. 예배는 기도를 통해 하나님께 묻고 그의 음성을 듣기 위해 나아가는 시간이다.

그런데 하나님의 지도를 구함에도 불구하고 받지 못하는 경우가 있다. 기도하는데 하나님의 음성을 듣지 못하고 그의 뜻하신 계획을 보지 못하는 것이다. 야고보서에서는 우리가 하나님의 뜻을 보지 못하고 구함을 받지 못하는 이유에 대해서 말씀한다.

"너희 중에 누구든지 지혜가 부족하거든 모든 사람에게 후히 주시고 꾸짖지 아니하시는 하나님께 구하라 그리하면 주시리라 오직 믿음으로 구하고 조금도 의심하지 말라 의심하는 자는 마치 바람에 밀려 요동하는 바다 물결 같으니 이런 사람은 무엇이든지 주께 얻기를 생각하지 말라 두 마음을 품어 모든 일에 정함이 없는 자로다" (약 1:5-8)

믿음의 삶에 있어 가장 큰 적이 있다면 그것은 바로 의심이다. 의심하기 때문에 결정하지 못한다. 의심때문에 하나님을 신뢰하지 못하고 순종함으로 그 길을 따라가지 못한다. 기도에 응답을 얻지 못하는 것 역시 의심 때문이다. 의심이 있는 기도의 모습은 일방적인 모습이다. 왜냐하면 하나님이 내게 말씀해주실 것이라는 확신이 없기 때문에 기도 후 되돌아올 하나님의 응답에 대한 기대감도 적다. 그래서 내가 하고 싶은 말만 한다. 그렇기 때문에 예배를 통해 내면에 쌓여가는 의심을 털어버려야 한다. 그리고 예배를 통해 하나님을 향한 확신을 길러가야 하는 것이다.

셋째, 예배를 통해 하나님을 끝까지 신뢰하며 따라갈 수 있는 능력을 기른다. 많은 사람들이 살아가다 낙심과 좌절을 만나면 쉽게 포기하고 절망한다. 하나님 나라를 살아가는 신앙도 마찬가지다. 하나님의 뜻인 줄 알고 걸어갔다가 실패와 좌절을 만나면 하나님의 뜻이 아닌 줄 알고 포기해 버린다. 그러다 신앙까지 포기하는 순간까지 이르기도 한다.

출애굽기를 읽다 보면 400년 노예 생활을 청산하고 해방된 이스라엘 백성에 대하여 보게 된다. 그들은 400년 노예 생활에서 벗어나면서 애굽으로부터 많은 금은보화를 가지고 나오게 된다. 그냥 보내 준 것도 고마울 일인데, 일종의 퇴직금으로 금은보화까지 받고 나온 것이다. 게다가 전능하신 하나님의 함께하심을 통해 수많은 기적을 경험하기도 한다. 홍해가 갈라지는 기적, 만나와 메추라기로 먹이시고, 구름기둥과 불기둥이 광야의 백성들을 인도하며 황량한 광야를 행군할 수 있도록 하셨다.

그 가운데서도 애굽의 군대가 쫓아왔을 때 바다가 갈라졌던 홍해의 기적을 다시 살펴보자. 애굽 군대의 추적을 피해 가고 있었는데 홍해가 길을 가로막고 있었다. 백성들은 모두 낙심하고 애굽을 빠져나온 것에 대하여 후회하고 있었다. 게다가 그들을 끌고 나온 모세에 대해 원망하며 비난까지 하였다. 막힌 길을 만나자 그들은 순간 하나님을 따라간 것에 대해 후회하기 시작했다. 우리 삶에도 이처럼 막혀버린 홍해의 벽을 만나면 좌절하고 실망해서 신앙을 잃어버릴 순간이 있게 된다. 그렇다면 여기서 포기할 것인가? 이에 대한 해답은 시편 77편을 읽어보면 하나님의 지도하심이 어디에 있었는지 볼 수 있게 된다.

> "주의 길이 바다에 있었고 주의 곧은 길이 큰 물에 있었으나 주의 발자취를 알 수 없었나이다 주의 백성을 양 떼 같이 모세와 아론의 손으로 인도하셨나이다" (시 77:19-20)

주의 길이 "바다에" 있었다고 한다. 하나님은 결코 길을 숨겨놓으신 것이 아니다. 큰 물결 바다 홍해 속에 곧은 길, 큰 길을 이미 준비하고 계셨던 것이다. 하나님은 A플랜뿐만 아니라 B플랜, 그리고 그 다음까지도 생각하고 준비하셨다. 인생에 한두 번 좌절을 겪었다고 여기서 하나님을 포기할 것인가? 그렇지 않다. 그 과정 속에서도 하나님이 뜻하신 계획과 지도하심이 있음을 반드시 떠올려야 한다. 하나님은 우리가 보지 못하는 그 길을 보고 계시기 때문이다. 바닷속의 길을 보고 계셨고, 절망 속에서 소망을 준비해 놓으시고, 불가능에서 하나님 행하실 기적을 계획해 놓으셨기 때문이다.

당신의 길을 여호와께 맡기라. 그리고 어떤 절망과 좌절에서도 하나님의 계획하심을 믿고 끝까지 신뢰하는 것이다. 예수께서는 그가 곧 길, 진리, 그리고 생명이라 하셨다. 예수 따라가면 그 길이 곧은 길이고, 진리의 확신함이 있고, 그리고 결국 승리하는 길이 된다. 그래서 우리는 걱정할 것이 없다. 지금 당신의 길이 잘못되어 가고 있는 듯해도 그 길이 예수를 따라가는 길이라면 결국 그 길은 진리와 생명이 있는 길이고 그 길의 끝에는 믿음의 승리가 있게 된다. 어려움이 닥쳐도 끝이 보이지 않고 이해할 수 없어도 그 길을 향한 하나님의 뜻하신 계획에 대한 확신이 있다면 포기하지 말고 끝까지 가야 한다.

> "또 여호와를 기뻐하라 그가 네 마음의 소원을 네게 이루어 주시리로다 네 길을 여호와께 맡기라 그를 의지하면 그가 이루시고 네 의를 빛 같이 나타내시며 네 공의를 정오의 빛 같이 하시리로다" (시 37:4-6)

예배는 내 자신을 깨뜨리는 시간이다.

호세아서를 보면 하나님이 아닌 세상을 의지하며 살아가는 연약한 믿음을 지닌 이스라엘 백성의 모습을 보게 된다. 그들은 하나님 오직 한 분께 마음을 정하고 살지 않았다. 그들은 하나님과 동시에 우상을 섬기며 살았던 것이다. 의지하지 말아야 할 것에 의지하고, 가지 말아야 할 곳을 드나들었고, 숭배하지 말아야 할 것을 숭배하는 어리석음을 보여주었다. 이 모습에 대해 호세아 선지자는 이렇게 표현한다.

> "이스라엘은 열매 맺는 무성한 포도나무라 그 열매가 많을 수록 제단을 많게 하며 그 땅이 번영할 수록 주상을 아름답게 하도다 그들이 두 마음

을 품었으니 이제 벌을 받을 것이라 하나님이 그 제단을 쳐서 깨뜨리시며 그 주상을 허시리라"(호 10:1-2)

"열매가 많다"고 하는데 원문을 보면 그들의 열매는 바로 '자기를 위한 열매'였다고 한다. 그리고 그들의 열매가 많을수록 자기를 위한 우상숭배와 연결이 되었다. 삶이 풍성해질수록 자기를 위한 우상 또한 번영했다는 것이다. 이스라엘은 가진 것이 점점 부요해질수록 자신들이 누리는 풍요와 유익을 위해 하나님이 아닌 우상의 신전을 더욱 화려하게 만들고 따르는 삶을 살았다. 이런 모습의 결과는 하나님이 아닌 다른 곳에 마음을 빼앗김으로 인해 두 마음을 품게 되었다고 말해준다. 두 마음을 품은 모습에 대한 영어번역을 살펴보면,

NIV: *Their heart is deceitful* (그들의 마음은 속이는 마음이다)
KJV: *Their heart is divided* (그들의 마음은 나뉘었다)
RSV: *Their heart is false* (그들의 마음은 거짓되다)

라고 해석을 한다. 결국 두 마음이란 속이고, 나뉘어지고, 거짓된 것, 즉, 겉과 속이 다른 양면적인 마음을 뜻한다. 이스라엘이 하나님께 바로 이 마음, 속이고 나뉘고 거짓된 마음이었다는 것이다. 하나님을 섬긴다 하면서도 그들의 마음은 하나님 한 분께 정한 바가 없었기에 하나님도 가지고 우상도 가져서 자신들의 욕심을 채우려던 삶이었음을 알게 된다. 이스라엘 백성들의 두 마음은 결국 하나님의 통치를 온전히 받아들일 수 없었다.

"그들이 이제 이르기를 우리가 여호와를 두려워하지 아니하므로 우리에게 왕이 없거니와 왕이 우리를 위하여 무엇을 하리요 하리로다" (호 10:3)

하나님은 이스라엘의 정함 없는 마음에 심판의 경고를 하신다.

"너희가 자기를 위하여 공의를 심고 인애를 거두라 너희 묵은 땅을 기경하라 지금이 곧 여호와를 찾을 때니 마침내 여호와께서 오사 공의를 비처럼 너희에게 내리시리라" (호 10:12)

"묵은 땅을 기경"한다는 것은 '처음부터 다시 시작한다'는 의미이다. 즉, 농사짓기 전 땅을 전부 뒤집는 것이 선행되는 것처럼 하나님을 예배하는 자들은 예배에 앞서 하나님을 향한 자신의 마음을 기경하는, 즉 새롭게 하는 것이 필요하다는 것을 말해 준다. 묵은 땅 같은 마음을 가지고 신앙을 사는 사람들이 있다. 예배자에게 있어 묵은 땅은 일종의 매너리즘, 즉, '타성에 젖은 마음'이라 할 수 있다. 이스라엘 백성은 하나님을 예배하는 하나님의 택하신 선민이라는 정체성을 가지고 살아왔다. 하지만 그들은 타성에 젖어 있었다. 하나님 앞에 예배자로 나서야 하는 거룩한 백성, 예배하는 백성의 모습을 잊어버렸던 것이다.

이 시대를 살아가는 그리스도인 역시 세상 가운데 하나님을 향한 마음이 굳어진 모습이 있다. 예배의 자리에 나아가는 감동과 은혜가 없다. 경직되고 굳은 마음으로 자리를 채울 뿐이다. 예배의 자리에 나아가는 것은 이처럼 굳은 마음, 타성에 젖은 묵은 땅을 뒤집는 시간과도 같다. 말씀을 통해 굳은 마음을 뒤집어야 한다. 하나님의 말씀의 날카로운 칼로 딱딱하게 굳어진 돌덩이와 같은 마음을 찔러 쪼개야 한다.

"내가 너희를 여러 나라 가운데에서 인도하여 내고 여러 민족 가운데에서 모아 데리고 고국 땅에 들어가서 맑은 물을 너희에게 뿌려서 너희로 정결하게 하되 곧 너희 모든 더러운 것에서와 모든 우상 숭배에서 너희를 정결하게 할 것이며 또 새 영을 너희 속에 두고 새 마음을 너희에게 주되 너희 육신에서 굳은 마음을 제거하고 부드러운 마음을 줄 것이며 또 내 영을 너희 속에 두어 너희로 내 율례를 행하게 하리니 너희가 내 규례를 지켜 행하리라"(겔 36:25-27)

예배는 우리의 뜻과 생각을 말씀이라는 용광로에 넣어 녹여 버리는 시간이다. 조금이라도 내 것이 남아 있어서는 안 되기에 완전히 녹여야 한다. 그럼 하나님은 그것으로 우리를 위해 다시 새롭게 창조하신다. 새사람을 입도록 만드시는 것이다.

예배는 하나님께 시선을 고정하는 것이다

인생의 방향은 어떻게 결정되는 것일까? 믿음과 신념이 어디에 있는가에 따라 인생의 방향도 결정되어진다. 자신이 추구하는 것에 따라 인생도 그렇게 바뀌어지는 것이다. 인생이 추구하는 바가 성공에 있다면 성공만 바라보며 가게 되어 있고, 추구하는 바가 권력이라면 권력만 바라보고 가게 되어 있다. 어느 곳을 바라보고 무엇을 추구하는가 그리고 어느 곳에 믿음과 신념을 두고 있는가에 따라 마음을 정하게 되고 그곳을 향해 바라보며 살아가게 된다.

독수리와 닭의 차이가 무엇인지 아는가? 닭은 주로 눈 앞에 있는 모이를 바라본다. 그래서인지 하늘을 보지 않으니까 닭은 하늘 멀리 날아갈 생각을 하지 못하는 것 같다. 반면에 독수리는 어떠한가? 독수리는 눈이 좋다. 그래서 하늘 높은 곳에서부터 땅 저쪽까지 멀리 내다볼 수 있다. 멀리서 먹이를 바라보고 포물선을 그리며 내려와 빠른 속도로 먹이를 낚아챈다. 신앙 역시 마찬가지다. 하나님의 뜻을 멀리 바라볼 수 있을 때 신앙 역시 성숙해지고 빠르게 성장하게 된다. 만약에 닭처럼 내 앞에 펼쳐진 현실적 상황과 자신이 원하는 것만 바라볼 때는 하나님의 뜻을 바라볼 수 없다.

광야의 이스라엘 백성이 출애굽 하여 가나안으로 행군할 때 언약궤를 중심으로 동서남북 사면을 세 지파씩 둘러싸고 열두 지파가 함께 광야를 걸어갔다. 이스라엘의 한 가운데에는 여호와의 성막이 언제나 자리잡았다. 여호와의 성막은 하나님이 이스라엘 백성을 만나주시는 장소이다. 여호와의 성막이 이스라엘의 중심에 자리잡았다는 것은 무엇일까? 바로 하나님 백성의 삶의 중심은 언제나 예배가 되어야 한다는 것을 의미한다. 그래서 우리는 언제나 나의 삶의 중심에 하나님께 드리는 예배가 자리잡고 있는가를 살펴야만 한다.

현대 사회를 살아가면서 사람들은 하나님 외의 것에 마음을 빼앗겨 잠식되어 살아갈 때가 있다. 팀 켈러(Tim Keller) 목사가 쓴 『내가 만든 신(Counterfeit gods)』이라는 책에서 우리 삶과 내면에 존재하는 수많은 우상에 대하여 쓴 부분이 있다. 그는 현대인들이 돈, 권력, 섹스, 내 속의 생각, 사람과의 관계 등 너무 많은 우상이 우리 삶과 관련이 있다고 말한다. 그래서 우리 삶에 존재하는 가짜 신을 식별하라고 말하면서 몇 가지 방법을 제시한다.

첫째, 자신의 생각을 점검하는 것이다. 마음 속 생각의 흐름이 어떻게 흘러가고 있는지, 그리고 나를 사로잡고 있는 생각이 무엇인지 살펴보라는 것이다. 예를 들어 범죄자는 어떻게 하면 걸리지 않고 범죄를 저지를 수 있을까 생각하게 된다. 생각이 범죄와 연관되어 흘러가는 것이다. 마찬가지로, 나의 현재의 생각의 흐름이 하나님을 향하여 있는지 아니면 다른 무언가에 사로잡혀 있는지 살피는 것이다.

둘째, 돈을 어떻게 쓰는지 보면 자신이 진정 좋아하고 사랑하는 것을 볼 수 있다고 한다. 예수님 역시 이것을 말씀하셨다. "네 보물이 있는 곳에 네 마음도 있다"고 하셨기 때문이다.

셋째, 일상의 삶에서 당신의 진짜 구원은 무엇인지 스스로 질문해보는 것이다. 즉, 내 신앙은 정말 무엇을 위해 살아가고 있는가 점검하며 구원받은 자의 삶의 의미를 현장에서 찾아가는 것을 말한다.

마지막으로 통제하기 힘든 자기 감정을 살피라고 한다. 화가 날 때, 두려움과 절망, 죄책감이 들 때, 침울할 때 등 스스로 통제할 수 없는 감정의 원인이 무엇인지 살피는 것이다. 바울 역시 이 부분에 관해서 자세히 말씀해 주었다.

"그러므로 너희가 그리스도와 함께 다시 살리심을 받았으면 위의 것을 찾으라 거기는 그리스도께서 하나님 우편에 앉아 계시느니라 위의 것을 생각하고 땅의 것을 생각하지 말라 이는 너희가 죽었고 너희 생명이 그리스도와 함께 하나님 안에 감추어졌음이라 우리 생명이신 그리스도께서 나타나실 그 때에 너희도 그와 함께 영광 중에 나타나리라 그러므로 땅에 있는 지체를 죽이라 곧 음란과 부정과 사욕과 악한 정욕과 탐심이니 탐심은 우상숭배니라" (골 3:1-5)

위의 것을 생각하고 땅의 것, 음란과 부정과 악한 정욕으로 이끄는 것을 생각하지 말라고 한다. 하나님으로부터 멀어지도록 만드는 땅의 것들을 의식적으로 거부하는 노력이 성도에게 필요하다. 예배를 드리는 시간은 나를 세상의 굴레로부터 잠시 멀어지게 만드는 의식적 노력과도 같다. 하나님으로부터 멀어지고 세상과 우상적인 것으로 가득 차 있던 나의 세속적 모습을 자각하고 스스로 거부하는 것이다. 그리고 하나님께 더욱 가까이 나아가기 위해 힘쓰는 모습이 예배 가운데 나타나야 한다. 다른 곳에 시선을 빼앗기지 말아야 한다. 오직 하나님께 시선을 고정시킴으로 하늘의 충만한 은혜를 바라보는 성도로 살아가야 하는 것이다.

예배는 하나님을 기념하며 드려지는 시간이다

이탈리아 화가 레오나르도 다 빈치의 작품 가운데 "최후의 만찬"이라는 그림을 본 적이 있다. 이 그림은 예수님이 가운데에 앉아 계시고, 그 오른쪽에 요한, 그 옆에 베드로와 돈주머니 들고 있는 유다가 앉아 있다. 예수는 제자들과 마지막으로 식사를 하며 포도주와 떡을 함께 나누고 있다. 최후의 만찬은 이태리 밀라노 어느 성당에 그려진 벽화이다. 이 그림이 보여 주는 것은 기독교가 말하는 "성찬"이라는 모습이다. 성찬은 영어로 "Holy Communion", 즉, '거룩한 친교, 거룩한 연합'이라는 의미를 지닌다. 예수께서 주신 떡과 잔을 함께 함으로 하나님과의 거룩한 연합에 참여하는 것이다.

> "내가 너희에게 전한 것은 주께 받은 것이니 곧 주 예수께서 잡히시던 밤에 떡을 가지사 축사하시고 떼어 이르시되 이것은 너희를 위하는 내 몸이니 이것을 행하여 나를 기념하라 하시고 식후에 또한 그와 같이 잔을 가지시고 이르시되 이 잔은 내 피로 세운 새 언약이니 이것을 행하여 마실 때마다 나를 기념하라 하셨으니 너희가 이 떡을 먹으며 이 잔을 마실 때마다 주의 죽으심을 그가 오실 때까지 전하는 것이니라" (고전 11:23-26)

성찬은 우리의 죄를 대속하신 예수 그리스도를 기념하는 것이라 말씀한다. 성찬에는 은혜, 감사, 회개, 회복 등과 같은 예수님에 관한 모든 것이 들어있다. 성찬은 예수님을 기억하고 기념하는 것이기 때문이다. 또한 성찬은 그리스도와 보다 밀접한 관계, 즉 거룩한 관계를 갖도록 신앙을 강화시키고, 성도의 정체성을 확인시키는 은혜의 수단이 되기도 한다.

성찬을 통해 예수 그리스도를 기념하라 말하는데 여기 "기념하다"라는 의미를 히브리어로 살펴보면 "아즈카라(אזכרה)"라는 단어를 사용한다. 이 단어는 레위기 2:1-10에 사용된 단어로써 소제(Grain offerings)에서 사용되는 '예물을 드림으로써 기념하는 것'을 의미하는데 사용하였다. 소제란 구약의 5대 제사 중 하나로써 하나님께 감사의 제사로 드리는 예식이고 이것을 다른 말로는 "기념제사(Memorial offering)"라 표현하기도 한다.

소제의 제사는 전체가 아닌 곡식 한 움큼과 기름 일부를 구별하여 드린 제사이다. 보통 이스라엘의 제사에는 소, 숫양 한 마리, 흠 없고 순결한 제물을 통째로 드리는데, 다만 소제에서는 한 줌만 드려도 하나님은 그것을 전체로 드린 것처럼 받으시고 기억하겠다고 하신 것이 특별하다. 소제는 또한 하나님과 사람 사이의 화평과 화목을 위해 드리는 제사로서 감사를 하나님 그리고 이웃과 나누는 제사인 화목제(Peace offering)와 함께 드리기도 하였다. 화목제의 특이점은 제사를 드린 고기를 함께 나누어 먹을 수 있었다는 것이었다. 따라서 소제와 화목제가 함께 드려진 것은 하나님의 감사를 기억하여 작은 것이라도 나눌 수 있는 하나님과 이웃과의 화목과 나눔이 있음을 기념하였다는 것이다.

소제에서 드려진 제물에 사용된 "아즈카라"라는 단어의 의미는 "일부를 드림으로 전체로 받으셨다"는 뜻을 가진다. 즉, 전부를 드리진 않았지만 하나님은 전부인 것처럼 받아 주신다는 의미인 것이다. 하나님께 감사를 기념하는 의미로 드리는 소제의 의미가 성도에게 있어서 중요한 이유가 있다. 그것은 우리가 하나님 앞에 나올 때 많은 것으로 들고 나와야 하는 줄 알지만 사실 하나님은 우리가 가지고 나온 것의 양적인 것이 얼마큼인가에 따라 좌지우지하지 않으신다는 것이다.

사무엘상 16:7에서 하나님은 예배자의 "중심"을 보신다고 한다. 하나님은 우리에게 많은 것을 원하지 않으셨다. 단 한 가지, 우리의 마음이 하나님을 향해 있는지, 하나님께 감사가 있는지, 그리고 하나님을 기억하고 있는지에 관한 것을 먼저 보셨다. 즉, 이것들을 요약하면 결국 '하나님을 향한 사랑의 마음이 우리에게 있는가'이다. 연인 사이에 있어서도 다른 무엇보다 중요한 것은 서로에 관한 사랑이다. 서로에 관해 사랑만 확인하면 다른 어떤 어려움이 있어도 극복할 수 있는 것이다.

하나님은 우리에게 다른 것을 원하지 않으신다. 웨스트민스터 소요리 문답 1문의 질문과 대답을 보면,

질문: "사람의 제일 되는 목적이 무엇인가"
대답: "하나님을 영화롭게 하는 것과 영원토록 즐거워하는 것이다"

라고 한다. 하나님을 예배하며 즐거워하는 마음을 가지고 살아가는 것 이것이 하나님 앞에 가장 중요한 성도의 자세임을 말씀하는 것이다. 어린 아기를 키워 보니 하나님이 우리를 향해 어떤 마음이셨는가 조금은 이해할 수 있었다. 부모는 아이한테 원하는 것이 없다. 다만 잘 웃어주고, 건강하고, 그리고 내가 아빠인 것만 알아 줘도 더 바랄 것이 없는 것처럼 하나님이 우리를 향해 이런 마음이셨을 것이다.

예수님은 떡을 떼고 잔을 나누셨다. 그것은 그냥 떡과 포도주가 아니었다. 바로 우리를 위해 자신의 몸과 피, 즉 '모든 것을 주시겠다'는 의미였다.

"우리 주 예수 그리스도의 은혜를 너희가 알거니와 부요하신 이로서 너희를 위하여 가난하게 되심은 그의 가난함으로 말미암아 너희를 부요케

하려 하심이라" _(고후 8:9)

　세상은 점점 더 각박해져만 간다. 그래서 작은 것일지라도 서로 나누는 것이 힘들다. 다들 움켜쥐고 살기 때문이다. 작은 것을 나누기 보다는 상대방의 작은 것까지도 내 것으로 만들려는 이기심도 있다. 이런 때일수록 우리는 예수께서 보여 주신 나눔을 생각해야 한다. 예수는 자신의 생명, 즉 큰 것을 버리심으로써 죄인된 우리들인 작은 것을 구하셨다. 소(小)를 위해서 대(大)를 버리신 것이다. 세상의 계산에서 바라보면 가장 비효율적인 모습이다. 그만큼 예수님은 그가 자녀삼은 우리를 사랑하셨던 것이다. 이러한 예수의 큰 사랑을 기억하며 일상을 살아갈 때 우리는 비록 작은 것일지라도 하나님을 사랑하는 큰 정성과 마음으로 기쁘게 드릴 수 있게 된다. 작은 것이라도 나눌 수 있는 하나님 나라의 백성의 모습으로 살아갈 때 예수께서 보여주신 크신 사랑의 희생을 세상 가운데 우리 역시 기념할 수 있는 삶을 살아가게 되는 것이다.

예배는 하나님께 빚진 자의 모습으로 나아가는 시간이다

　효자와 불효자의 차이가 무엇인지 아는가? 효자는 부모에게 빚진 것을 기억하고 보답하는 마음으로 살아가는 사람이다. 반면 불효자는 부모의 덕을 잊은 채 자기 스스로 살아온 줄 착각하며 살아가는 사람이다. 즉, '은혜를 기억하는가 기억하지 못하는가'의 차이가 효자와 불효자의 차이를 만들어 내는 것이다. 우리는 모두 하나님께 빚을 진 자들이다. 어떤 빚을 지었는가? 바로 생명의 빚이다. 나의 죄로 인해 대신 죽으신 예수께 우리는 그의 피와 생명을 빚지고 이제껏 살아가고 있는 것이다. 그래서 이 은혜를 알고 기억하는 자들은 그 빚을 갚기 위해 자신의 삶을 하나님께 종된 모습으로 내어놓게 된다. 빚진 자의 모습을 가지고 살아갈 때 예수를 향한 성도의 삶의 마음가짐과 태도는 달라지게 된다. 그 달라진 모습이 바로 은혜 받은 자의 삶이 되는 것이다.

하지만, 이것을 기억하지 못하고 예배의 자리에 나올 때 문제가 발생한다. 하나님의 은혜와 감사, 사랑의 본질적 의미를 모르며 종교를 살아가는 것이다. 그래서 예배를 드려도 감사가 없고 하나님의 사랑을 느끼지 못한다. 그래서 예배가 기계적이 된다. 하나님을 향한 은혜의 감각이 마비된 채로 종교를 살기 때문이다. 미국 사람들이 가장 많이 쓰는 단어가 있다면 그것은 아마도 땡큐(Thank you)일 것이다. 별 것 아닌 것에도 '감사합니다'라는 표현이 삶의 일상화가 되어 있기 때문이다. 또 한 가지 자주 사용하는 단어가 있다면 그것은 "사랑(Love)"라는 단어이다. 조금이라도 좋은 것을 보면 미국 사람들은 'Oh! I love it!'이라며 자기 마음을 자주 표현하기 때문이다. '감사합니다' 또는 '사랑합니다'라는 표현을 누가 또한 많이 사용할까? 그것은 아마도 예수 믿는 사람들이 많이 쓰는 단어일 것이다(그것이 진심이든 아니든).

점차 감사가 희박해지고 사랑이 메마른 사회가 되고 있다. 그래서 세상이 점점 더 무서워지고 경쟁은 더욱 치열해지는 사회 속에서 우리는 살아가고 있다. 그렇다고 할지라도 예수의 감사와 사랑을 체험한 하나님 나라의 성도는 감사와 사랑이 사라진 메마른 삶을 살아갈 필요는 없다. 성경을 보면 예수께서 문둥병자 10명을 고쳐 주는 장면이 나온다. 10명의 문둥병자를 치유의 기적으로 고쳐 주셨지만 정작 감사를 표현한 사람은 단 1명뿐이었다. 시대가 메마르고 힘들어져도 예수께 돌아와 감사를 표현한 단 1명의 문둥병자처럼 우리 역시 감사를 기억하고 사랑을 살아가는 하나님 나라의 백성의 모습을 지키며 살아가야 한다. 이런 감사와 사랑을 확신하며 체험하는 시간이 바로 예배의 시간이다. 예배의 자리에 무엇보다도 이 은혜의 마음, 즉, 하나님을 향한 감사와 사랑의 마음으로 들어가야 한다. 따라서 예배를 통해 이 모습을 점검하기 바란다. 감사가 있느냐, 사랑이 있느냐, 은혜를 기억하느냐, 스스로 질문해가며 내 안의 하나님을 향한 마음을 점검하며 신앙의 길을 걸어가도록 하자.

미로탈출 8

Q. 당신의 삶에 있어서 예배가 미치는 영향은 어떤 것일까요?

Q. 당신이 드리는 예배에 있어서 하나님을 기억하고 기념하는 예배의 모습이 잘 이루어지고 있습니까?

Q. 예배 시간에 당신의 시선은 어느 곳에 머물고 있습니까? 혹시 예배를 드리면서도 여전히 세상에 마음을 빼앗겨 하나님께 집중하지 못하는 모습이 있지는 않습니까?

Q. 예배를 통해 당신은 무엇을 얻어가고 있습니까?

교회

교회란 무엇인가?

　가끔 '어느 교회 다니세요?'라는 질문을 받는다. 그럼 대부분은 '어느 지역, 어느 교회에 다니고 있습니다'라고 대답을 할 것이다. 현재 내가 소속되어 있는 신앙공동체를 대표해서 교회라고 말하기 때문이다. 교회란 과연 내가 현재 속해 있는 공동체를 의미하는 것일까? 교회란 과연 무엇일까?

　교회는 헬라어 '에클레시아(Ecclesia; Greek: ἐκκλησία), 즉, "부름받은 자들의 모임"이라는 의미를 지니고 있다. 어떤 부름을 받은 자들인가? 하나님의 부르심이다. 하나님은 우리를 자녀로서 부르시고, 그의 기르시는 양떼로 우리를 부르셨다. 그리고 그 부르심에는 하나님의 거룩한 계획하심과 목적을 포함하고 있다. 그렇다면 부름을 받은 자들이 모여서 어떤 것을 하고 있는가?

　"너희는 나를 누구라 하느냐 시몬 베드로가 대답하여 이르되 주는 그리스도시요 살아 계신 하나님의 아들이시니이다 예수께서 대답하여 이르

시되 바요나 시몬아 네가 복이 있도다 이를 네게 알게 한 이는 혈육이 아
니요 하늘에 계신 내 아버지시니라 또 내가 네게 이르노니 너는 베드로
라 내가 이 반석 위에 내 교회를 세우리니 음부의 권세가 이기지 못하리
라 내가 천국 열쇠를 네게 주리니 네가 땅에서 무엇이든지 매면 하늘에
서도 매일 것이요 네가 땅에서 무엇이든지 풀면 하늘에서도 풀리리라 하
시고"(마 16:15−19)

예수께서 시몬 베드로에게 하신 질문은 '예수는 누구인가'에 대한 질
문이었다. 베드로는 예수를 "그리스도"이며 "살아 계신 하나님의 아
들"이라 고백했다. 그리고 예수님은 이 대답에 기뻐하셨고 베드로에게
말씀해 주신다. "이 반석 위에 교회를 세우리라." 즉, 예수 그리스도의
하나님 되심을 고백하는 신앙 위에 하나님은 교회를 세우신다 약속하
셨다. 따라서 어느 누구든 예수를 그리스도로 믿고 고백하면 그 믿음
위에 하나님은 교회를 세우신다.

여기 교회를 '세운다'에 사용된 단어는 헬라어 '오이코도메오
(oikodomew, Greek: οἰκοδομέω)'인데 이는 건물을 세울 때 사용하는 단어이
다. 즉, 예수를 그리스도라고 고백하는 신앙에 하나님은 그를 예배하
는 성전을 세우시는 것이다. 따라서 하나님을 믿는 믿음을 통해 하나
님 성전의 모습으로 살아가는 것이 교회이다. 하나님의 성전은 어떤
곳인가? 하나님의 영광이 있는 장소이다. 하나님을 예배하는 거룩한
장소이며 하나님의 임재가 있으며 하나님의 말씀이 있고 기름부음이
있는 장소이다.

교회는 사실 많은 사람들이 생각하듯 단순히 일반적인 건물과 집합

단체의 모습이 아니다. 교회는 예수를 주로 고백하는 믿음 위에 세워진 성전의 삶을 살아가는 한 영혼을 지칭한다. 교회는 하나님의 놀라운 계획을 가진 존재이다. 교회를 통해 하나님 나라를 경험하게 되고 세상에 속한 사람들을 연결시키는 통로가 된다. 게다가 예수를 그리스도로 믿는 영혼들이 하나로 연합되어 서로 연결되어져 더 큰 하나님 나라를 세워져 나가는 것이 바로 교회라고 할 수 있다.

> "… 예수께서 친히 모퉁이 돌이 되셨느니라 그의 안에서 건물마다 서로 연결하여 주 안에서 성전이 되어가고 너희도 성령 안에서 하나님의 거하실 처소가 되기 위하여 예수 안에서 함께 지어져 가느니라" (엡 2:20-22)

그리스도를 믿는 신앙을 중심으로 부름 받은 사람들이 모여 하나님 나라를 함께 살아가는 더 큰 교회가 세워져 간다.

기독교는 혼자 도를 닦는 그런 종교와는 다르다. 반드시 공동체가 존재하며 나눔이 있게 된다. 하나님은 이것을 기쁘게 보시기 때문이다.

> "보라 형제가 연합하여 동거함이 어찌 그리 선하고 아름다운고 머리에 있는 보배로운 기름이 수염 곧 아론의 수염에 흘러서 그의 옷깃까지 내림 같고 헐몬의 이슬이 시온의 산들에 내림 같도다 거기서 여호와께서 복을 명령하셨나니 곧 영생이로다" (시 133:1-3)

다윗이 지은 시편 131편은 "성전에 올라가는 노래"라는 부제가 붙어 있다. 예루살렘 성전으로 올라가는 사람들의 모습을 보면서 다윗은 아마 하나님 나라의 백성으로서 하나됨의 감격을 느꼈던 것 같다. 하나님을 믿는 신앙이 함께 모이면 더 큰 기쁨이 넘치기 때문이다. 게다가 "머리에 있는 보배로운 기름"이 흘러 몸을 덮고 "헐몬의 이슬" 내림 같은 여호와의 복을 누린다고 말씀한다. 당시 제사장 또는 왕이 되는 것은 기름부음을 받아야만 했다. 향기로운 기름이 머리부터 흘러내릴 때 죄가 씻어지고 거룩한 자가 된다고 여겼기 때문이다.

하나님의 거룩한 성전이 되어가는 하나님 나라 백성은 하나님의 기름부음을 통해 거룩하고 깨끗한 제사장적 신분을 지니게 된다. 또한 "헐몬의 이슬"은 이스라엘에 있는 높은 산에서 맺혀지는 이슬을 말한다. 헐몬산의 꼭대기는 급격한 온도 격차로 엄청난 양의 이슬이 맺힌다고 한다. 그래서 이슬이 내려짐을 통해 헐몬산 주변의 땅이 옥토가 되고 다양한 생물이 생명을 유지하며 살아갈 수 있게 된다. 헐몬산의 이슬과 같은 하나님의 은혜의 복이 거룩한 성전으로 연결되어 가는 하나님의 교회에 임하게 되는 것을 말씀한 것이다.

교회는 예수를 그리스도로 고백하는 믿음 위에 세워진 하나님 나라 백성의 거룩한 모습이다. 그리고 이 백성은 그리스도를 머리로 하는 하나님의 통치를 따르게 된다. 하나님의 통치에 순종하여 따를 때 하나님의 기름부음과 은혜의 복이 왕 같은 제사장이자 거룩한 하나님 나라, 그리고 그의 백성 된 교회에 임하게 된다. 이 모습을 베드로전서 2:9-10에서 다시 말씀해 준다.

"… 너희는 택하신 족속이요 왕 같은 제사장들이요 거룩한 나라요 그의

소유가 된 백성이니 이는 너희를 어두운 데서 불러 내어 그의 기이한 빛
에 들어가게 하신 이의 아름다운 덕을 선포하게 하려 하심이라 너희가 전
에는 백성이 아니더니 이제는 하나님의 백성이요 전에는 긍휼을 얻지 못
하였더니 이제는 긍휼을 얻은 자니라" (벧전 2:9-10)

교회는 하나님을 믿는 믿음을 가진 사람을 말하며, 하나님을 예배하
는 거룩한 성전 된 하나님의 왕 같은 제사장적 사명을 지닌 예배자들
을 지칭한다. 국민 한 사람 한 사람이 모여 한 나라를 이루어 가듯 하
나님을 믿는 믿음으로 살아가는 성도가 모여 하나님 나라를 이루어가
는 것이 교회의 모습이다.

이제 다시 한번 질문을 하려 한다. 당신에게 있어서 교회는 무엇인
가? 예수를 그리스도로 믿고 시인하는 당신의 신앙 고백 위에 교회된
하나님 나라가 성전으로 세워져 가고 있는가? 당신 한 사람이 교회이
며 당신 한 사람이 하나님 나라를 이루어가는 교회로 살아가고 있다는
사실을 반드시 기억하라.

좋은 교회를 꿈꾼다

사람들은 좋은 교회를 꿈꾼다. 좋은 교회는 과연 어떤 모습인 것일
까? 사람들은 교회의 표면적으로 비추어지는 외적인 모습에 따라 교
회를 평가하고는 한다. 특히나 대형교회들과 같이 엄청나게 큰 건물,
많은 교인과 좋은 시설, 다양한 서비스와 프로그램, 품질 좋은 음향과

영상, 젊은 교역자들, 그리고 세련된 목회행정 등과 같이 표면적 모습을 보고 교회를 평가하고는 한다. 그렇다면 좋은 교회의 기준을 표면적으로 드러나는 외형적 기준으로 판단하는 것이 과연 옳은 것일지 생각을 해보게 된다. 교회의 외형적인 측면으로 어떤 교회인지를 판단하는 것은 세상적 판단 기준과 별반 다를 바 없기 때문이다.

이런 기준에 따른 교회의 평가로 인해 시설이나 환경이 좋지 않은 작은 개척교회에 출석하는 것을 종종 꺼려하기도 한다. 때론 작은 교회에 가는 것이 부담스럽기도 하다. 왜냐하면 서비스(Service)를 받기보다는 서브(Serve)해야 할 일들이 많기 때문이다. 작은 교회는 성도 한 사람에게 많은 관심을 주게 된다. 하지만 이런 다가섬을 불편해하고 꺼려하는 사람들도 있다. 단순히 예배 출석만 하고 집으로 돌아가기를 선호하는 사람들도 많기 때문이다. 그래서 많은 성도들로 인해 비교적 관심으로부터 자유로운 대형교회를 선호하게 된다. 교회에 깊이 관여하고 싶지는 않기 때문이다.

나는 대형교회가 나쁘다는 것을 말하기 위해 부정적 측면만을 드러내고 있는 것은 아니다. 사실 단순하게 큰 교회와 작은 교회를 놓고 어디가 좋은 교회인가를 평가한다는 것은 결코 옳지 않다. 하지만 많은 사람들이 교회의 외형과 편의성에 영향을 받고 있다는 것은 부정할 수 없기에 예를 들어서 말하고 있는 것이다.

좋은 교회는 어떤 교회인가? 먼저 하나님의 영광이 드러나는 교회가 좋은 교회이다. 교회는 하나님의 충만한 영광을 지닌다. 열왕기상을 읽으면 솔로몬이 하나님의 성전을 짓는 모습이 나온다. 솔로몬은 하나님의 성전 건축을 위해 많은 재료들을 모았다. 그리고 결국 7년 만에 성전을 완성한다. 솔로몬은 이에 감격하였고 이제 성전에 하나님의 말씀이 들어있는 언약궤를 옮겨놓게 된다. 언약궤가 하나님의 성전에 들어서자 성전은 곧 하나님의 영광으로 가득하게 된다.

> "제사장이 성소에서 나올 때에 구름이 여호와의 성전에 가득하매 제사장이 그 구름으로 말미암아 능히 서서 섬기지 못하였으니 이는 여호와의 영광이 여호와의 성전에 가득함이었더라" (왕상 8:10-11)

하나님의 영광이 성전에 가득한 모습은 과연 어떤 모습인지 생각해 보라. 구약성경에서는 하나님의 영광이라는 단어에 "카보드(Kabod; 히브리어: כָּבוֹד)"라는 단어를 사용한다. 이 단어의 의미는 "무겁다, 많다, 풍부하다"라는 뜻을 지닌다. 헬라어로는 "독사(Doxa; 헬라어: δόξα)"를 쓰는데 "가장 고귀하고 영광스러운 상태"를 의미한다. 하나님의 영광이란 '가장 고귀한 가치가 있는 하나님의 엄위(dignity)가 풍부한 상태'를 의미하는 것이다. 이 모습을 이사야 6:3에서는,

> "거룩하다 거룩하다 만군의 여호와여 그의 영광이 온 땅에 충만하다"

라고 표현을 한다. 하나님의 영광이 가득한 상태는 너무나도 거룩한 감격이 넘치는 모습임을 보게 된다.

첫 아기가 병원에서 태어났을 때 병실 밖에서 기다리던 나에게 갓 태어난 아기를 전해 받아 품에 안아볼 기회가 주어졌다. 갓 태어난 아기를 전해 받았을 때 너무 이쁘고 소중해서 어디서부터 만져야 하고,

어떻게 안아야 하는가 잠시 고민을 했었다. 혹시라도 잘못 안아서 아기가 불편해하고 힘들어 하면 어쩌지 하면서 조마조마 아기를 품에 안고 얼굴을 쳐다보았다. 순간 말할 수 없는 감격이 몰려온다. '이 아이가 내 아이라고?' 놀라운 기쁨과 동시에 어찌할 바를 모를 감동이 몰려 들었다. 하나님의 영광이 가득한 교회는 하나님 주시는 놀라운 감격이 넘쳐난다. 죄에서 구원하신 구원의 감격이 넘치는 곳이고, 하나님 베푸신 은혜의 감동이 있는 곳이다. 하나님의 사랑을 느낄 수 있는 곳이고, 하나님의 하나님 되심을 바라보는 장엄한 위엄이 있는 곳이다. 나의 삶에 언제나 영광의 감동이 있다고 생각해 보라. 감격과 감동이 넘치는 일상을 살아갈 때 그 삶이 얼마나 좋아질지 상상만 해도 기분이 좋아진다.

둘째, 좋은 교회는 하나님 보시기에 좋은 사람이 있는 곳이다. 먼저 나 스스로를 살펴보라. 내가 좋은 교회로 살아가고 있는지를 봐야 한다. 좋은 교회는 하나님 보시기에 좋은 모습으로 살아가는 나 자신이다. 즉, 나 스스로 좋은 교회가 되는 것이다. 내가 좋은 교회로 살아갈 때 내가 있는 그곳이 좋은 곳이 되어진다. 그리고 나와 같은 좋은 교회로 살아가는 하나님의 종들, 즉 좋은 믿음의 동역자들이 많이 모일수록 그곳은 더 좋은 교회가 되어진다. 그렇다면, 하나님 보시기에 좋은 모습은 어떤 모습일까? 하나님은 우리가 거룩한 성령으로 충만한 모습이 되기를 원하신다.

"너희가 하나님의 성전인 것과 하나님의 성령이 너희 안에 계시는 것을 알지 못하느냐"(고전 3:16)

여기 "성령이 너희 안에" 계신다고 말씀한다. 하나님의 성령이 내 안에 충만할 때 하나님 영광으로 가득한 거룩한 하나님의 교회로 살 아갈 수 있다. 하나님의 영광이 있는 언약궤를 성소에 모셔 놓았을 때 그 자리가 바로 하나님의 영광이 나타난 거룩한 성전이 된 것처럼 말 이다. 따라서 좋은 교회는 거룩한 성령, 거룩한 하나님의 영광으로 채 워진 나의 모습이 될 때 하나님이 보시기에 좋은 교회의 모습이 되어 진다. 하나님의 영광으로 풍성한 은혜가 있는 내가 있는 그 자리가 바 로 좋은 자리가 되는 것이고, 나와 같은 하나님의 영광으로 풍성한 은 혜가 있는 사람들이 한 마음으로 모이면 그 자리는 더 큰 빛을 발하는 좋은 자리가 되어진다.

하지만 하나님의 성령이 아닌 내가 원하는 것으로 채워가는 교회가 되려고들 한다. 내가 원하는 것을 채운 모습은 바람직한 교회의 모습 이 아니다. 그것은 나의 영광을 위해 만들어 가는 우상숭배의 모습과 도 같다. 우리는 그다지 아름답지 않다. 왜냐하면 우리는 죄로 인해 하 나님의 가장 아름다운 형상을 잃어버렸기 때문이다.

그래서 아름다운 교회로 세워져 가기 위해 우리는 하나님의 형상을 회복해야만 한다. 하나님의 영광으로 나 스스로를 채워가야 한다. 말 씀으로 채우고, 하나님의 은혜로 나를 채우는 것이다. 말씀의 다스림 에 순종함을 통해 점차 세상적 모습이 사라지고 하나님의 통치가 내 안에 이루어짐으로 인해 하나님 나라의 모습이 비추어져야 한다. 현 재 교회로 살아가는 나와 공동체의 모습이 무엇으로 채워져 있는지를 살펴 보라. 이 순간 당신이 먼저 하나님 보시기 좋은 성령으로 충만한 사람이 되라. 그리고 성령이 충만한 사람들로 이루어진 교회가 되기를 모두가 힘쓰라.

> *좋은 것이 함께 할 때는 더 좋아진다.*
> *좋은 것이 함께 할 때는 나쁜 것도 좋은 것으로 바뀌어진다.*
> *좋은 것이 함께 할 때 상처도 회복되고*
> *좋은 것이 함께 할 때 슬픔도 기쁨으로 바뀌고 눈물도 웃음으로*
> *바뀔 수 있다.*

셋째, 하나님이 원하시는 방향으로 모든 성도들이 집중하도록 이끄는 교회가 좋은 교회이다. 교회의 목회방향을 크게 두 가지 맥락으로 나눈다면 사람의 방향과 하나님의 방향이라 말할 수 있다. 사람을 향한 목회의 방향이 된다면 어떤 목회가 될 것인가? 당연히 사람을 기쁘고 즐겁게 하는 목회가 될 수밖에 없다. 반면 목회가 하나님을 향한다면 하나님의 뜻을 발견하고 하나님을 기쁘게 해드리는 사역으로 목회가 향하게 된다.

지금 이 순간 눈을 감고 북쪽을 향해 손을 가리켜 보라. 그리고 눈을 떠 보라. 눈을 떠 보면 사람들마다 제각각 방향으로 손을 가리키고 있는 것을 보게 될 것이다. 신앙을 살아가면서 영적 장님으로 살아가는 모습이 있다. 하나님 나라의 뜻과 계획, 그리고 비전을 전혀 보지 못하고 신앙을 사는 것이다. 영적으로 눈을 감고 있기에 드러나는 하나님의 영광 조차도 보지 못한다. 그래서 영적 인도를 게을리하거나 올바른 방향 제시를 하지 않는 교회는 눈을 감고 하나님 나라를 살아가는 것과 같다.

"그냥 두라 그들은 맹인이 되어 맹인을 인도하는 자로다 만일 맹인이 맹인을 인도하면 둘이 다 구덩이에 빠지리라 하시니"(마 15:14)

따라서 교회는 이 시대의 영적 인도자의 사명을 잘 감당하기 위해서 영적인 시야가 열려 있어야 한다. 하나님이 원하시는 방향과 길로 사람들을 잘 지도하여 이끌어 낼 수 있는 역량을 길러내는 교회가 좋은 교회가 될 수 있다.

넷째, 좋은 교회는 다양성이 있는 교회이다. 성도들마다 믿음은 제각각으로 차이를 가진다. 같은 교회를 섬기며 살아간다고 다 같은 믿음을 지니고 있지는 않기 때문이다. 어떤 사람은 큰 믿음을, 또 어떤 이는 연약한 믿음을, 그리고 어떤 이는 믿음이 무엇인지 여전히 궁금해하며 신앙을 살아가기도 하기 때문이다. 교회는 그만큼 다양한 사람들로 이루어진다. 아이도 있고, 어른도 있고, 노인도 있고, 가난한 자, 부자, 학자도 있게 된다.

반면 건강하지 못한 교회는 다양성이 사라진 모습을 보인다. 비슷비슷한 사람들끼리 모여 있는 모습이 있기 때문이다. 음식도 골고루 먹어야 건강해진다. 입맛에 맞는 음식만 먹다 보면 어느새 영양의 균형이 깨져 몸에 문제가 발생한다. 단 것이 입에 맞는다고 단 음식만 먹다 보면 금방 비만 및 당뇨에 문제가 생기듯 교회 역시 내 입에 맞는 비슷한 사람들과 어울리고 함께하다 보면 영적 불균형이 생기기 마련이다. 비슷한 환경, 비슷한 학벌, 경제능력, 비슷한 부류들만 모여 있으면 더 잘할 것 같지만 전혀 그렇지 않기 때문이다.

다양성이 없는 교회는 바라보는 시야가 굉장히 좁아질 수밖에 없다.

교회는 사역을 크고 넓게 봐야 하는데 비슷한 사람끼리 모여 있다면 사람은 자기 수준이라는 것을 가지고 있기 때문에 그 수준에 맞게 눈높이를 설정해 놓게 된다. 내가 100원을 가졌으면 다른 사람도 100원이 있는 줄 아는 편협한 시각이다. 다양함을 경험해 보지 못하면 다른 사람의 어려움을 볼 수 없고 상대의 처지와 형편을 공감하는 능력이 결여되기 쉽다는 단점을 가지게 된다. 그래서 예수 역시 인간의 모습으로 오신 이유는 공감을 위한 것이었다. 사람의 눈높이에서 사람의 생각을 통해 하나님이 일하신 것이다.

　나도 아프기 전에는 암이라는 것이 그저 "암"이구나 정도로만 이해했었다. 그런데 그저 "암"이구나라는 이해로는 정말 "암"을 겪는 환자의 고통의 1/100도 이해할 수 없다는 것을 알게 되었다. 그냥 아픈 정도의 질병이 아니었다는 사실이다. 이 아픔을 깨달은 후 환자들의 아픈 정도에 대해 더 많은 관심과 공감을 가지게 되었다. 그래서 하나님은 성도와 교회에게 날마다 새롭게 되는 것을 말씀하셨다. 사람의 생각은 새로워지지 않으면 굳은살처럼 딱딱히 굳어 버리기 때문이다. 그래서 사람의 생각을 깨뜨리는 하나님의 치료가 성도에게 반드시 필요한 것인데 그것을 하나님은 교회에 다양성이라는 모습으로 주셨다는 것이다. 그래서 교회는 중산층만 있어서도 안 되고, 너무 젊은 사람들만 있어도 안 되고, 너무 나이 많은 분들만 있어서도 안 된다. 모든 것이 골고루 있을 때 공감의 능력도 생겨나고 교회의 사역을 넓은 관점에서 볼 수 있는 건강한 교회가 될 수 있다.

　예수께서 사역하셨던 현장을 한번 생각해 보라. 예수는 다양성이 있는 곳에서 하나님 나라를 세워 나가셨다. 고아와 과부가 모이고, 죄인들과 함께 식사를 하셨다. 그들과 함께 울어 주시고, 함께 기도하시고, 이방인들을 찾아 가셨고, 유대인 회당에서 말씀을 전하기도 하셨다. 예수는 다양성 속에서 하나님 백성의 구원이라는 하나됨을 이루기 위한 사역을 하셨던 것이다. 이것이 바로 교회가 사용할 수 있는 강점이 된다. 다양성이 예수라는 이름으로 한데 모여 하나되는 모습이다. 어떤 사람, 어느 누가 오더라도 그리스도라는 믿음 안에서 하나로 모여 지는 믿음의 하나됨이다. 어떤 조건에서 왔든 예수 그리스도라는 믿음을 통해 성령의 열매가 맺어지는 하나님 나라를 이루어가는 교회의 모습이다. 세상은 조건 따라 사람들도 나뉜다. 학벌 따라 나뉘고, 경제력 따라 나뉘고, 취향 따라 나뉘어진다. 서울대 출신끼리 모이고, 대기업 출신끼리 모이고, 의사들끼리 모인다. 세상은 끼리끼리 나누는 것을 좋아하는 것이다.

성경의 욥기 23장을 보면 내가 하나님 앞에 정금같이 나아가겠다는 고백이 있다. 금은 땅속이나 물속에서 처음 채굴해서 건져낼 때는 그저 노란색 빛나는 돌멩이에 불과하다. 형태와 사이즈도 제멋대로 뒤죽박죽으로 생겨났다. 하지만 이를 체에 거르고 불에 달굴 때 돌멩이의 더러움이 벗겨진다. 그리고 이를 완전히 형체가 없어지도록 녹인 다음 고정된 틀에 녹인 금을 부을 때 깨끗하고 형체가 다듬어진 금을 만들어 낼 수 있게 된다. 교회가 이와 같다. 나의 형체가 예수 그리스도라는 틀 안에서 녹아 버려 형체를 잃어버리는 것이다. 다양한 사람들이 모인 교회가 다양한 형체로 모양과 색깔을 드러내기 시작하면 교회는 절대 하나될 수 없다. 또한 하나님의 거룩한 목적인 하나님을 예배하는 백성, 복음을 전하는 하나님 나라의 하나됨의 목적을 결코 이

룰 수 없게 된다.

결론적으로 교회는 다양성 속에서 하나됨을 이루어 가야만 한다. 당신은 현재 어떤 교회로 하나님 나라를 살아가고 있는지 살펴보라. 다양성을 하나로 만드는 교회로 세워져 가는지 아니면 다양성을 잃어버린 딱딱하게 굳은 모습으로 살아가고 있는지 살펴보아야 한다. 변화가 없는 고착됨 그리고 편안함 속에 안주하지 마라. 다양함 속에서도 하나를 이루어가는 연합의 모습을 만들어가는 하나님 나라 교회의 모습으로 살아가라.

더 좋은 교회가 되기 위하여

● 1. 비전제시가 있는 교회

교회는 비전제시(vision casting)가 있어야 한다. 에디슨이 한 말이 있다.

> "천재는 1퍼센트의 영감(inspiration)과 99퍼센트의 땀(perspiration)으로 된다"

사실 99퍼센트의 노력도 중요하지만, 이 노력을 이끄는 것은 1퍼센트의 영감이다. 즉, 1퍼센트의 올바른 방향이 설정되어야 99퍼센트의 노력이 헛되지 않는다. 교회로써 해야 할 중요한 역할은 1퍼센트의 방향, 즉 비전을 성도에게 제시해 주는 것이다. 그래서 교회는 말씀을 통해 하나님 나라의 비전을 제시한다. 하나님 나라의 올바른 방향을 제시험으로써 하나님 나라 백성의 삶과 원리를 보여주며 가르쳐 이끌어 나가는 것이 교회가 해야 할 일이기 때문이다.

성경을 보면 하나님은 언제나 1퍼센트의 방향, 즉 비전을 제시하셨음을 보게 된다. 아담과 하와에게도 모든 것을 허락하셨어도 동산 중앙에 있는 열매는 건들지 말라 하신 것도 1퍼센트의 비전이었다. 세상에 죄악이 가득한 시대 가운데서도 노아에게 방주를 만들도록 하신 것도, 아브람에게 본토 친척 아비의 집을 떠나 땅과 자손번영을 복을 약속하시고 "가라" 하신 것도, 그리고 회개하며 가까이 다가온 천국을 바라보라 외친 예수의 가르침도 1퍼센트의 비전이었다.

교회의 하나님 나라 비전 제시는 1퍼센트의 기준을 세워 주는 역할이며 모든 목회 사역의 기준점과도 같다. 기준이 잘못되면 모든 것의 방향이 틀어지게 된다. 어릴 적 체육시간에 운동장에 모여 선생님의 구령에 따라 '모여'와 '흩어져'를 배웠던 경험이 있다. 선생님이 한 학생을 가리켜 기준을 정한다. 그러면 그 학생을 중심으로 양팔 간격으로 헤쳐가며 줄을 맞춘다. 기준점을 중심으로 아이들은 균등한 거리를 유지하며 자리를 잡고 줄 맞추어 단체운동을 했었다. 그리고 단체운동이 끝나면 다시 기준을 중심으로 한데 모였던 기억이 있다. 하나님의 비전을 품은 교회는 이 세상에 올바른 중심이 되어 세상을 움직이는 사명을 가진다. 그래서 교회를 중심으로 성도는 복음을 품고 세상을 향해 흩어져 가는 것이며 복음의 능력으로 세상에 하나님 나라의 질서를 세워가는 것이다.

사람을 견딜 수 없게 하는 것이 있다면 그것은 과연 무엇일까? 고통스러운 환경, 물질의 어려움, 질병, 아픔과 같은 것이 아니다. 사람을 견딜 수 없게 하는 것은 삶의 '무의미함'이다. 까뮈(Albert Camus)의 시지프스 신화를 보면 신이 내리는 가장 고통스러운 형벌을 보여 주는데 그것은 평생 무의미한 것을 반복해서 하는 것이었다. 목적 없는 무의미한 삶은 인간을 쉽게 지치도록 만든다. 신앙도 마찬가지다. 비전 없는 신앙생활은 영적 나태함을 가져오고 신앙을 습관적이고 기계적으로 만든다. 교회를 다니면서 도전이 없고, 신앙적 뜨거움이 생기지 않는다면 신앙에 있어 비전 없는 무의미함 가운데 있는 것은 아닌지 살펴야 한다. 요한계시록을 보면 일곱 교회에 보낸 편지 가운데 라오디게아(Laodicea) 교회에 보낸 편지에 관한 내용이 있다.

> "라오디게아 교회의 사자에게 편지하라 아멘이시요 충성되고 참된 증인이시요 하나님의 창조의 근본이신 이가 이르시되 내가 네 행위를 아노니 네가 차지도 아니하고 뜨겁지도 아니하도다 네가 차든지 뜨겁든지 하기를 원하노라 네가 이같이 미지근하여 뜨겁지도 아니하고 차지도 아니하니 내 앞에서 너를 토하여 버리리라 네가 말하기를 나는 부자라 부요하여 부족한 것이 없다 하나 네 곤고한 것과 가련한 것과 가난한 것과 눈먼 것과 벌거벗은 것을 알지 못하는도다" (계 3:14-17)

라오디게아 교회는 모든 것이 풍족한 부자 교회였던 것 같다. 부족함 없는 삶을 살면서 그들은 어떤 신앙적 열정과 갈급함을 느끼지 못했다. 하나님은 이런 교회의 모습을 보시고 "뜨겁든지 차갑든지" 하라 말씀한다. 미지근한 신앙은 목적 없고 비전 없는 습관적인 종교활동과 같다. 많은 사람들이 교회를 그저 무의미하게 다녀가기도 한다. 말씀을 듣고도 말씀을 가슴에 품지 않는다. 도저히 하나님 나라의 비전이 마음에 새겨지지 않는다.

문제가 무엇일까? 말씀을 제대로 전달하고 가르치지 못한 목회자의 책임이 가장 크다. 동시에 말씀을 듣고도 삶에 적용하지 못하는 듣는 자의 열정 없음 역시 문제가 된다. 혹시 당신의 신앙에 하나님 나라 비전이 세워져 있지 않다면 지금 당장 하나님 말씀을 통해 신앙의 목표와 비전을 세워 나가라. 복음의 뜨거운 열정을 가지라. 미지근한 신앙에서 벗어나야 한다. 그래서 하나님 나라를 하나님 사랑하는 뜨거운 열정과 함께 동시에 세상 죄의 유혹에는 믿음의 냉철함으로 신앙을 지켜 나가는 교회로 살아가라.

● 2. 하나되는 교회

교회는 하나됨(unity)의 모습을 가지고 있다. 교회의 주인은 예수 그리스도이며 그리스도를 중심으로 성도는 한 몸(body)으로 이루어진다.

> "우리가 한 몸에 많은 지체를 가졌으나 모든 지체가 같은 기능을 가진 것이 아니니 이와 같이 우리 많은 사람이 그리스도 안에서 한 몸이 되어 서로 지체가 되었느니라" (롬 12:4-5)

> "너희는 그리스도의 몸이요 지체의 각 부분이라" (고전 12:27)

하나님은 교회를 하나되는 연합을 이루도록 부르셨다. 성경에 나오는 초기 교회 역시 하나됨을 실천하기 위해 애썼음을 보게 된다. 하나됨을 위해 한마음과 한뜻이 되기를 힘썼고, 더불어 내 몸과 같은 나눔에 힘을 썼다.

"믿는 무리가 한마음과 한뜻이 되어 모든 물건을 서로 통용하고 자기 재물을 조금이라도 자기 것이라 하는 이가 하나도 없더라"(행 4:32-33)

이런 나눔을 통해 교회는 복음의 보편적 실천을 이루어 가야 함을 보게 된다. 복음으로 누구에게나 다가가는 모습이다. 복음의 보편성은 또한 하나님 주신 거룩한 명령이 된다.

"… 하늘과 땅의 모든 권세를 내게 주셨으니 그러므로 너희는 가서 모든 민족을 제자로 삼아 아버지와 아들과 성령의 이름으로 세례를 베풀고 내가 너희에게 분부한 모든 것을 지키게 하라 볼지어다 내가 세상 끝날까지 너희와 항상 함께 있으리라 하시니라"(마 28:18-20)

모든 민족을 제자로 삼으라 말씀하신 것처럼 복음에는 차별이 없다. 누구는 듣고, 누구는 듣지 말아야 하는 그런 세상의 차별적 음성이 아니다. 하나님의 복음은 보편적이다. 누구나 들어야 하며 누구나 들을 자격이 있다. 왜냐하면 하나님은 세상을 사랑하시기 때문이다. 너무 사랑해서 그의 아들 예수까지 이 땅에 보내셨다. 그래서 그의 사랑을 모든 세상에 나타내 보이시길 원하신다. 이를 위해 하나님의 사랑을 말씀에 담아 세상이 보고 듣게 하셨다는 사실이다.

교회는 하나됨을 위해 세상에 복음을 들고 나가야 한다. 타종교가 말하는 구원이 어디에나 있다는 구원의 보편성이 아니다. 구원은 오직 예수 그리스도께만 있다. 이 사실을 세상에 알리고 전해야 한다. 그래서 세상이 하나님의 구원의 은혜를 누릴 수 있도록 하나님 나라 안에서 하나 되어지도록 복음을 보편적으로 전할 사명이 교회에 있게 된다.

하지만, 많은 교회가 여전히 보편적 모습보다는 상대적 모습을 지니고 있다. 아이러니한 것은 교회는 누구에게나 열려 있는 개방성을 가지고 있지만 다른 한편 폐쇄적 성향 또한 가지고 있다는 것이다. 교회는 믿지 않는 사람들을 복음으로 초대를 한다. 하지만 초대를 받아 교회로 들어온 사람들은 교회 내에 존재하는 보이지 않는 많은 벽을 느끼기도 한다. 고린도 교회가 여러 분파로 나뉘어진 것처럼 교회 내에서도 동질그룹화, 무관심, 분쟁, 사랑 없음 등 인간의 다양한 감정과 세력에 따라 나뉘어지는 모습이 있기 때문이다.

나는 항암치료를 위해 몸에 케모포트라는 것을 이식해서 심어 놓았다. 장시간 항암제를 투여받기 위해 인공적인 혈관을 집어넣은 것이다. 처음 내 몸에 새로운 것이 부착되었다는 것이 굉장히 불편하고 어색했다. 적응하기까지 어느 정도 시간이 지나야만 했다. 삽입된 인공혈관을 내 몸에 받아들이기 위한 많은 노력이 필요했던 것이다. 교회가 새로운 가족을 받아들인다는 것이 이와 같다. 내 몸의 일부로 받아들이기 위한 교회의 적극적 노력이 반드시 필요한 것이다. 한몸이 되기 위한 필요한 절차이고 노력이다. 불편함과 어색함을 감수하고, 몸의 일부가 되도록 힘쓰는 것이다. 교회의 하나됨은 예수께서 말씀하신 포도나무와 가지의 관계처럼 생명으로 연결된 믿음의 형제요 지체됨의 의식을 가지고 살아가야 한다. 예수 그리스도를 머리로 하고 믿음으로 한 몸된 지체의식을 품고 살아갈 때 교회는 분열과 해체의 시대 가운데서도 하나님 나라의 하나됨을 만들어 나갈 수 있게 된다.

● 3. 거룩한 교회

교회의 역사를 살펴보면 교회가 거룩의 모습을 잃어버린 결정적인 때가 있었다. 교회가 거룩의 모습을 잃어버린 때는 기독교가 세상에서 힘을 얻게 되었을 때였다. AD 313년 로마제국의 콘스탄티누스 황제가 기독교를 국교로 승인한다. 이로 인해 기독교는 역사에 없는 가장 강력한 정치적, 종교적 권력을 가지게 되었다. 하지만 교회가 세속적 권력과 힘을 얻게 됨과 동시에 그 때는 기독교가 거룩을 잃어버리고 세속화가 가속화되는 출발점이기도 하였다.

기독교가 로마에서 국교로 승인되기 전 그리스도인은 로마제국의 박해를 피해 숨어 지내야만 했다. 그들은 신앙을 지키기 위해 지하묘지 카타콤(Catacombs) 동굴[3]에 숨어 하나님의 도우심을 기다리며 믿음의 소망을 놓지 않았다. 그들은 억압과 핍박 많은 절망 가운데서도 동굴의 벽에 그림을 그려가며 다가올 하나님 나라의 모습을 품고 지냈다. 그런데 그들의 울부짖음을 하나님께서 들으셨을까? 어느 순간 기독교가 권력을 얻게 되고 숨어 있던 그리스도인들은 동굴 밖으로 나올 수 있게 되었다(오병이어의 기적처럼 기독교 역사에도 기적이 일어난 것이다). 기독교는 즉시 정치, 종교적 권력을 힘입게 되고, 뜻하지 않은 부를 누

---

3) 카타콤 동굴에서 그들은 예수의 오병이어의 기적을 떠올리며 물고기 그림을 그리곤 했다.

리게 되었다. 그러나 교회권력이 생겨나면서 성직자들은 점차 권력화되며 신앙적으로 타락하게 되었다. 사람은 권력과 힘이 생겨나면 생각할 것 이상의 뜻을 품게 되는 존재인 것 같다. 아담과 하와가 눈이 밝아져 하나님처럼 되려는 마음을 품은 것처럼 말이다.

교회는 거룩한 존재이다. 하나님이 그의 백성에게 원하신 모습이 바로 그의 거룩함을 닮은 성품이기 때문이다. "내가 거룩하니 너희도 거룩하라" 말씀하신 것처럼 하나님은 그의 교회에게 거룩을 지니고 살아갈 것을 원하신다.

"나는 너희의 하나님이 되려고 너희를 애굽 땅에서 인도하여 낸 여호와라 내가 거룩하니 너희도 거룩할지어다" (레 11:45)

하나님께서는 그의 백성들의 거룩함을 위하여 이 땅에 예수 그리스도를 보내셨다. 죄로 인해 더럽혀진 인간의 죄악 된 모습을 정결케 하셔야 했기 때문이다. 이를 사도행전에서는 "피로 사신 교회"라고 표현한다.

"여러분은 자기를 위하여 또는 온 양 떼를 위하여 삼가라 성령이 그들 가운데 여러분을 감독자로 삼고 하나님이 자기 피로 사신 교회를 보살피게 하였느니라" (행 20:28)

이는 에베소 교회 장로들에게 권면하는 바울의 고별설교이다. 예수의 피로 교회를 사셨다고 한다. 예수님의 피는 인간의 죄를 대속함, 즉 죄를 용서하고 깨끗케 하는 능력의 피다. 인간의 몸도 피가 깨끗해야 몸의 기능이 정상이 된다. 혈액에 지방 또는 좋지 않은 성분들이 섞이면 피가 더럽혀지고 피의 흐름이 정상적이지 못하게 된다. 이로 인해 발생하는 많은 질병이 있게 된다. 고혈압, 당뇨, 콜레스테롤, 고지혈증 등 현대인들이 일상에서 겪게 되는 많은 질병이 있지 않은가. 이로 인해 몸에 점차 문제가 생기게 된다. 이를 해결하기 위해서는 피를 맑게 하는 좋은 성분들을 섭취하고 운동을 하는 등 다양한 방법으로 건강에 대해 반드시 신경을 써야 한다.

마찬가지로 교회는 거룩한 예수님의 보혈로 정결케 하신 거룩을 내포하고 이를 지키기 위해 많은 노력을 해야만 한다. 교회의 정결함을 통해 예수님의 몸 된 교회로서의 모든 기능을 정상화시키고 건강한 교회로 성장해야 할 책임을 지니고 있는 것이다. 정결함이 사라진 교회는 교회로서 모습을 잃어버리게 된다. 점차 부패하게 되고 교회 내에서도 많은 문제가 생겨나게 된다. 인간의 죄로 인한 부패함이 만들어내는 문제들이다. 게다가 많은 현대교회가 거룩함보다 세상적 트렌드를 따라가기에 바쁘다. 거룩을 위해 힘쓰기보다 사람을 만족시키기 위한 인간 중심적 목회 방향들이 오히려 교회를 어렵게 만들기도 한다.

교회가 거룩해야 하는 또 다른 이유는 교회는 하나님의 영광이 충만한 곳이기 때문이다. 광야의 출애굽 백성들의 삶은 하나님의 법궤(언약궤)와 함께하는 삶이었다. 언약궤는 하나님의 임재가 있는 곳이며 하나님의 영광을 만나는 장소였다. 마찬가지로 하나님의 말씀을 품고 하나님 나라를 살아가는 이 시대 교회는 하나님의 임재와 영광이 충만한 장소이다. 하나님을 예배하는 교회는 거룩해야만 한다. 하나님의 임재가 있고 영광이 자리한 곳이 예배의 장소이기 때문이다.

● 4. 하나님의 의로움으로 정의를 실천하는 교회

사람들이 쉽게 인정하지 못하는 것이 있다면 그것은 아마도 자신의
죄일 것이다.

'나는 죄인입니다.'

자신의 죄를 인정하는 것은 결코 쉽지 않다. 게다가 자신의 부끄러
운 모습이나 죄에 대하여 지적을 당하는 것에 대해서는 더욱 인정하고
받아들이기 쉽지 않다. 그만큼 사람들은 죄에 대하여 언급하는 것을
극도로 민감하고 싫어하기 때문이다. 그래서 죄를 인정하지 않기 때문
에 법정까지 가서 서로 끈질긴 다툼을 하기도 하는 것이다. 예를 들어
광주 5.18사건과 같은 것을 보면 자신의 죄를 인정하지 않고 죗값을 물
지 않기 위해 죽을 때까지도 인정하지 않고 생을 마감하기도 한다. 모
든 법적 투쟁에는 '무죄추정의 원칙'을 내세운다. 그래서 유죄판결이
나기 전까지 무죄임을 주장하며 아득바득 법적 싸움을 이기려 한다.

죄를 인정하기 쉽지 않은 이유가 있다면 죄에는 그에 상응하는 대가
가 따라오기 때문일 것이다. 로마서 6:23에서 "죄의 삯은 사망"이라고
한 것처럼 죄에는 그에 따르는 대가가 뒤따르기 때문에 그 값을 치르
지 않기 위해서 죄를 인정하지 못하는 것이다.

또한 인간은 자신의 죄 된 본성을 스스로 보지 못한다. 마가복음 7

장을 보면 바리새인과 서기관의 모습이 나온다. 그들은 예수의 제자들이 손을 씻지 않고 손으로 음식을 먹은 것에 대하여 부정하다고 정죄를 했다. 그러면서 예수님을 고소하기 위해 여러가지 꼬투리를 잡는다. 손을 씻고 음식을 먹어야 그것이 정결한 것이고 전통을 지키는 것인데 그것을 따르지 않았기 때문에 부정하고 더럽다고 예수께 말한다. 그러자 이 모습에 예수께서는,

'너희가 말하는 깨끗함의 의미는 무엇이냐? 그렇게 말하는 너희는 깨끗한가? 사람을 더럽게 하는 것은 본질적으로 너희들 속에서 비롯된 마음이다'

라고 말씀을 한다. 바리새인과 서기관은 자신들의 죄 된 본성을 보지 못했다. '나는 죄인이다'라는 것을 결코 인정하지 않았다. 나는 죄인인 것을 인정하지 못하니 예수를 또한 구원자로 바라볼 수 없었다.

인간은 불순종으로 인해 하나님 앞에 죄를 지었다. 그래서 하나님께 나아갈 때 먼저 자신이 부끄러운 죄인됨을 인지하고 고백해야 한다. 그렇게 해야 하나님의 죄의 용서, 구원과 은혜에 대해서도 받아들일 수 있게 되기 때문이다. 우리는 많은 착각 속에 살아가기도 한다. '나는 착하고, 깨끗하고, 정의롭다'는 생각이고, 나는 문제가 없지만 상대방이 문제이고, 환경 때문이라 탓을 돌리기도 한다. 또한 세상은 정의와 평등을 외치지만 세상을 들여다보면 너무나도 많은 문제와 사건들이 존재하고 있다. 하지만 사람들은 문제와 고통의 원인을 내 안에서 비롯되는 죄에서 찾으려 하지 않는다. 그래서 문제를 입증하기

위해 여기저기 CCTV를 설치해 놓고 결국 서로의 죄를 감시하는 '감시 사회' 속에서 살아가도록 만들어 놓았다.

TV를 보면 가끔 국회청문회를 보게 된다. 청문회를 보다 보면 어느 새 얼굴을 찌푸리게 된다. 고성이 오고 가고 상대방에 대한 예의와 매너는 어느새 욕설과 비방으로 변하게 된다. 질의자들은 전혀 잘못이 없는 듯 질의응답자를 향해 꾸짖고 비꼬듯 서슴지 않고 공격을 해댄다. 그런데 솔직히 질문하는 자도 청문회의 응답자의 자리에 앉아서 다 캐내어 들면 어느 누가 깨끗하다고 할 수 있겠는가! 결국 우리는 언제나 남 탓을 하다 보니 내 자신의 결점은 보지 못하는 치명적 오류에 빠지게 되는 것이다. 그래서 예수님이 말씀하셨던 것이다.

> "어찌하여 형제 눈 속에 있는 티끌은 보고 네 눈 속에 있는 들보는 깨닫지 못하느냐" (눅 6:41)

예수 시대에도 그랬다. 예수를 못 박은 것은 결국 유대인들인데 그들은 정작 자신들이 예수를 살인한 자들인지 인식하지 못했다. 그래서 현재까지도 유대인들은 예수의 메시아 되심을 부정하며 살아감과 동시에 자신들이 하나님을 믿는 가장 거룩하고 정의로운 백성이라는 착각 가운데 빠져 있는 것이다.

이 시대 많은 사람들은 "정의"라는 것을 추구하며 살아간다. 그래서 정의 구현 사회를 꿈꾸며 자신들을 만족시킬만한 유토피아(utopia)를 디자인한다. 예를 들어 대통령 선거공약도 '내가 대통령이 되면 이렇게 해줄 것이다', '내가 대통령이 되면 전보다 더 잘 살게 해주겠다.' 사람들의 마음을 사기 위한 인간 유토피아를 디자인해 주지만, 그들이 공약한 것처럼 모든 사람이 행복하게 잘 사는 사회가 되었는가? 그렇지 않다. 여전히 많은 사람들이 살기 힘들어하고, 집 한 칸 마련하기 힘든, 그리고 결혼하고 아이를 낳는 것도 어려운 시대 속에서 자신의 권리를 찾기 위해 끙끙대며 살아가기도 한다. 사람들은 행복을 꿈꾸지만 사실 인간이 만들 수 있는 완벽한 유토피아는 존재할 수 없기 때문이다. 완전한 공평과 정의가 실현되는 사회는 인간 스스로 만들어 낼 수 없기 때문에 인간은 늘 생존관계, 경쟁관계 속에서 살 수밖에 없다.

세상은 여전히 외친다. 불공평하고 부정의하다고… 그래서 이 부정한 것들을 바꾸기 위해 새로운 개혁을 이루어야 한다고 말한다. 하지만 하나님 나라의 성도는 개혁을 말하는 접근 방식이 다르다. 그것은 먼저 내가 죄인임을 깨닫고 동시에 하나님의 은혜를 통과하는, 즉 하나님의 통치가 이루어지는 개혁을 위해 살아가는 것이다. 복음은 복된 소식이자 곧 세상을 하나님 나라 통치에 따르도록 하는 개혁의 목소리이기도 하다. 하나님의 의로움을 세상에 나타내기 때문이다. 하지만 세상은 스스로 죄인됨의 자각이 없기 때문에 하나님의 의로우심에 대하여 귀 기울이지 않기에 여전히 하나님 나라의 복음의 개혁이 이루어지지 않고 있는 것이다.

성경은 우리 모두를 죄인이라고 말씀한다.

"기록된 바 의인은 없나니 하나도 없으며 깨닫는 자도 없고 하나님을 찾는 자도 없고 다 치우쳐 함께 무익하게 되고 선을 행하는 자는 없나니 하나도 없도다 그들의 목구멍은 열린 무덤이요 그 혀로는 속임을 일삼으며 그 입술에는 독사의 독이 있고 그 입에는 저주와 악독이 가득하고 그 발은 피 흘리는 데 빠른지라 파멸과 고생이 그 길에 있어 평강의 길을 알지 못하였고 그들의 눈 앞에 하나님을 두려워함이 없느니라 함과 같으니라"

(롬 3:10-18)

인간이 죄로 인해 비참해진 모습에 대해 성경은 우리가 스스로 죄된 본성을 깨닫고 하나님의 은혜를 통해 다시 회복될 것을 말씀하고 있다.

요한복음 8장에는 간음을 하다 잡힌 여자를 바리새인들이 예수 앞에 끌고 와서 질문하는 장면이 나온다.

이 여자가 간음하다 현장에서 잡혔는데 모세의 율법을 보면 그런 자를 돌로 쳐 죽이라 하였소. 그런데 당신은 어떻게 할 것이요?

그러자 예수님께서 대답을 한다. "너희 가운데서 죄가 없는 사람은 이 여자에게 돌을 던지라." 그러자 예수의 말을 들은 사람들은 모두 그 자리를 떠나버렸다. 왜냐하면 죄가 없는 사람은 없기 때문이었다. 세상의 유토피아적 원리로 생각하면 이 여자는 돌에 맞아 죽어야 마땅한 듯하다. 하지만 하나님의 기준에서는 징벌보다 은혜가 먼저 앞장섰다.

다시 말해 세상이 만들겠다는 유토피아는 여전히 인간의 죄성이 기반 되어서 만들어지는 세상이지만 하나님의 나라는 하나님의 은혜가 기본 원리로 세워져 가기 때문이다. 이것이 우리에게는 정말 큰 은혜 아닌가! 우리의 부끄러운 죄를 하나님의 의로 덮어 주시겠다는 약속이기 때문이다. 내가 깨끗하고 거룩해서 그 죄를 묻지 않고 넘어가는 것 아니라 하나님의 의로움이 부끄러운 나의 죄를 묻지도 않고 덮어주신 것이다. 이것이 하나님의 자비와 용서, 구원의 은혜가 된다.

교회는 하나님의 의로우심과 그의 은혜를 세상에 드러내는 사명을 가진다. 그래서 교회는 하나님 나라의 의로운 은혜의 공동체이다. 믿음으로 살아가는 의로움과 하나님의 은혜가 교회를 이끄는 원동력인 것이다. 세상의 원리를 중심으로 교회가 이 땅에서 세워져 나가서는 안된다. 그것은 인간의 유토피아의 모습이기 때문이다. 교회는 하나님 은혜의 원리를 토대로 거룩한 성전 되어 가야 한다. 따라서 교회는 예수께서 다스리는 질서와 원리 가운데 믿음으로 순응하며 살아가야 한다. 이 질서와 원리를 따라 살아갈 때 하나님 나라의 천국을 실제에서 경험하며 신앙의 길을 걸어갈 수 있게 되기 때문이다.

● 5. 선교하는 교회

하나님께서 교회에게 주신 본질적 사명은 선교(Mission)라 할 수 있다.

"하나님이 세상을 이처럼 사랑하사 독생자를 주셨으니 이는 그를 믿는 자마다 멸망하지 않고 영생을 얻게 하려 하심이라 하나님이 그 아들을 세상에 보내신 것은 세상을 심판하려 하심이 아니요 그로 말미암아 세상이 구원을 받게 하려 하심이라" (요 3:14-15)

"그러므로 너희는 가서 모든 민족을 제자로 삼아 아버지와 아들과 성령의 이름으로 세례를 베풀고 내가 너희에게 분부한 모든 것을 가르쳐 지

키게 하라" (마 28:19-20a)

"또 이르시되 너희는 온 천하에 다니며 만민에게 복음을 전파하라"
(막 16:15)

"하나님은 모든 사람이 구원을 받으며 진리를 아는데에 이르기를 원하
시느니라" (딤전 2:4)

선교는 교회의 존재 목적이다. 그런데 많은 현대교회들이 선교 자체
가 교회의 본질이기 보다는 수많은 사역들 가운데 하나인 선택적 일부
분으로 이루어지고 있음을 보게 된다. 선교보다 교회 중심적 프로그램
이 먼저인 경우가 많아 선교가 교회에서 중심된 사역의 위치를 잃어버
리기도 한다. 교회의 존재 목적의 순서가 뒤바뀐 모습인 것이다. 그래
서 하나님 나라의 본질적 사명인 선교를 위해 교회는 선교에 관한 인
식전환이 반드시 필요하다. 선교를 교회의 선택이 아닌 본질된 존재
목적으로 인식하는 것이다. 선교적 DNA를 가지고 하나님 나라를 살
아가도록 교회 사역의 인식변화를 일으켜야 하는 것이다. 교회의 선교
적 인식에 대한 변화를 위해 예수께서 세상을 향해 이루신 선교의 모
습을 먼저 살펴보아야 한다.

첫째, 예수께서 이루신 선교의 특징이 있다면 '부르심'과 '보내심',
즉 구심적 선교(centripetal)와 원심적 선교(centrifugal) 두 가지 모습을 통해
나타난다. '수고하고 무거운 짐 진 자들아 다 내게로 오라(마 11:28)' 부
르시는 예수님의 초대와 동시에 '너희는 가서 모든 민족을 제자로 삼

아(마 28:18)' 그의 백성들을 세상으로 보내심을 통해 하나님 나라를 선포하고 말씀하셨다.

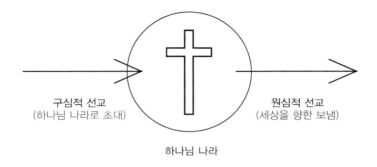

구심적 선교　　　　　　　　　원심적 선교
(하나님 나라로 초대)　　　　　(세상을 향한 보냄)

하나님 나라

　먼저 예수께서 그의 백성들을 복음의 대리자로 부르시고 보내시는 지상명령은 단순히 제자들에게만 주신 것이 아니라 모든 나라들을 향한 보편적 선교와 그들을 제자 삼는 것을 말씀하셨다. 또한 이 명령은 한시적(temporary)인 것이 아니라 '세상 끝까지' 그리스도의 재림의 때까지 계속될 것을 가리키게 된다.

　　"이 천국 복음이 모든 민족에게 증언되기 위하여 온 세상에 전파되리니
　　그제야 끝이 오리라"(마 24:14)

　또한 교회는 세상을 향해 보냄(sending)받는다. 예수의 사역 역시 하나님 나라 복음을 전파하기 위해 보냄을 받은 선교였다. 누가복음 4:18에서 예수는 자신의 보냄받음이 복음을 전파하는 것에 있음을 분명히 말씀한다.

"주의 성령이 내게 임하셨으니 이는 가난한 자에게 복음을 전하게 하시려고 내게 기름을 부으시고 나를 보내사 포로 된 자에게 자유를, 눈 먼 자에게 다시 보게 함을 전파하며, 눌린 자를 자유케 하고, 주의 은혜의 해를 전파하게 하려 하심이라"

예수께서는 하나님 나라 백성된 우리를 그의 자녀로, 제자로, 사도(Apostolos: 헬라어 ἀπόστολος, "보냄받은 자"라는 의미)로 세상을 향해 나아가도록 명령하셨다. 이 명령은 예수께서 이 땅에 성육신적(incarnated)[4]으로 하나님께로부터 보냄받은 모습과도 같다.

특별히 예수는 열두 제자를 부르심(Calling)으로 그의 공생애 선교 사역을 시작한다. 제자들과 함께 살아가며 삶을 통해 하나님 나라를 보여주고 복음을 전하셨던 것이다. 그리고 제자들에게 예수 이름의 권위와 보냄받은 자의 책임을 부여하시고, 그들을 세상에 보내어 하나님의 통치하심을 세상에 전하도록 하셨다. 여기서 제자들에게 주신 거룩한 책임은 마태복음 28:18-20에서 나오는 거룩한 대계명(Great Commandment)[5]이라 할 수 있다. 하나님 사랑과 이웃 사랑, 그리고 모든 민족을 제자로 삼아 하나님께서 분부한 모든 것을 가르쳐 지키게 하

---

4) 성육신적이란 하나님이 인간의 모습으로 나타난 것, 대표적으로 요한복음 1:14에 "말씀이 육신이 되어 우리 가운데 거하시매"라고 말씀한 것처럼 예수 그리스도께서 하나님과 인간 사이의 화해와 연합을 위해 세상에 직접 인간의 모습으로 오신 것을 의미한다.

5) "하늘과 땅의 모든 권세를 내게 주셨으니 그러므로 너희는 가서 모든 민족을 제자로 삼아 아버지와 아들과 성령의 이름으로 세례를 베풀고 내가 너희에게 분부한 모든 것을 가르쳐 지키게 하라 볼지어다 내가 세상 끝날까지 너희와 항상 함께 있으리라" (개역개정, 마 28:18-20)

는 증인의 사명이다. 게다가 예수께서 제자들을 선택하고 세우신 것은 "대표성"의 의미를 가지게 된다. 하나님께서 예수를 그리스도로 이 땅에 하나님을 알리는 대표자 또는 대리자로 보내신 것처럼 예수 역시 그의 제자들을 세상에 대하여 하나님 나라를 대표하는 복음의 증거자로 보낸 것이었다.

예수의 선교사역의 또 다른 특징은 종말론적(eschatological) 선교의 모습이다. 예수의 복음은 '하나님 나라'가 주요한 메시지였다. 예수께서는 '천국'에 관하여 자주 언급하였고, 천국에 관하여 현재적 차원에서 말씀을 전하셨다. 소경이 보며, 앉은뱅이가 걸으며, 문둥이가 깨끗함을 받으며, 귀머거리가 들으며, 죽은 자가 살아나며, 가난한 자에게 복음이 전파되는 등 현재적 차원에서 이미 임한 하나님 나라와 다가올 천국을 간접적으로 경험하도록 보여 주신 선교이었다.

예수께서 보여 주신 선교에 대한 교회의 실천은 사도행전에 나오는 초대교회를 통해 보게 된다. 초대교회는 교제 가운데 서로 모이기를 힘쓰고, 함께 떡을 나누고, 기도하고, 복음을 위해 하나가 되어 힘쓰고 흩어지는 교회의 모습이었다. 부름받고 보냄받는 교회의 선교적 모습과 장차 완성될 하나님 나라에 대한 믿음과 소망을 통해 결국 교회는 선교적 정체성과 사명을 품고 하나님 나라를 이루어가는 복음의 역동적 삶을 살아갈 수 있게 된다.

둘째, 교회의 본질인 선교적 교회로 살아가기 위해서는 하나님 나라 관점에서 세상을 이해하고 바라보는 상황화적 시각(contextualized perspective)이 필요하다. 상황화적 시각이란 기존의 교회가 가진 '세상'과 '교회'라는 이분법적 이원화를 탈피하는 시각이며, 다양한 문화적 상황 속에서 사람들의 심층적인 가치관을 분석하고 알아냄을 통하여 그에 적합한 방법으로 그리스도 중심된 복음을 전하는 것을 말한다. 찰스 크래프트(Charles Kraft)는 "성육신은 기독교 메시지의 궁극적 상황화다"라고 말한다. 즉, 예수 그리스도의 성육신 자체가 세상을 향한 하나님 구원의 메시지의 상황화시킨 모습인 것이다.

교회는 세상의 모습을 지니고 있어서는 안 된다. 하지만 교회는 하나님 나라 백성의 모습으로 세상에서 그들과 함께 살아가야만 한다. 왜냐하면 복음은 초문화적(Supra-cultural)이지만 탈문화적(A-cultural)이지는 않기 때문이다. 즉, 예수께서 인간의 육신을 입고 이 땅에서 죄인들과 함께 살아가고 구원을 완성하신 모습은 세상 문화에 성육신적으로 선교하신 모습이다. 하지만 예수께서는 세상과 문화에 지배당하지 않으시고 반면, 세상에 하나님 나라의 성취와 다스림을 초문화적으로 가르치고 전하셨다. 따라서 기독교와 교회 역시 세상 속의 거룩한 하나님 나라 삶의 모습(이 모습을 성육신적 증인의 삶이라 말할 수 있다)을 통해 교회의 존재 목적과 그리스도인의 삶의 방식에 더욱 관심을 가지고 선교에 참여해야만 한다.

교회가 상황화적 접근을 통해 세상에 다가가기 위해 필요한 것을 세 가지 측면에서 제시한다면, 첫째, 교회 존재에 대한 의미와 해석적 상황화가 필요하다. 많은 교회가 현 시대의 상황적 해석을 통한 교회의 존재 목적에 대한 충분한 이해 없이 교회 중심적 판단만으로 교회를 이루어 간다. 이로 인해 교회와 세상의 이원화(교회와 세상의 분리)는 더욱 가속화되고 말았다. 따라서 상황화적 해석을 통해 이 시대, 더 나아가 교회가 속한 지역에 필요한 교회의 선교적 존재에 관한 정체성을 확립

하고 이를 통해 교회와 세상의 거리를 좁혀 나가는 것이다.

둘째, 복음의 상황화다. 현재 지역에서 교회가 전할 수 있는 복음과 선교 사역을 위해 가장 필요한 것이 어떤 것인지에 관하여 상황적 질문과 분석을 통해 복음이 세상 속에서 의미적 변질 없이 가장 적절하고 효과적으로 선포되고 전파될 수 있도록 하는 것이다.

셋째, 교회 사역의 상황화다. 많은 기성교회의 사역은 교회 중심으로 교회의 부흥과 발전에 관하여 대다수 프로그램이 기획 제작되고 있다. 기존의 교회 중심적 프로그램에서 탈피하여 하나님 나라 복음과 선교 중심 사역으로 전환시키는 것이 필요하다. 하나님의 선교를 중심으로 교회의 전반적인 목회 사역이 세워져 나가고 이를 통해 교회의 다른 사역들을 동반적으로 활성화시키고 확대시키는 것이다.

결론적으로 선교하는 교회는 하나님 나라의 본질과 목적이 선교에 있음을 깨닫고 선교적 정체성을 중심으로 세상 가운데 함께 살아가는 모습이다. 선교가 교회의 선택이 아닌 본질임을 인식함으로 하나님의 선교(Missio Dei)가 교회 사역을 통해 이루어지고 확장되도록 힘쓴다. 교회는 아담으로 인하여 끊어진 하나님과의 관계를 다시 화해의 관계로 회복시키는 일들을 위해 하나님 나라 복음의 증인으로서 세상에 성육신적 모습으로 참여한다. 동시에 세상을 복음으로 변화시키는 하나님 나라 복음증거자로 주어진 선교적 사명을 끝까지 지켜 나갈 때 예수께서 명하신 땅 끝까지 이르러 복음을 전하는 하나님 나라 선교가 여전히 교회를 통하여 이루어짐을 볼 수 있게 될 것이다.

Q. 당신에게 있어서 교회란 무엇을 의미하고 있습니까?

Q. 당신이 생각하는 좋은 교회란 어떤 교회일까요?

Q. 당신이 교회로 살아가야 할 목적과 방향은 과연 무엇일까요?

Q. 선교하는 교회로서 당신의 부르심과 보내심에 관하여 묵상해 보세요.

하나님 나라가 내 안에

신앙의 미로를 벗어나라

초판 1쇄   2025년 03월 28일

지은이   심세진
발행인   김재홍
교정/교열   김혜린
디자인   박효은
마케팅   이연실

발행처   도서출판지식공감
등록번호   제2019-000164호
주소   서울특별시 영등포구 경인로82길 3-4 센터플러스 1117호 (문래동1가)
전화   02-3141-2700
팩스   02-322-3089
홈페이지   www.bookdaum.com
이메일   jisikwon@naver.com

가격   24,000원
ISBN   979-11-5622-931-5 03230